U0522487

特色学校聚焦丛书　丛书主编　杨四耕

教育，让个性舒展
"有氧教育"的模样与姿态

徐艳贤◎编著

华东师范大学出版社
·上海·

图书在版编目（CIP）数据

教育，让个性舒展："有氧教育"的模样与姿态/
徐艳贤编著. --上海：华东师范大学出版社，2024.
（特色学校聚焦丛书）. -- ISBN 978-7-5760-5003-5

Ⅰ.G627

中国国家版本馆 CIP 数据核字第 2024EE7579 号

特色学校聚焦丛书

教育，让个性舒展："有氧教育"的模样与姿态

丛书主编　杨四耕
编　　著　徐艳贤
责任编辑　刘　佳
项目编辑　林青荻
特约审读　王　杉
责任校对　王丽平
装帧设计　卢晓红

出版发行　华东师范大学出版社
社　　址　上海市中山北路 3663 号　邮编 200062
网　　址　www.ecnupress.com.cn
电　　话　021-60821666　行政传真 021-62572105
客服电话　021-62865537　门市(邮购)电话 021-62869887
地　　址　上海市中山北路 3663 号华东师范大学校内先锋路口
网　　店　http://hdsdcbs.tmall.com

印　刷　者　上海龙腾印务有限公司
开　　本　787 毫米×1092 毫米　1/16
印　　张　15.25
字　　数　174 千字
版　　次　2024 年 7 月第 1 版
印　　次　2024 年 7 月第 1 次
书　　号　ISBN 978-7-5760-5003-5
定　　价　52.00 元

出版人　王　焰

（如发现本版图书有印订质量问题，请寄回本社客服中心调换或电话 021-62865537 联系）

编委会

主　编　徐艳贤

副主编　陆　云　刘青燕　朱亚杰

编　委（按姓氏笔画为序）

　　　　　王　芳　王晓红　支　晨　叶凯红　杨佛兰

　　　　　杨凯舟　沈珊珊　孟　好　盛丽敏

丛书总序

好学校的性格色彩

这些年,我与中小学、幼儿园有许多"亲密接触"。从这些学校中,我发现了一个"秘密":好学校总有自己的性格色彩,总有自己的精神属性。

好学校有丰富的颜色

好学校一年四季都有风景。春天,你走进它,有各色花儿,红的像火,粉的像霞,白的像雪。夏天,你置身其中,绿草茵茵,就算骄阳似火,也有阴凉。孩子们可以踢球、打滚,可以任性。秋天,你老远就可以看到,枫叶红了,橘子黄了,婀娜多姿;冬天,你靠近它,香樟绿环绕着你,垂柳枝笼罩着你,你不会觉得单调。当然,环境的价值不在于"装扮",而在于让心灵沉静,让生命多彩。它是生命哲学的演化,是内心深处的讴歌与赞美。法国思想家卢梭说教育的核心是"归于自然"——回归"自然状态",回归人之原始倾向。善良总存在于纯洁的自然之中。好学校总是拥有自然的纯净与原始美,它努力让孩子们与美好相遇。静谧,美好——好学校是温润的。

好学校有足够的成色

成色是衡量一所学校教育境界的一个指标,是一所学校的"育人"含金量。如果一所学校的含金量定位为考试成绩,它的成色就是混浊的;如果一所学校的含金量定位为立德树人,它的成色就是清纯的。黎巴嫩诗人纪伯伦说过:"我们已经走得太远,以至于忘记了为什么而出发。"教育是为着我们不曾拥有的过去,为着我们不曾经历的当下,为着我们不曾想到的未来。教育之原点在激发想象,而不仅仅是学习知识;教育之原点在发展理性,而不仅仅是讲授道理;教育之原点在鼓励崇高,而不仅仅是理解规范;教育之原点在丰富经历,而不仅仅是掌握技艺;教育之原点在温暖心灵,而不仅仅是强化记忆;教育之原点在强健身心,而不仅仅是发展智能;教育之原点在点亮人生,而不仅仅是预知未来。回归原点,是好学校的立场。不功利——好学校是纯粹的。

好学校有优雅的行色

优雅是让人向往的,有来源于生命本身的气质。每一个人都行色匆匆,孩子们被课业压得喘不过气来,教师因成绩比较而形成优劣阵营,这样的学校就不会是一所好学校。什么是好学校?孩子们表情舒展,教师们精神敞亮——每到一所学校,我总喜欢以这样的眼光去观察师生的生命状态。我发现,在好学校,孩子们的脸总是明晃晃的,有美好期待;教师的行色总是从容优雅,有专业自信。女孩子沁人心脾,男孩子风度翩翩,生命在人性层面焕发出动人光彩。一句话,每一个生命都自然而然地生长,这里有一种难以言说的气息在校园里弥漫开来、传播出去。面对此,我只能说:好学校是舒展的。

好学校有鲜明的特色

办学特色是一所学校整体呈现出来的系统性特征,集中表现在基于学校文化的课程体系。学校办得好不好,不在于规模有多大,而在于特色是否鲜明,是否有足以体现自己文化的课程架构。好学校行走在有逻辑的课程变革之路上,努力让学校课程富有倾听感,关注学生的学习需求;拥有逻辑感,建构严密的而非拼盘的课程体系;嵌入统整感,更多地以整合的方式实施而非简单地做加减法;饱含见识感,以丰富学生的学习经历为取向;提升质地感,课程建设触及课堂教学变革,课堂教学呈现出新的文化样态。一句话,好学校课程目标凸显内在生长,课程内容突出学习需求,课程结构强调系统思维,课程实施张扬生命活性,课程评价与管理彰显主体向度。好学校关注学习方式的多变性和场景性、学习时间的灵活性和可支配性、学习空间的多元性与舒适性、学习资源的丰富性和易得性,让所有的时空都成为课程场景,让孩子们学习作品的形成、展示、发布、分享成为校园里最美的景观,让时空展现出生命成长的气息和灵动。是啊,好学校有生命里最美好的记忆。

好学校有厚重的底色

厚重的底色不在于办学时间长短,而在于拥有强烈的文化自信。进入学校,我喜欢看墙上的"文字"。多年经验告诉我,文化不在墙上,很多时候,墙上的文字越多,学校的文化含量越低。道理很简单,大量文字堆放在墙上,说明这种文化还没有被老师们普遍认同,更谈不上内化于心、外化于行;说明这种文化还缺乏影响力,还没有被大众广泛接受,需要宣示和传播。一所学校是否拥有自己的教育哲学,是否拥有自己的教育信仰,是它"底色"如何的重要侧面。毫无疑问,好学校应该有自己的教育信仰。但是,教育信仰不是文字游戏,不是专家赐予的东西。信仰是从内心深处生长出来的,是从脚底下走出来的,是从指尖流淌出来的,是慢慢地生长、慢慢地走出来、慢慢地流淌出来的东西。唯有"慢慢地"才能"深深地","深深地"才能"牢牢地",扎下根来,进入我们的灵魂,融入我们的血液,成为我们生命的构成,成为我们前行的力量。文化总是无言或少言,但让人作出判断和选择。好学校,你一走进去,一种向往感、追慕感、浸润感便油然而生。因此,好学校是柔软而有力的。

美国思想家梭罗在《种子的信仰》一书中把好学校比喻为"一方池塘",每一个孩子在其中如鱼得水,自由自在,这就是"回归自然"的状态。不是吗?好学校总是这样的——温润,纯粹,舒展,美好,柔软而有力——这也是本套丛书聚焦的一批学校的性格色彩。

杨四耕
2023 年 2 月 21 日于上海市教育科学研究院

目 录

前言 让改变发生,让个性舒展 / 001

第一章　好学校让个性舒展 / 001

好学校拥有个性舒展的教师,培育个性舒展的儿童,打造个性舒展的管理。个性舒展的教师凝心聚力,为学校吐一缕芬芳;个性舒展的儿童心性宽广,为学校蕴一股灵气;个性舒展的管理积极活跃,为成长注一份幸福。

教育智慧1-1　生命成长的缔造者 / 006
教育智慧1-2　点燃生命成长的原动力 / 011
教育智慧1-3　一棵树摇曳另一棵树 / 015
教育智慧1-4　让教育充满智慧 / 019

第二章　激活生命的内在价值 / 023

德育是温柔的坚持,是一群人共同谱就的散文诗。山高路远,挡不住探索的步伐;步伐匆匆,裹挟着育人的情怀。一群人怀抱着"让每个生命个性舒展"的愿景,激活生命的内在价值,走上众行致远的心灵旅程。浓浓爱意,润物无声,在这片肥沃土壤上,让生命自由舒展。

教育智慧 2-1　掌握幸福密码 / 029
教育智慧 2-2　每一个场域都有自身特有的逻辑 / 034
教育智慧 2-3　孩子的成长需要一双翅膀 / 040
教育智慧 2-4　幸福清单,让爱传递 / 044

第三章　每一堂课都要引导儿童投入生活 / 049

课堂是个性舒展的地方,是提升生命品质、丰富生命意义最重要的阵地。每一堂课,都是一次研究,都是一个课题,都与生命品质深度关联;每一堂课,都要引导儿童积极投入生活,欣赏生命之美,努力实现生命的最高价值。

教育智慧 3-1　从孩子心底找答案 / 055
教育智慧 3-2　让作业成为学习动力 / 060
教育智慧 3-3　聆听自己的心跳与呼吸 / 064
教育智慧 3-4　在音乐世界里享受快乐 / 068

第四章　教师是时代的点灯人 / 073

教师不仅是生命意义的唤醒者,而且是时代的点灯人。教师的价值不仅仅在于追求职业生活的幸福,更应该将自身职业幸福引向人生价值的深层思考。一个好的老师不仅仅是懂得心理学和教育学的人,而且应该是能深刻理解社会和时代的人。

教育智慧4-1　在自己的生命故事中汲取力量 / 078
教育智慧4-2　以最快速度进入最好状态 / 081
教育智慧4-3　教师的文化底蕴影响教室的精神气质 / 084
教育智慧4-4　一场向美而行的遇见 / 088

第五章　充满无限可能的意义世界 / 093

一所学校最富灵魂的部分在其办学理念,最丰满的部分在其开设的课程。课程是由特定的哲学、确定的目标、具体的知识经验和预设的活动方式构成的。课程有丰富的意义,有多样的可能性,是充满创造和对话性质的探索,是一个充满无限可能的意义世界。

教育智慧5-1　让儿童成为心智自由的学习者 / 099
教育智慧5-2　教育如茶,回味甘醇 / 106
教育智慧5-3　点燃课堂的三重火焰 / 111
教育智慧5-4　每个人都是宇宙的创造者 / 115

第六章　成全生命更好的模样 / 119

教育的本质是价值引导,教育评价的核心是价值判断。在我们看来,教育,不是改变,而是成全,教育评价的本质是成全。健全人格,启迪智慧,丰富情感,追求价值,提升生命品质,成全生命更好的模样,用自我获得感来界定学校教育的成效,便是评价的追求。

教育智慧6-1　体悟生命的温度 / 125
教育智慧6-2　擦亮每一颗星星 / 130
教育智慧6-3　愿成长一路生花 / 134
教育智慧6-4　向人类传送生命的气息 / 139

附录:上海市嘉定区外冈小学"有氧教育"系列研究课题 / 144
　1. 构建小学生"生命成长教育工程"的实践研究 / 144
　2. 基于"为五彩生命奠基"的教师人文素养培养的实践研究 / 163
　3. 小学体验式生命教育支持策略研究 / 177
　4. 小学体验式生命教育深度研究 / 193
　5. 新时代小学"新生命教育"的实践研究 / 211

后记 / 221

前言

让改变发生,让个性舒展

> 教育是直面人的生命、通过人的生命、为了人生命质量的提高而进行的社会实践活动,是以人为本的社会中最体现生命关怀的一种事业。
>
> ——叶澜

上海市嘉定区外冈小学始建于1905年,于2002年异地新建于外青松公路218号,是一所百年老校。学校位于嘉定的西北部,东面与嘉定新城相连,南邻安亭国际汽车城,西北面与江苏省昆山市、太仓市相邻。学校占地面积26亩,现有31个教学班,1200多名学生,学校在编教职员工81名,其中专任教师共78名。师生们来自近30个省市,受地域文化、习俗观念等因素影响,他们的成长经历和认知水平各不相同。如何让学校师生更好地接受与时代同步的优质教育,享受美好的校园生活,感受生命的精彩是我们一直关注的,也是一直在探索、实践的。自2006年以来,我校历经5项区重点课题研究,从理念的形成、维度的构建、多轮的探索,拓宽了生命教育的实践路径,明确了生命教育研究的意义和价值。

一、"有氧教育"的背景与目标

教育是明天的希望,儿童是国家的未来。党和国家高度重视对学生进行生命教育。2008年教育部印发的《中小学健康教育指导纲要》指出学校健康教育要把培养青少年的健康意识,提高学生的健康素质作为根本的出发点,注重实用性和实效性。2017年教育部印发的《普通高等学校健康教育指导纲要》要求各校应采取多样化实施途径：多渠道开展健康教育，发挥课堂教学主渠道作用，拓展健康教育载体，因校制宜制定健康教育教学计划。2020年的政府工作报告两次提到"生命至上"，特别强调了生命至上的理念。《国家中长期教育改革和发展规划纲要（2010—2020年）》要求学校要进行生命教育，大力开展"阳光体育"运动，保证学生每天锻炼一小时，不断提高学生的体质健康水平。

2005年出台的《上海市中小学生命教育指导纲要》，为不同年龄的学生制定了相应的生命教育要求，在中小学道德与法治（思想政治）、科学、生物学、体育与健康等学科课程教材中有机融入了生命教育相关内容。

基于上述背景，我校创造性地推进生命教育，提出"有氧教育"之哲学，明确了"让每一个生命个性舒展"的办学理念。"有氧教育"的目的，就是弥补甚至改变以往偏重知识传授与技能培养，忽视生命之本的教育，使学生在受教育的过程中，不仅学习到知识技能，更重要的是学会尊重生命、热爱生命并在社会实践中实现生命价值，使知识技能可以成为充盈生命内容、促进社会发展的工具，使受教育者个性舒展，幸福成长。

此外，我们也希望，师生们通过接受生命教育，树立正确的生死观，形成正确的生命态度，树立良好的生命意识观和价值观，从而能够珍惜生命、热爱生命，追求生命的价值和意义，这对于教育理论和实践工作的发展具有重要的价值。

一个受过生命教育的人，会对生命有更丰富、细腻、系统和深入的认识；会有更强烈的与他人建立亲密的、富有建设性关系的意愿与能力；会有更明确的人生目标与实现目标的动力、热情与策略；会对建设一个自由、公正、法治的好社会有更多的期待、使命与担当。

为此，我校通过课题研究，构建适合小学生的"有氧教育"目标体系，进一步开展"有氧教育"微型课程开发及其策略的研究，探索和形成若干"有氧教育"的相关策略及评价方式，有效促进学生在社会适应性等方面的良好发展。这也是我校开展"有氧教育"的主要目标。

二、"有氧教育"的意义和价值

教育的对象是生龙活虎的极富有思想主见的人，从其终极目标上来说，教育帮助人提高生命的质量，提升生命的价值。英国哲学大师怀特海认为：教育除了训练人具有娴熟的知识技能以外，其最终目的是要让受教育者知道教育除了获得理性知识外，更重要的是学习"做人"与"尊敬他人",并让人在这个过程中真正安顿不安的心灵。意大利著名教育学家蒙台梭利认为:教育是助长生命力发展的一项作为,教育的目的在于帮助每个生命的正常发展。教育应当担负起提升生命质量、明确生命价值、激励生命超越的使命。

然而,随着科学技术的进步,时代飞速发展,人们接受信息的渠道越来越多,面对的压力也越来越多,青少年自残、自杀等不珍爱生命的事件也屡有发生。加之当前,自然灾害、新型病毒等不断出现,人们需要面对不曾经历的意外情境。许多学生缺乏安全感,心理承受力差,这是触发自伤、他伤事件的诱因。

我们希望通过"有氧教育"的实践,帮助学生更多地参与到与知识互动对话、与社会问题互动对话、与个人经验反思互动对话中去,促使小学生在"有氧教育"中最大化地享受教育的美好,享受生命的幸福。此外,"有氧教育"的践行鼓励教师大胆创新,改进教育教学方法,积极探索符合时代要求、学科特点和儿童成长规律的教育教学模式。"有氧教育"尤其侧重对生命教育实施策略开展研究,这将有利于深化学校目前已有生命教育的效果,在实践层面提高生命教育的质量,积累更多的生命教育实践经验,为本校教育工作者在破解教育难题、探索育人模式、提高教育教学质量等方面提供有效路径,激发师资团队的主动性和创造性,进而提升团队整体水平,促进学校自主发展。

总之,生命教育就其自身来说是一种全人教育,不能忽略生命的"在场",在近二十年的实践研究中,我校从理念的形成、维度的构建、多轮的探索,拓宽生命教育的实践路径,明确了生命教育研究的意义和价值;引导学生树立正确的生命观,唤醒他们的生命活力;增强教师生命教育的意识和实施生命教育的能力;提升生命教育质量,积累生命教育实践经验,为各类学校提供示范。

三、"有氧教育"的探索过程

"有氧教育"起源于2006年,至今历经17年,主要发展历程分为五个阶段、五项嘉定区区级重点课题、五个阶段实践研究、五轮探索阶梯式上升,拓宽生命教育路径。

第一阶段:构建小学生"生命成长教育工程"的实践研究(2006年9月—2010年5月)。

本阶段的研究,明确了以人的生命需求为立足点,在教育理念上把小学生的生命成长视为实施学校教育的原点,使学校教育真正做到"一切为了孩子的发展"。该实践研究整合教育资源,激活校园的文化使命、教师的职业创造、学生的智慧活动,使学校充满勃勃生机,实现"生命成长教育"体系的完善和全面实施。

第二阶段:基于"为五彩生命奠基"的教师人文素养培养的实践研究(2010年5月—2014年5月)。

在这一阶段中,研究以人的生命需求为立足点,把"知识的获取、能力的提升、智慧的养成、人格的完善"作为学校教育工作的目标,进一步挖掘、整合学校教育资源,构建具有生命成长特色的"小学生生命成长教育体系",实现"让每个孩子都喜欢上学,营造人性化的校园文化;让每个孩子都自在成长,提供多元的课程;让每个孩子都快乐学习,精选学习的内容与方法"的培养目标,形成学生、教师、学校良性发展的格局。

第三阶段:小学体验式生命教育支持策略研究(2014年5月—2017年5月)。

在该阶段的研究中,学校明确了"有氧教育——让生命个性舒展"的办学理念,通过融入体验式学习方式让学生自由学习,让生命得到自由发展;以"有氧课程"为抓手,试图通过基础课程,打造"有氧课堂",通过丰富的具有地域文化特质的校本课程让学生"有氧学习",致力培养"德厚、智慧、健康"的少年儿童,在和谐自由的氛围中经历学习过程,并得到全面并有特长的发展。

第四阶段:小学体验式生命教育深度研究(2017年5月—2020年12月)。

该阶段的研究,进一步加强教师实施体验式生命教育的能力,从"珍爱生命、发展兴趣、自我实现"三个维度,制定生命教育目标体系,寻求生命教育课程与国家课程的融合点,构建生命教育课程体系,统整课程内容,开发校本课程,在落实核心素养的同时激发学生生命的活力,助推生命健康成长。

第五阶段:新时代小学"新生命教育"的实践研究(2020年12月—2024年3月)。

该阶段遵循育人规律,进一步开展生命教育微型课程开发及其策略的研究,探索和形成生命教育的相关策略及评价方式,从课堂教学、综合实践、主题班会、社团活动等进行全方位育人生命教育,并优化评价体系,有效促进学生在社会适应性诸方面良好发展,为学生未来成长赋能,从而绽放精彩人生。

四、"有氧教育"的实践成效

五轮的实践研究,层层递进,螺旋上升,在学校管理、德育实践、课堂教学、教师发展、课程建设、评价变革六个方面不断完善,让改变发生,让个性舒展。

（一）学校管理

课题实施后，学校领导班子成员修订、分解学校发展规划，将学校近期、中期、长期发展规划分解为学校各学年的目标任务。总目标指导分目标，分目标保证总目标，构成一个比较全面的目标管理体系。学校建立了科学的全员业绩考核体系，从师德常规、课堂教学、德育工作、教育科研等方面围绕生命成长教育作出评价，促进教师综合素质不断提高。在考核时，通过自评与互评的方式，使教职员工相互学习，取长补短。此外，引导教职员工积极参与学校管理，积极投入各项活动，满足教职员工的归属感和成就感，树立主人翁意识。

（二）德育实践

体验是生命成长的基础，学校注重实践活动：以祭扫烈士陵园、参加课外实践活动和各项主题综合实践活动、参观德育基地为契机，通过各种体验来培育一个个生命的健康成长，创设"有氧"人文环境，体验生命价值。

校园环境——打造生命摇篮。创设安全的成长环境，拓展生命的活动空间：设有"灯醉轩""茶香阁""紫藤园"为主题的文化活动长廊；"小龙人"茶园、"小能手"灯艺制作室为主的实践活动阵地；攀岩墙、弄堂游戏、公共安全体验教室为主的体验活动场所，打造温馨愉悦的校园学习生活环境。

心理环境——尊重生命价值。拥有健康的心态是促进学生生命成长的根本。从心理教室到学生成长中心，我们时刻关注学生生命成长。"童心园"学生成长中心由心理专任教师负责，依托区级课题"小学心理活动课中运用'体验式'游戏建立良性朋友圈的实践研究"开设了心理咨询室、阳光心理社、我的心灵树洞、"心灵之约"广播站等，引导学生学会关注自我的心理成长。

（三）课堂教学

我们的教材处处有闪烁生命光彩的内容，对这些显性和隐性的生命教育题材，在教学主题中实现渗透，在教学内容上实现重组，在教学方法上实现弹性综合，使文本内容呈现鲜活的状态，建立起与人的生命和生活的密切关联，使教材焕发生命气息。我们倡导探究的教学方式，激起学生求知的欲望，提高实践能力，使他们积极思考，深度思维，培养他们的发现能力和创造个性，真正落实对学生核心素养的培养。

我们的生命课堂注重让学生自主感悟，感悟不仅是学习的重要过程，更重要的是智慧得以生成，学生的创新潜能得到有效开发。有了这种能力，学生就能产生深刻而愉快的体验以及更广泛深入学习的重要动力和能力。

学校鼓励并肯定教师团队开展多形式学习辅导，切实减轻学生作业负担，增强学生的校园生活幸福感。基于校情，学习辅导时段学生参与率100%，确保书面作业基本不出校门。多类型综合活动，促进学生快乐体验。综合活动组织开展心理疏导、心理小游戏、茶艺学习、艺术小舞台等活动，有效挖掘、整合校内外资源，让有氧活动更加丰富。

（四）教师发展

在生命教育实践探索的过程中，构建教师培养"三炼"模式，提升育人能力。

磨炼内功：通过开展"读书沙龙"、案例撰写评比、古诗文大赛、三笔字比赛、校园朗读者等多样化展示评比活动，激励教师练好内功。

锤炼专业：以教师组团式发展为突破口，打造"有氧新苗、活力新秀、魅力匠师"三级梯队教师专业成长链。成立"新芽"青年教师团，依托"有氧微论坛""组团式"培训，帮助"有氧新苗"成长；搭建3组（教研组、备课组、项目组）1节（教学节）1课题（小课题）研讨展示平台，助力"活力新秀"发展；组建语、数、英、体育、科研、班主任工作室，以项目研究为抓手，切实提升教育教学实效，着力打造"魅力匠师"。

修炼师德：开展师德规范、职业理想等专题培训，提升教师责任感；以师德评选、师德宣讲等主题活动，形成"榜样在身边"的鲜明导向；组建全员导师核心力，开展"3G"班主任阶梯式培训，构建"5N"家庭导师团，提升教师辅导力，增强师德修养。

（五）课程建设

依据学校生命教育目标体系，充分挖掘资源，进一步充实生命教育课程体系——"劳动""人文""健康""美育""创智"构建生命教育课程框架，实施全方位教育。依据生命教育目标体系，充分挖掘课程资源，构建生命教育课程框架，在基础型、拓展型、探究型课程中，加强生命教育多维度融合，让学生在多元、和谐的环境中激发生命活力，体验成长的价值。

自主体验，发展兴趣。学校积极开发生命教育特色课程，以综合实践活动、项目化学习、趣味小课堂、社团活动等为载体，实现周边资源、家长资源、校内校外资源有效整合，让学生自主选择，参与体验，发展兴趣，培养特长，促进学生身心健康成长。

形成课例，凝练经验。随着学校的发展及学生需求的变化，依据生命教育目标体系，我们努力探索生命教育与学科间的融合点。在教学的流程再造、项目化学习、主题式活动等各学科教学中无痕渗透生命教育，通过游戏、角色、合作、阅读、想象等体验方式，达成学科生命教育目标，形成生命教育课例，凝练经验成果。

（六）评价变革

评价始终贯穿于生命教育的研究过程中，从评价主体、评价内容、评价手段三方面，进行客观、科学的评价，注重对学生学习、成长过程的记录，促进学生的发展。在体验式生命教育研究阶段形成了日常学习评价表、游园卡、成长足迹记录手册、七彩卡等评价工具。针对新一轮教育综合改革以及当代学生的需求，我们的评价进行了再升级。

多元评价，调动全员积极性。学校设计了"有氧幸福章"，形成了《有氧幸福争章手记》，以"智慧章""艺术章""勤勉章""美德章""健康章"争章活动的有效开展，全面记录学生成长足迹，让争章从学校走进家庭，并延伸到社会，从而激发学生发展内驱力，促进生命成长。

增值评价，关注学生参与度。各学科教师结合所教内容适时对学生的学习兴趣、态度、表现、方法、习惯等方面进行评价。在实施过程中，我们把问题形成课题，再研究、再孵化，成为我们日常教学的范式。我校陈淑莉老师的《小学数学低年级表现性评价任务设计及评价的实践研究》研究成果获嘉定区教学科研成果二等奖。

过程评价，提升评价的有效性。"班级优化大师"是希沃（seewo）专为课堂教学打造，针对学生课堂行为优化的游戏化课堂评价工具。学校每间教室配备了希沃，结合"有氧教育"理念，从"课堂行规""学业水平""合作交流""文明礼仪"四个维度设计评价指标，对学生课堂表现做出比较全面、科学、直观的评价，家长也可通过客户端数据实时了解学生上课状态。

历经近20年、共五阶段的实践与研究，走到了2024年，我们经历"五项管理"的出台，经历"双减"与"双新"的实施，将学校教育的侧重聚焦在对生命的培养与探索上。现在，我们的"有氧教育"更关注学生的身心健康，引导学生学会调节情绪，不论身处何种环境都能具备自我适应性。从引导学生调节自己的情绪开始，学会适应环境并拥有良好的人际关系。而"双减""五项管理""新课标"各项政策的出台，对于学校"有氧教育"的持续推进，提出了新的要求。构建学生生命成长的教育模式就是学校育人方式的变革。如今，幼小携手共研生命教育的双向奔赴，开启了"有氧教育"的实践样态。未来，我们将深入贯彻以体育人，助力学生生命实践，主动对接幼儿园和中学，建立形成学校生命体育一体化培养体系，提升学生体质健康优良率，赋能学生身心健康成长。

本成果集从学校管理、德育实践、课堂教学、教师发展、课程建设、评价变革，这六大方面进行阐述，将"有氧教育"的模样与姿态进行了全面的展示。

第一章

好学校让个性舒展

好学校拥有个性舒展的教师,培育个性舒展的儿童,打造个性舒展的管理。个性舒展的教师凝心聚力,为学校吐一缕芬芳;个性舒展的儿童心性宽广,为学校蕴一股灵气;个性舒展的管理积极活跃,为成长注一份幸福。

雅斯贝尔斯说:"真正的教育是人的灵魂教育。"学校秉承"有氧教育"这一办学哲学,努力打造一所让生命个性舒展的学校。个性舒展的学校的标配是优秀的教师和幸福成长的学生。

一、凝心聚力,精诚所至: 为学校吐一缕芬芳

管理就是让人做事并取得成功。让教师个性舒展的学校管理,旨在帮助教师找到成长点,收获成就感。在"让生命个性舒展"的办学理念下,基于学校发展以及教师个人成长的愿景,培养与育人目标相匹配的教师队伍,通过价值引领、整体架构、系统培训来实现队伍建设,筑牢信念底色,追求专业本色,提升育人成色。

我们全力打造有氧教育生态。学校以基础型课程为基点,关注学生学习需求,激活教师专业自觉,充分挖掘各类资源,不断丰富和完善拓展型课程和探究型课程,形成了以"明德、智慧、健康、尚美、勤劳"为培养目标的"有氧课程",并通过课程的统整化设置与实施,满足学生的成长需求,为学生成长提供高质量、多样化、可选择的学习空间,为师生创造一种"有耐力的""有氧的"教育生态。

我们努力探寻求真教研模式。学校依托"4Z"教研模式,在真实的活动情境中,使学生能更好地运用所学知识,解决实际问题,加深对知识的认识,强调了学生学习的真实性和系统性,让学科知识结构与学生认知结构同步生长,从而利用数字化技术助推教育教学方法的创新,提高教师教学专业素养,更新教师教学理念,最终实现师生学习能力的发展以及学科核心素养的提升。

我们逐步优化适切培养体系。学校形成"1+1+N"教师专业发展培养体系,即一个培养目标、一套培训课程、多个工作室项目研究。此外,学校还努力建设一支师德高尚教育有"仰",站稳讲台教学有"样",立德树人践行有"氧"的现代化教师队伍,培养"明德、智慧、健康、尚美、勤劳"和谐发展的有氧少年。

二、尊重生命,静待花开: 为学校蕴一股灵气

学校以人的生命需求为立足点,把学生的生命成长视为实施学校教育的原点,关注学生心理健康,提升幸福感;发展学生兴趣爱好,提升职业规划能力;加强学生劳动教育,提升劳动意识;拓展家国情怀培育途径,提升学生社会责任感。以生命教育为导

向,注重发展学生兴趣,帮助学生初步建立人生规划,厚植学生家国情怀,助力学生自我实现,提升学生幸福力,从而构建具有生命成长特色的教育体系。

一是确定生命教育目标和原则。以课堂教学为主阵地,以"有氧课程"为抓手,通过多种教育形式对小学生进行生命与健康、生命与安全、生命与成长、生命与价值的教育,进一步促进学生提升家国情怀和幸福力,树立积极的人生观;遵循认知、体验与实践相结合原则,自助、互助与援助相结合原则,学校、家庭与社会相结合原则,促进学生生命成长。

二是形成生命教育目标体系。形成生命教育目标体系——发展兴趣、家国情怀、自我实现。三个层次的目标层层递进,相互联系,相互渗透,最终实现生命教育的终极目标。

三是落实生命教育微型课程开发及其策略研究。制定各年级生命教育的校本课程纲要;规划发展各年级生命教育教学主题,设计配合主题教学的生命教育教学活动单;探索实施小学生"生存体验"活动模式;开展教学设计的流程再造,进行生命教育融入学科教学的研究等。

四是确定学生社会适应性能力培育策略。主要建立以实现学生"敬畏生命、建立人生规划、合作共进、自我实现"为导向的策略指标;培养学生积极、多元的思维品质;加强学生社会适应性;促进人际交往能力的教育;探索协助学生适时调整自我实现的研究等。

五是形成生命教育评价方式。准确把握评价的两个重要指标:一是学生受益的层面,二是学校推行的层面。评价的原则坚持形成性评价和终结性评价二者有机结合,重视学习过程中学生的情感、态度、价值观的变化和发展,评价过程动态化、给予多次评价机会。

三、协同发展,绽放光彩:为成长注一份幸福

当管理视角转移到个体,注重过程,关注师生的成长,教育管理才能实现个性舒展。经过不懈努力,学校教师队伍的能力正处于螺旋上升阶段。学校师生在各自的岗位与领域绽放光彩。

礼遇,坚定专业信念。组建教师工作室项目团队,形成教师发展新模式;开展深度研修实践,为教师专业发展助力;发挥骨干辐射作用,引领教师队伍整体提升;评选最

美教师,最受学生崇拜的教师等,让每一位教师都能有职业价值的体现。教育既多了一份责任,也多了一份动力。

展示,成就幸福成长。明晰教育导向,学校以生命教育为导向,规划各年级生命教育教学主题;聚焦生命教育与学科融合,为创设有氧课堂赋能;拓宽教育路径,探索实践学生"生存体验"活动模式;聚焦心理建设,探索学生社会适应性能力的培育;完善教育评价,开展生命教育评价方式的研究,助力学生自我实现,提升幸福力。

回归教育本源,让每一个生命个性舒展,让每一位教师幸福地发展,让每一个孩子幸福地成长。

教育智慧 1-1 生命成长的缔造者

> 从生命成长的视角,师者是为生命安上腾飞翅膀的工程师,是为了让生命更美好的使者,这是初心,亦是使命!
>
> ——题记

德育,是一门唤醒心灵的艺术;班主任,是生命成长的缔造者。

基于学生发展以及教师个人成长的愿景,培养与育人目标相匹配的班主任队伍,学校成立了"3G"班主任工作室,形成班主任专业成长的行动模式,包括观察问题、理论思考、着手改善、观察结果、得出结论和寻找新问题。工作室的任务就是前瞻需要进一步研究的问题,通过价值引领、整体架构、系统培训来创新育人理念,优化队伍建设,使教师成为生命成长的缔造者。

一、做实价值引领,筑牢信念底色

一所学校,文化是灵魂,学生是主体,班主任是关键。班级学生的人格发展、学习成绩、班风建设与班主任的管理有着直接的关系。班主任工作室的首要任务是扎实班主任观念,激励班主任立志投身教育事业,促进班主任队伍的持续发展。生命成长的缔造者必然需要坚定的育人志向,良好的师德修养和率先垂范的行事风范。

(一) 学榜样,坚志向

"3G"班主任工作室做实师德建设、育人价值的引领,通过寻访、学习于漪老师、张桂梅老师等人的先进事迹,邀请上海市班主任带头人冯志兰老师讲述成长故事等,让工作室成员近距离感受榜样的力量,学习班主任专业素养,明确责任使命,认识班主任工作的重要性和育人价值,进而确定专业发展的目标,规划发展的路径,推动班主任理智地发现自我、实现自我,促使教育情怀落地见效。

(二) 做榜样,行风范

班主任工作室成员明确自己的角色定位、幸福教育的本质,了解教育真相,坚定自己的专业发展目标,并在工作中率先垂范,通过言传身教带动校内班主任提升道德修养和学识水平,增强职业认同感和荣誉感,通过自己的努力,携伙伴同行,拉同伴进步,帮助学校打造一支有高度责任感、凝聚力强的班主任团队。

二、落实系统培训,追求专业本色

工欲善其事,必先利其器。思想上的收获能够使教育者的内心变得富饶而充实。学校从班主任队伍的现状问题和专业成长需求出发,建立横向交错、纵深推进的专业成长行动模式,努力把班主任工作室办成专业化发展的共同体,让每一位班主任努力成长为生命成长的缔造者,在明确需求、架构课程、精准培训中赋能成长。

(一)分层问需,架构培训模式

学校开展有关班主任培训和成长需求的问卷调查,引导全体成员结合当前班主任工作,认真思考和分析面临的问题和困难,了解现实需求以及存在的困惑。调查发现:0—3年的新手型班主任缺乏管理班级的经验和技巧,遇到难题往往会手足无措,亟需专业辅导和培训;3—10年的成长型班主任对家庭结构变化导致家庭功能缺失以及家校沟通上存在一定困惑,特别是对学生心理问题的处理能力,需要不断提升;骨干型班主任科研能力不强,缺乏凝练总结经验、提炼成果的方法。

因此,工作室以"提高班主任专业水平,促进班主任队伍专业发展"为方向,围绕专业能力、专业观念、专业方法展开针对性培训,实行分层要求,落实分阶培训,从思想到实操,从分层到分段,从重点到难点,在"读""研""训""练"中实现专业化。

(二)系统培训,精准专业发展

努力探索适应优秀班主任德育新途径的教学方法和教学策略,使班主任在专业发展上有明显提高,建班育人上有显著实效,带班风格上有鲜明特点,探索研究上有所建树。

1. 定时阅读,在读中悟

工作室开展读书活动,将三种类型的班主任分为三个小组,针对三个小组班主任的特点和需求,推荐不同的书籍,明确不同的要求:GROW小组撰写读书体会,开展读书交流活动;GO小组结合工作经验做突围思考,撰写案例;GREAT小组在阅读中将经验提炼成理论观点,在工作室中进行辐射引领,启发影响。读书活动能督促工作室成员养成随时阅读的习惯,营造学习、探索、思考的氛围,让班主任将所思所得应用于实践中,使理论与实践紧密结合,让读书成为工作室每一位成员的习惯,并学以致用,进而提升班主任的能力。

2. 定标丰训,在训中学

班主任工作室实行分层要求,落实分阶培训,努力实现新手班主任有胜任力,成长型班主任有实践力,骨干班主任有创新力的培训目标。一是阶梯式培训,让培训对口、对位和入心。GROW 小组成员,通过"师徒"结对、校本研修、基本功培训等,接受教育新理念,学习好的经验,较快地成长为一名合格班主任。GO 小组成员,通过专题研修,更新专业知识,在实践工作中,推动理论的发展,提升专业辅导力,成长为校级骨干班主任。GREAT 小组成员,通过课题研究实践、专家引领等,提高教育水平和科研能力,成长为区级骨干班主任。二是多元化培训,增强培训深度、力度和温度。专家指导,落实全员培训,从班级建设能力、指导个体发展能力、课程育人领导力、家校共育协同能力、心理健康教育能力、网络媒介育人能力、终身学习能力、沟通能力等班主任八大能力的通识性培训,厘清目标和理念;骨干引领,由区班主任工作室学员,区优秀班主任领衔的年级教研组,定期开展分享活动,同伴互学、互享案例、众筹家庭教育指导困惑、小妙招解密等,特别是作为区班主任工作室的学员,将新的理念通过分享和培训的方式,让不同梯度的班主任有收获;牵手互助,开展自主结对,找准弱点,锁定困难,开展互助研讨,形式从集中到分散,地点从线下到线上,时间从固定到灵活,随时随地,提升每一位成员的能力。

3. 定点教研,在研中思

GROW 小组成员在结合工作实际中遇到的难题进行分类汇总,通过"师父"答疑解惑、专家指导等方式,学着解决问题。一是德育论坛,提经验。GO 小组每月一次的论坛,围绕班级学生家庭教育难题、焦点问题,落实"幸福清单"的经验等方面展开研究,共商对策,互为谋略,提高研究问题的能力,凝练出解决问题的方法,形成《家庭教育幸福清单》。二是课题研究,定方向。我们坚持"家校协同"研究,立项上海市家庭教育规划课题"基于实践问题的家庭教育指导课程建设的研究",GREAT 小组开发家庭教育指导课程,通过课程的培训,转变家长的育儿观念,提高育儿能力。同时,结合课题的研究和探索,提高教师家校沟通、家庭教育指导能力,形成普适性的家庭教育策略。

4. 定向任务,在练中理

结合问卷,明确三组成员在班主任工作中的难点,形成项目培训,分解难点,展开定向任务:为了让新手班主任能尽快胜任岗位,GROW 小组落实行规养成微课堂,录制行规、责任、协作、互助、立志小视频,提升班主任的辅导力,培养德智体美劳全面发展的有氧少年。为了促进班主任的专业成长,获得个性化发展,GO小组结合开发亲子研学课程实践,开展幸福课程校本化实施,在指导研学的过程中,学会有效家校沟通的方法,指导亲子沟通、科学养育的方法和经验。为了提升骨干班主任的追求及引领作用,GREAT小组进行家教课程的架构,结合市级课题研究,通过家长学校,把先进的教育理念和教育方法传递给家长,引导家长明确职责,解决困惑,做好家庭教育。

工作室在探寻家校协同共育的路上共同努力、共同探讨有效方法和路径,虽各有任务,但是互相交叉、层层递进、螺旋上升,制定并完善《班主任工作室管理制度》,根据工作室升级机制,已经有一部分GROW的成员成长为GO的主力。

三、形成有氧品牌,拥有育人成色

"3G"班主任工作室成了学校的一个品牌特色,为班主任的专业发展插上了有力的翅膀,为学生的健康成长积蓄了可持续的能量。生命成长的缔造者需要他人的肯定、成长的平台以提升成就感和责任感。

(一)提高有氧礼遇,坚定专业信念

学校微信公众号推出"评选最美班主任"活动,让老师的名字和照片出现在媒体报道中,让教师体会到价值感,这起到了很好的激励作用。活动精心撰写颁奖词,邀请导师担任颁奖嘉宾,当大家将敬佩的目光投向教师时,教育既多了一分责任,也多了一份动力。

开展"班主任节"活动,通过校班主任基本功大赛、班主任沙龙、班主任成就展等形式,展示班主任专业形象;开创"点头会意"班主任分享会,分享有效的带班育人案例、经验、小妙招等,展示工作小成就,促进班主任思考、总结经验,旨在让班主任在交流与碰撞中求进步,行走在班主任能力快速提升的路上,写下"我的幸福故事";落实幸福课、行规课、劳动课等主题班会课的展示评比,激发工作室成员协作进步,并提高职业成就感。

(二)家校协同共育,提升育人能力

GROW小组开展行规微课堂,形成微视频19个,新手班主任明确了基于学生身心发展的规律,对于学生的教育,应该从良好的行为教育开始。家校携手,从正确的"行",形成正确的"知",进而在这个正确的"知"上,形成更多正确的"行"。

GO小组在指导亲子研学的过程中,明确家庭教育的困惑、难题和需求,找准家校共育的突破点与融合点,学会与家长进行有效沟通,提升家庭教育指导能力,形成成果集《研途遇见幸福》《研途探秘幸福》《研途创造幸福》和《研途享受幸福》。

GREAT小组通过搜集家庭教育过程中存在的共性问题,开发和实施家教指导课程,解决课程的延续、再生和推广等诸多问题,工作室成员成为教育的思考者、研究者、实践者和创新者。

从生命成长的视角来说,师者是为生命安上腾飞翅膀的工程师,是为了让生命更美好的使者,这是初心,亦是使命。守候一路花开,引领学生成长,生命成长的缔造者必将不断提升理想信念,努力践行生命教育,培育成长幸福。

(撰稿者:王晓红)

教育智慧1-2 点燃生命成长的原动力

争章之旅中的"真问题",是打开辅导员指导队员快乐争章的密钥,是激发队员内驱力的催化剂。

——题记

争章之旅,是点燃儿童生命成长的原动力。"红领巾奖章"是中国少年先锋队(以下简称"少先队")日常组织开展教育活动和评价激励的重要载体,已融入少年儿童在少先队组织中成长的全过程,在增强少先队员光荣感和促进少年儿童全面成长方面发挥着积极的作用。学校以队员争章之旅中遇到的问题为契机,鼓励辅导员在争章训练课上,引导队员通过协作学习,学会解决问题的方法,培养和提高队员独立思维、思辨的能力,让队员在红领巾奖章教育活动中快乐争章,幸福成长。

一、多维融合,激活争章内驱力

教育是一种生命关怀,在促进学生生命成长的过程中,教师也需要专业的成长。学校通过丰富的培训形式,提升辅导员的教育智慧,引导队员在红领巾争章中,茁壮成长,"章"显风采。

(一)以组团式培训凝聚向心力

学校根据辅导员的参训需求,开展组团式培训,通过调查问卷了解辅导员的培训需求,针对共性问题,开展通识培训;针对难点问题,进行案例培训,分中队、分年级、分年段,以学习、体验、跟踪、研讨等形式,重点指导一位辅导员,形成成熟的案例,并在年级组里分享和实践,将有效经验在年段分享推广,取长补短。为了让辅导员上好争章训练课,德育部门蹲点年级组,组织组内辅导员集中备课,再聘任小队辅导员,小队辅导员领取任务后,开展针对性的争章指导,遇到问题再集中研讨,进行诊断,协作学习,验证跟踪,共同进步。

(二)以跨学科融合点燃创新引擎

在"新课标""新纲要"的"双新"背景下,开展跨学科联合教研,通过梳理学科知识点,结合基础章的争章内容,协作整合课程资源。根据队员在认知、情感、社会性等方面的发展变化、学科逻辑与思维进阶特点,协同设计学习目标,探索争章课程的实施。如将教育部统编的教材(以下简称"部编版")小学语文一年级上册第一单元的口语交际课《我说你做》与说话章相结合,通过双向教研,协同设计教学目标,在课堂教学中开展争章训练,使奖章与学科教学互相成就,为争章课程的实施丰富了渠道。

(三)用资源整合引领新常态

学校邀请导师辅导员、家长辅导员、社区辅导员"三员"进争章课堂,明确队员的争章要求,参与队员的争章实践,感受队员的成长幸福,让家长与社区辅导员看到奖章的激励教育过程,真正理解争章活动的意义,进而激发其参与争章活动指导的内在动力,将争章与生活相联系,使争章走出校门,走进家庭,让争章拓展队员成长的空间,真正实现三全育人。

红领巾争章活动要让队员们感到既活泼有趣,又富有意义。学校不断优化红领巾奖章的实践,让每个生命在争章体验中学会协作、互相赏识、互相学习、互相启发、互相激励,师生共同谱写幸福成长的快乐音符。

二、 互联互通,开拓争章新天地

"红领巾奖章"是少先队组织日常开展教育活动和评价激励的重要载体。学校通过构建人人可行、天天可为、阶梯进步的争章达标评价体系,不断激励队员们在丰富的少先队活动中立志向、修品行、练本领,争做新时代的好队员。

(一) 校内争章,点亮每颗心灵

《幸福争章手记》是校本争章手册,在广泛听取队员们的建议和辅导员们的共同研讨下诞生。手册为引导队员自主参与,由大队部下发争章卡,队员根据争章主题,自行细化争章要求,自主设计活动内容的呈现,自己决定过程记录的形式,各中队进行汇总,统一上交大队部,大队部召开会议,商量、讨论细化的要求,内容的体现和争章过程的记录,由各部门统一确定组稿。《幸福争章手记》的诞生,让特色章与基础章无缝链接,让队员更重视争章过程。

1. 奖章融合优化多元活动

为了使基础章与特色章都能有效发挥作用,特色章的设置融合了基础章的争章目标与要求,让特色章的争章活动成为基础章落实的载体,为辅导员、队员创新争章的形式提供思路与方法，让基础章的争章活动更加丰富有趣，激发每位队员积极争得基础章的兴趣。以我校茶艺课将校本艺术章与五年级手拉手章融合争章为例，手拉手章里的第1条达标要求是"寻找1—2名身边或远方的手拉手小伙伴"。我们将艺术章金章的第3条达标要求设置成"为同伴调饮茶设计解说词"，队员在完成手拉手章这个要求的过程中，不再局限于自己班级的同伴，还可以是社团里的小伙伴，社区里的楼组伙伴等。在特色章创建的实践体验中，队员们不仅运用了以茶会友的交往方法，还通过项目化学习的方式学会了合作探究，让队员做小团长，设计了争章活动，学会了调饮茶的配制，收获了社区志愿者的肯定和感谢，感受到了争章带来的成就感。特色章的争章活动帮助队员结交更多的好朋友，找到身边的小伙伴，完成了基础章的达标要求。特色章成为基础章的有益补充，让队员对争章活动更感兴趣。

此外，我们将基础章和特色章的争章过程做了衔接，在特色章中加入了一条获评一次小队优秀争章日志的达标要求，以此记录队员在两枚奖章无缝融合的争章过程中的成长，进一步激励队员向上生长，增加对少先队组织的认同感和荣誉感。

2. 幸福日志延展多样激励

队员们通过《幸福争章手记》留下争章足迹，展示争章成果，写下争章日志，分享争章的喜怒哀乐，丰富了激励形式。在小队里，通过同伴互评选出小队优秀日志，用榜样激励队员向伙伴学习，在互助体验中感受争章乐趣。在中队里，辅导员把优秀的争章日志张贴在教室的争章园地中，增强队员的争章荣誉感，激发队员争章积极性。大队部通过组织每月幸福日志评选活动，选出优秀争章日志数量最多的中队，采用线上线下、校内校外、"家、校、社"多管齐下的宣传形式，扩大奖章教育的影响力。

学校开辟官方微信公众号"争章日志"板块；增设红领巾广播稿"幸福日志"栏目、拓展小桔灯校报争章园地、开展红领巾宣讲团奖章行活动；特别是红领巾宣讲团奖章行活动，深受队员喜爱。争章部长在国旗下倡议，队员们积极投稿争章日志；通过自主报名，大队部建立了"小队—中队—年级—大队"四级遴选制度，按照红星章、红旗章、火炬章三大类别，组建了一支红领巾优秀日志宣讲团，开展进中队、进社区两种方式的红领巾宣讲团爱国行、爱党行、爱队行系列活动。在争章过程中，一份份争章日志成了激励队员的舞台。以"红领巾奖章"评价体系为核心的激励形式下，延展出了包括以点带面、同伴互助、适当指导、及时反馈的校内、队内的激励形式，更好地激发队员们参与争章的积极性。

(二) 校外运用,创新思维增活力

学校少先队不断摸索"红领巾奖章"活动覆盖延伸的宽度、深度、高度,不断拓展校外实践的有效载体,实施两个主动、一个项目、一个平台的"211"策略,让队员们在校外争章活动中有地方去、有地方玩,玩出幸福感,进一步推动形成"三全育人、五育融合"的少先队工作社会化新格局。

为解决社区的问题和需求,大队部主动出击,与社区少工委协同合作,带领队员们走进社区,主动分享红领巾社团课程,为小团长们量身打造了融入社区治理的"红领巾小团长在社区"项目,让小团长成为外冈镇"小大人"议事会成员,将校本有氧幸福奖章带进议事会,队员自主选择争章章目,精心设计争章活动,如为村居社区发展建言献策,参与各类志愿服务工作;倾听其他伙伴的需求,组织他们感兴趣的、主题丰富的集体活动;学习各类本领,和各种身份的人打交道,参与各种社会公共事务,让队员们在社区争章实践中成长和锻炼,全面提高服务意识和能力,展现了我校红领巾社团的风采。

同时,创建红领巾周周团宣传平台,开展一周一次的宣传推广。红领巾周周团是由小团长将校内优质红领巾小社团课程带进社区,在社区辅导员协助下,打造出一周一节特色鲜明、寓教于乐的云课堂,并将课程借助镇公众号进行线上宣传推广。少先队还蹲点外冈镇杏花社区,将茶艺社团的课程带进了社区空间:杏茶坊,每次活动社区都会为云课堂招募一个"楼组小队"进行课堂的探究互动、体验实践。队员们在茶艺服务过程中落实有氧幸福章的争章活动,寓教于乐的茶艺课融入有意思的争章体验,产生了意想不到的幸福收获。热火朝天的争章活动,活力四射的争章过程,热情满怀的争章日志,在"外冈在线"社区风采平台进行宣传,扩大奖章的影响力,收获来自各个社区少工委的幸福 offer,打通校社合作的最后一公里,助力双减政策的落实,让红领巾奖章活动"火"了起来。

"红领巾奖章"是队员生命成长的幸福乐园,也是辅导员专业发展的蝶变舞台。争章之旅中的"真问题",是打开辅导员指导队员快乐争章的秘钥,是激发队员内驱力的催化剂。辅导员以真实问题孕育争章活动,队员将实践体验转化为问题解决合力,用双向奔赴的幸福点燃儿童生命成长的原动力,创新"组团式"培训模式,搭建可视化浸润式阵地,让队员们在争章实践中练就技能、获得本领、健康成长。

(撰稿者:沈珊珊)

教育智慧 1-3 一棵树摇曳另一棵树

> 没有学习，就不会有发展。教育就像是一棵树摇曳另一棵树，一朵云推动另一朵云，基地和带教导师的职责就是"摇曳"与"推动"。
>
> ——题记

没有学习，就不会有发展。外冈小学作为上海市嘉定区小学体育学科见习教师规范化培训基地校，一直贯彻落实《上海市见习教师规范化培训实施办法（试行）》和本区见习教师规范化培训的相关精神，以课标为引领，以实践为载体，逐步形成了基地特色培训课程。教育，就像是一棵树摇曳另一棵树，在基地和导师的"摇曳"和"推动"下，见习教师快速成长。

一、明方向，树目标：为见习教师发展奠基

教师队伍的专业发展水平决定学校的发展水平，教师专业发展与学校发展相互促进、共同发展。学校发展规划要引领教师专业成长，促进教师进行良性专业发展规划，努力实现两者的和谐发展，使学校与教师发展规划成为一体。

教师专业发展规划是新课标改革的内在要求，课程改革最重要的是育人方式的改变，最核心的理念是强调以学生为本，关注核心素养的养成，教师要不断提高自身的综合素质，转变传统的教育思想，创新和改革教学方法，调整角色需求，研究身边的教育教学实际。开展教师专业发展规划培训对教师成长有着重要的意义，尤其是刚入职的见习教师：他们面对角色的转变，会有些不知所措，很多见习教师曾表达过对未来的教师生涯十分迷茫，不知道接下来应该如何规划自己的职业发展之路。

基于新课标改革的要求、学校发展的需要以及见习教师的内在需求，在见习教师规范化培训之初，外冈小学见习基地邀请专家解读规培手册，开展职业发展规划培训，帮助见习教师了解培训方向，明确培训目标。与此同时，基地带教导师则帮助见习教师快速进入教师角色，通过专家培训、自主学习等形式，助力见习教师养成良好职业道

德修养，为人师表，树立育人为本、德育为先的理念，尽快适应教学环境，形成良好的教育教学行为规范。见习教师则会通过自己的教学实践、组内研讨、跟岗带班，强化教育教学实践与教学研究，细化班级管理与德育体验，深入了解见习基地培训目的。

教育，就像是一棵树摇曳另一棵树。基地通过一系列的培训，帮助见习教师明晰未来的职业规划，激发他们对教师这一职业的热爱。

二、定内容，促发展：助见习教师专业成长

见习教师作为第一年的职初教师，往往会遇到很多问题，例如，如何掌控课堂纪律；如何活跃课堂氛围；如何评价学生；如何与家长有效沟通；如何组织班级活动等。针对这些问题，结合见习教师规培手册的内容，基地培训主要围绕"职业感悟与师德修养""课堂经历与教学实践""班级工作与育德体验""教学研究与专业发展"四大核心板块展开，从学科教学到班级管理，从理论知识到实践教学，构建了详实多元的培训课程。

（一）职业规划与师德修养

基地指导见习教师结合自己的兴趣特长制定发展规划，帮助见习教师挖掘个人特长，形成自身教学特色；引导见习教师在入职初期树立勤于学习、终身学习的信念，制定短期、长期发展规划；指导学员解读师德规范细则，加强师德规范学习，树立正确的教育观，形成良好的师德师风。

（二）课堂经历与教学实践

学科专家和带教导师会指导见习教师熟悉教学内容，融入教学实践：组织学习小学《义务教育体育与健康课程标准（2022年版）》《体育与健身》等体育学科理论知识，帮助见习教师熟悉课程标准与教材，指导见习教师将教学内容与知识合理地运用到课堂教学中；组织学员观摩课堂、研讨教学、进行课堂实践，逐步把握各环节的操作细则，不断积累教学策略，撰写反思与案例，参与展示评比进行反馈，分析专业技巧的运用，提高学员的教育行为和技巧；组织学员开展教学评价的培训，全方位学习教学评价，从教学设计、方法手段、教学器材上进行反思，指出优缺点，使学员在评价中反思领悟教学重难点，总结练习问题。

（三）紧跟班级工作，身临育德体验

为了让见习教师们体验班级管理，积累沟通经验，深研家校协同，基地每周三会开

展班主任工作主题培训,指导学员一起观察、交流、分享、评价班级管理方法,基地班主任导师结合小学生现状以及工作经验,指导学员如何与学生沟通。同时,班主任导师还会与学员讨论实施"上门家访""线上家访""家长会"等家校沟通的方式,探讨家校共育的策略,与家长进行有效沟通。

(四) 开展教学研究,提升专业发展

苏霍姆林斯基说过:"如果你想让教师的劳动能够给教师带来乐趣,使天天上课不至于变成一种单调乏味的义务,那就应当引导每位教师走上从事研究这条幸福的道路上来。"外冈小学见习基地十分重视见习教师科研素养的培养,为见习教师准备了课题研究、论文撰写等培训内容,形成大量宝贵经验,及时收集和梳理各类培训资料,进而增强见习教师的科研素养,提升见习教师的教学能力,并找出自身所需内容进行重点学习,从而具备弥补短板的意识。基地导师和专家讲座还会指导见习教师发现教学工作中的研究点,形成教育教学案例、撰写随笔,逐渐提高写作与思考能力,从而提升教育科研水平。

教育,就像是一棵树摇曳另一棵树。基地通过四大类别的培训内容,丰富了见习教师的知识技能,增强了他们的育德能力,提升了他们的教育科研水平。

三、形式多,助成长:为规范培训增添活力

面对教育改革的新要求,面对教师专业发展现代化的要求,教师必须不断提高教学和科研的创新能力,新时期的教师培训则为解决教师的知识更新、提高教师素质、提高教学创新能力提供了有力保障,也是提升人才队伍建设、适应科技进步、顺应时代发展的重要途径。

(一) 集中培训,全面提升

基地培训专业的理论知识涉及专业理念与师德、专业知识、专业能力等三个维度,对其中包含的知识点分领域、分要求进行菜单式培训。基地学员还参与各级研讨活动,其中包括各级展示课、亮相课、研讨课、带教课、模拟课、考核课、文本撰写、口令学习、队列队形、广播操、专项技能、科研学习、信息技术操作等。基地设立一月一次"故事分享会",见习教师以讲故事的形式轮流分享"教学故事",形成具有启发性的思考,提高见习教师"看、思、说、动"的能力,捕捉课堂教学细节,促进见习教师德育意识的形成。

（二）师徒结对，细化交流

本校是嘉定区第一批兴趣化课改试点校,以教研员李文峰老师和徐艳贤校长的名师工作室项目为依托,形成具有外冈小学见习基地特色的培训课程,构建"基础＋特色＋专项"的课程体系,培养学员器材创新设计能力,提升课堂实效。见习教师观摩带教导师课3节,观摩导师执教,熟悉家常课的口令、语言、组织、方法、常规,从中获得教学经验,内化吸收。培训期间学员要进行"模拟教学""常规课""汇报课"等实践课,带教导师会针对教学实施的问题,进行一对一、一对多的研讨,评价解惑,在研讨中提升分析问题的能力。

（三）交流评比，优化能力

基地每学年的第二学期会开展"我的第一秀"交流评比,其中包括模拟教学、教育智慧呈现、体育学科教案撰写、三笔字、演讲、信息技术评比等项目,以赛促能,逐步提升见习教师的教育教学能力,为迎市、区评比全面做好准备。

基地努力发挥"摇曳"与"推动"的力量,通过集中培训、师徒带教、交流评比等多种形式的培训,让见习教师向专家、导师、同伴学习,互相影响,共同进步。学校自2014年起作为嘉定区小学体育学科见习教师规范化培训基地校已有9年多,从基地走出去的见习教师已有119人,在各类活动和评比中佳绩频传：2020年至2022年连续三届三位见习教师获得上海市中小学见习教师基本功大赛两个一等奖、一个二等奖。2022年还被评为上海市中小学(幼儿园)见习教师规范化培训优秀基地校。

教育,就像是一棵树摇曳另一棵树。我校将基于学校实际、立足长远发展,进一步细化培训,规范培训管理,开展多元评价,努力将见习教师规范化培训这一项指向未来、责任重大的工作做好、做实、做出成效,再接再厉,更上一层楼。

（撰稿者：杨凯舟　张微）

教育智慧1-4 让教育充满智慧

　　教育是充满智慧的,要让孩子幸福地享受教育,教师就要在背后为孩子托起一片天空,再将这份对生命的感受教给孩子。

——题记

　　让教育充满智慧,教师不仅需要广博的知识,更需要突破创新的教育智慧。

　　教研组建设是学校管理中的重要一环,教师的成长依托于教研组的组织培育。同时,教研组的建设也离不开优秀教师的带领和所有组员的协同发展。为了充分发挥教研组的引领作用,学校创建了"4Z"教研模式,即深度教研的四个支点:一是立足课标,抓备课;二是立足课堂,抓过程;三是立足作业,抓评价;四是立足研究,抓反思。数学教研组在"4Z"教研模式的指导思想下,不断规范流程,丰富自己的学科内涵,互相学习、共同进步,形成了思想统一又独树一帜的学科特色。

一、扎牢根基,向课堂教学要质量

　　数学教研组全体教师潜心钻研课堂教学,有效落实课程标准,在脚踏实地的教学实践中锐意进取,在聚焦问题的课题研究中让教育充满智慧。

(一)科研带动教研,促进课堂变革

　　数学教研组成员每年积极申报各级各类课题,做到成员人人有课题、个个参与课题研究,通过课题研究提升课堂教学质量,促进教师的专业发展。

　　例如:陈淑莉老师的《小学数学低年级表现性任务设计及评价的实践与研究》发现小学阶段学生的数学学习处于知识层面,难以将知识与生活实际联系起来,而传统的书面测试无法全面评价学生的表现。因此,该研究基于课程标准的教学与评价,提出了提高学生解决实际问题的能力,全面评价学生的表现的目标。教研组从2015年起扎实推进研究成果的落地开花,在教学中以表现性任务为抓手,制定了表现性评价可视化实施路径,设计了"4+N"类表现性任务,构建了多元评价体系,实现教学评价

一致性。教研组分别开展了主题为"走出不一样的精彩"成果片级推广以及"共创,让每一个孩子精彩表现"的区级推广活动,通过表现性任务的设计与评价,充分关注学生的协作意识、问题解决思维的参与性等学科核心素养,逐步产生对学生学习方式的变革。

(二) 聚焦任务设计,深化教研主题

数学组坚持以"学习任务单的设计与运用"为抓手,聚焦教学活动设计,为学生搭建学习支架,促使学生主动思考,自主探究,提升思维能力。

在此基础上,教研组还不断探索"任务链"的教学模式,以课程标准为背景,以教学目标为主线设计"学习任务链",根据学生现有的知识,串联多个彼此关联、层层递进的学习任务组,引导学生"有层次、有参与、有思考、有表达"的探究学习任务,激发学习动力,拓展学习思维,让学生学会学习。在构建学习任务链的时候,每一个探究任务都是以教学知识间的内在联系为顺序的,其中包含了知识之间的联系、学习方法的联系、思维方式的联系等。站在较高的位置上,统筹规划学习任务的进阶顺序,促使学习和探究有跨度、有提高,让每一项学习任务都能在教学中发挥"触发器"与"助推器"的作用,有助于教学活动的开展、学生思维的进阶。

(三) 以问题为导向,开展项目化学习

在教学中,我们经常发现学生对知识的掌握流于表面,没有感受到知识与生活的联系,也无法切实运用到生活中去。为此,数学组开展了项目化学习的研究,让学生经历一系列体验观察和分析的过程,最终将学到的知识落地于生活,并在这个过程中培养学生各方面的能力,养成良好的学习行为和习惯。

以刘青燕老师的《几点睡,才合适》为例,教师在课堂教学中发现学生没有感悟到认识时间对生活的意义,不懂得珍惜时间,没有养成遵守时间的良好习惯,有的学生甚至还熬夜玩游戏影响睡眠。基于此,备课组开展"我是时间管理小能手"项目化学习活动,通过调查睡眠时间、分析数据、寻找原因、尝试解决问题、制定方案等一系列活动,提升学生合作、探究、分析问题的能力,让学生做管理时间的小能手,合理规划时间,保证充足睡眠,增强时间观念,逐渐养成遵守时间的良好习惯。

二、创新教学,促进核心素养发展

课堂是教学工作的基本形式,是学生获取知识的主要渠道。数学教研组以课堂教学为中心,不断创新教研模式,搭建展示平台,让教育充满智慧。

（一）升级模式，夯实教研实效

教研组内每两周分年级开展备课组活动，每学期有5次校级主题研讨课，还有各级各类公开课。教研组在"精备—细磨—展示—反思—研讨"五级活动模式的基础上，升级研讨形式。备课组全员出动，一课四研：分析制定一份针对性的说课、精心打磨一节精品课、实践探讨一稿改进教学效果的阐述、汇集形成一例围绕主题的课例分析，提高教研活动的实效。教研活动真正起到听评一节课促多人发展的作用，形成了研讨、研磨、合作"3步走"，备课组、教研组"过2关"的教研模式。在协同研修、互帮互助的氛围中，教研组开展"精读"：围绕研修主题阅读；"细磨"：围绕单元设计到教学设计再到课堂教学打磨；"善观"：形成观课量表，调整观课视角，提升观课能力；"帮带"：老带青、中带新、工作带着干、教学带着研、科研带着思，名师带骨干，骨干带新星。

（二）搭建平台，携手共同成长

学校每年举办教学节，开展骨干教师展示课、青年教师评比课、新教师亮相课以及作业设计评比等，为教师搭建平台，展示教学风采，充分发挥骨干教师的引领辐射作用，同时促进青年教师的专业成长。数学教研组以此为契机，在备课组内分享经验与困惑，相互学习，共同进步。教研组和备课组每学期都会制定一个主题，围绕主题设计每次的教研活动，持续深化对问题的理解，突破解决问题的方案，并积累资料，给新进教师做好指导培训。

三、丰富作业，提升思维能力

数学教研组除了在课堂教学上不断寻求方法的突破，还在作业设计上努力探索方式的创新。组内成员群策群力，在精心设计多元化的作业中让教育充满智慧。

（一）分层设计，兼顾个体差异

结合双减精神的要求，为了切实减轻学生的学业负担，兼顾每个学生的发展，学校在作业设计上提出了分层的要求。数学教研组每年都会重新修订校本作业，每节课的练习分为"基础题"和"提高与拓展"，其中"提高与拓展"部分的题有一定的综合性和思维难度，给学有余力的学生"加餐"，延展他们思维的深度。老师在布置作业时，这部分内容就可以让学生选做。

（二）多样探索，提高综合能力

为了提高学生各方面的能力，学校对作业的多样性进行了探索，除了常规作业外，还有实践性作业、长周期作业和表现性作业等。实践性作业将数学知识与生活相结合，让学生依托具体的生活场景来理解课堂中难以掌握的量感。如，教授"千米"的知识时，学生无法直观感受到1千米有多远，难以建立量感，教师就布置课后作业，让学生在父母的带领下直线行走一千米。长周期作业是系统性的探索类作业，经历收集分析数据、探索寻找原因、最终制定规划的作业。如，记录蒜叶的生长情况，并制成折线统计图。表现性作业通过设计表现性任务，并使用评价量表打分，对学生在多大程度上完成评价目标做出反馈。如，学生用老师提供的材料制作一个钟面并适当装饰，然后向组内同学展示介绍自己的钟面。教师则从学习兴趣、学习习惯和学业成果三方面对学生的表现进行评价。

（三）两相结合，夯实基础知识

在作业的设计上，教研组采用的是课时作业与单元评价相结合的方式。课时作业包括作业目标和作业内容，作业内容又分为预习单和基础练习。课前学生先通过预习单对课程进行初步了解，记录下自己存疑的地方，完成预习单，再带着问题进入课堂，进行更加专注的学习。课后完成基础练习，查漏补缺，对知识进行回顾巩固。完成一个大单元的学习后，及时进行单元评价，深化链接零散的知识点，帮助学生编织知识网络。

数学教研组秉承开放创新的教研理念，合作共享，积极进取，努力寻求课堂的突破创新，用满腔的热情走出教研组的特色之路，用无穷的智慧去点亮许许多多的智慧小生命。

（撰稿者：刘倩圆）

第二章

激活生命的内在价值

德育是温柔的坚持,是一群人共同谱就的散文诗。山高路远,挡不住探索的步伐;步伐匆匆,裹挟着育人的情怀。一群人怀抱着"让每个生命个性舒展"的愿景,激活生命的内在价值,走上众行致远的心灵旅程。浓浓爱意,润物无声,在这片肥沃土壤上,让生命自由舒展。

德育是一场温柔的坚持。学校坚持德育工作者的素养培养,坚持培育学生内生发展的德育生态,激活推动学生成长的内置动力系统,激发学生生命体内自我发展的主观能动性,形成实现生命持续发展的本质力量。

德育是一群人共同谱就的散文诗。学校提出"有氧教育——让生命个性舒展"的理念,构建了学校、家庭、社会三位一体的德育联动机制,通过全员、全过程、全方位的德育建设,促进师生的幸福成长。

一、同心聚,众行远:激活生命的内在价值

班主任自驱式成长,基于自身对教育的动态理解,源于自身内在的价值召唤,始于对外实践的内在提升。学校从班主任队伍的现状问题和专业成长需求出发,以高度自主管理深耕厚植,以全面内驱状态笃行致远,成立3G班主任工作室,分别是"1G"(GROW)新手型、"2G"(GO)成长型、"3G"(GREAT)骨干型,通过阶梯式、多元化培训,让培训对口入心,增强力度深度,有效打造专业的,有课程领导力、指导力和持续生长力的师资团队。

(一)价值引领,筑牢信念底色

立德树人的人,必先立己;铸魂培根的人,必先铸己。3G班主任工作室做实师德建设、育人价值的引领,通过寻访、学习于漪老师、张桂梅老师等先进事迹,邀请上海市班主任带头人来讲述成长故事等,让工作室成员近距离感受榜样的力量,学习班主任专业素养,明确责任使命,认识班主任工作的重要性和育人价值,进而确定专业发展的目标,规划发展的路径,推动班主任自驱的发现自我、实现自我,促使教育情怀落地见效。

(二)分层问需,成就自主特色

开展班主任培训和成长需求的问卷调查,引导全体成员结合当前班主任工作,认真思考和分析面临的问题和困难,了解现实需求以及存在的困惑。学校从班主任队伍的现状问题和专业成长需求出发,以"提高班主任专业水平,促进班主任队伍专业发展"为方向,建立横向交错,纵深推进的"3G"培训模式,围绕班主任专业能力、专业观念、专业方法展开针对性的培训,实行分层要求,落实分阶培训,从思想到实操,从分层到分段,从重点到难点,在"读""研""训""练"中实现专业化,努力把班主任工作室办成专业化、自动化发展的共同体。

(三) 系统培训,追求专业本色

3G班主任工作室开展定时阅读活动,针对三个工作室班主任的特点和需求,推荐不同的书籍,明确不同的要求,结合工作经验做突围思考,撰写案例,在读中悟。3G工作室实行分层要求,落实分阶培训,通过"师徒"结对、校本研修、基本功培训等,学习好的经验,让新手班主任先成长为一名合格班主任;再通过骨干引领,找准弱点,锁定困难,开展互助研讨,层层递进,促其成长为校级骨干班主任;最后通过专家引领、课题研究实践等,使其成长为区级骨干班主任。工作室每月一次论坛,围绕班级学生家庭教育难题,形成项目培训,分解难点展开定向任务,共商对策,互为谋略,提高研究问题的能力。

二、向阳生,灵性展: 解锁成长的专属密码

每一个孩子都是与众不同的,都有着独一无二的颜色。学校围绕立德树人的根本任务,秉承具有一定包容性的课程观,朝着教育人、培养人、发展人的目标开发课程,力争每门课程都融入对"会自律、会表达、会合作、会创造、会生活"的培育,努力以德育之道,成育人之效,让每个孩子找到自己对幸福的定义,解锁成长的专属密码。

(一) 行规课程,塑造学生的品行

学校依据学生年龄特点和需求,确立"有爱心、负责任、善学习、乐交往"行规教育总目标,构建幸福"探"课程,以体验式生命教育"知晓—践行—体验—实践"为手段,设计课程内容,打造行规"五环行"特色品牌。学校还将行规教育微视频作为资源,红领巾奖章作为评价,聚焦行规养成问题,从而有效培育学生的良好行为。

(二) 幸福课程,丰富学生的童年

学校立足本校教师、借力区级幸福课程,通过学科教学、专题教育、主题活动、社会实践和家校合作五大载体,形成了具有校本特点的茶艺、足球、篮球、灯彩、烘焙等富有特色的五彩幸福课程,让每一位学生获得充分表现的机会,激发学生的潜能和信心,培育学生的爱好和特长,为学生综合素养的提升助力。

(三) 研学课程,拓展学生的视野

学校充分利用和开发校外劳动基地资源,调动爸爸的力量,指导爸爸带着孩子去研学劳动,开发设计幸福研学劳动教育课程体系。教师根据研学路线延展主题课程,通过劳动体验、互助、互动、互享,让学生在劳育研学旅行中实现德育体验、丰富知识、

拓宽视野、实践锻炼、劳动创造,让学生与自然、与文化、与历史亲密接触,发挥研学课程的劳动育人价值。

三、以爱名,为爱行:打造亲密的最强盟友

家校社馆的合作与共鸣,是永不停歇的协奏曲。学校在落实德育过程中注重融合诸方面要素、资源、力量,本着"共融、互动、互补、共建"原则,以服务学生、幸福成长为指引,充分挖掘、整合资源,与社会形成"协调统一,齐抓共管,各负其责"的工作互动机制,营造出以爱为约、共享共育的新生态,为每个生命的童年、成长、未来,打造亲密的最强盟友。

(一)课题驱动育理念

学校结合家庭教育市级规划课题"基于实践问题的家庭教育指导课程建设的研究",运用"了解家校教育现状—交流家校教育经验—优化家校教育策略—探求家校教育规律—运用家校教育实践"运行方式,通过家长幸福课堂、亲子研学、校园开放日、游园摘星活动、课后活动服务、家长护学岗执勤等实现家校的深度互动,既有效转变家长的教育理念,又提升家长的整体素养,更让"有氧教育"哲学深入人心,赢得家长的认可,促进活动共建、成果共享、家校共育。

(二)馆校合作筑信念

学校毗邻外冈游击队纪念馆,利用纪念馆资源和开放式的学习环境,将思政教育与生活相联系,开发了三个"馆校合作"项目:我是金牌讲解员、我是优秀小中医、我是无畏小小兵;探索以"问题"为着力点的实施路径:提出问题猜想—带着问题探访—提出新的问题—协作学习研讨—共同找到答案,制定思政课程实施框架,利用系列活动推进大思政学习目标的达成,让学生筑牢组织认同,学会合作、增长见识。

(三)社区平台扩影响

学校主动出击,与各社区牵手构建"15分钟幸福圈"基地站,每学期学校大队部各部长到各基地站倡议学生争做小小讲解员,通过自主报名,建立"混龄小队—楼栋中队—基地站大队"三级遴选制度,在社区组建一支红领巾讲解团,开展进中队、进社区、进场馆的红领巾讲解团爱国行、爱党行、爱队行系列活动。学校还聘请导师辅导员、家长辅导员、社区辅导员组建"三员"指导团对学生进行系列培训,小讲解员们在训练中学习讲解技能,不断创新宣讲形式,用具有创意的表现方式,将革命精神外化为自己的

"实践力量",让"有氧教育"理念走向社会,扩大教育影响。

浓浓爱意,润物无声,在这片肥沃土壤上,让生命自由舒展。学校以"有氧教育"理念为根,努力激活生命的内在价值。我们在琐碎中寻找光,在平凡里成为光,在细微处创造光,将德育入心化行,和老师们一起倾听幸福拔节生长的声音。

教育智慧 2-1 掌握幸福密码

爱之以道,伴之有方,繁花有期。

——题记

管理是技术,更是艺术,它不仅需要勤耕细作,更需要一种智慧。外冈小学作为区幸福课程家校协同项目重点校,一直在家校协同共育方面努力。在全员导师制背景下,学校通过有效主导,获得家庭这一重要的支撑,深入研究家庭教育中存在的共性和个性问题,依托家长学校,落实家庭教育幸福课程建设与应用,让家长在培训和学习中明确自己的职责,以提升家长的育儿能力。掌握幸福密码,用心陪伴孩子,在家校协同共育、家教专业成长、家长幸福课程、资源整理利用的过程中,开启孩子幸福的人生之门。

一、有一种力量叫协同

家长学校是学校指导家庭教育的主要平台。教师有责任提高家长学校办学质量,规范化、科学化地指导家长,让家长明确自己的主体责任,指导家长学习和掌握家庭教育方法,提高家庭教育的科学性和有效性。为此,学校主要从四个方面加以推进:

一是完善家长学校制度。学校制定《外冈小学家长学校管理机制》,研制《外冈小学家长学校课程标准》《外冈小学家庭教育基本行为规范》。通过培训,学校通过多形式引导家长学习和践行相关制度,提高家长的家庭教育能力。

二是用好家长委员会。学校相关制度由德育部门与家委会主任共同负责落实,形成三级家委会工作机制。在管理过程中,家委会要发挥作用,教师要参与家长幸福课堂、家长微课堂,家长可以驻校办公。

三是组建家庭教育导师团。学校聘请有资质的专家、家庭教育指导师、律师、教研员、优秀导师、优秀家长代表,组成一支专业、有实力、有能力、有感染力的导师团,使培训更专业、指导更精准、家教更科学有效。

四是创新"约会"沟通方式。不同形式、不同层面、不同时间的"约会",能让家长心甘情愿走进学校。在汇报、展演、仪式、沙龙、研学、讲座、拓展等形式多样的沟通交流中,学校不仅为学生搭建了展示成长、建立自信的舞台,还获得了家长的信赖,为家校的情感沟通打下坚实的基础。通过这些活动,家长明确了学校的育人目标,理解了学校的举措,实现了家校有氧模式。

二、有一种行动叫专业

教育要发展,教师是关键。为了提高全体导师的辅导力,落实"幸福6+6"目标,学校从培训入手,提高导师家校沟通和家庭教育指导能力,打造一支专业的、有能力的导师团队。

(一) 组建全员导师的核心力

学校组建导师工作室,将班主任作为家庭教育主力,分层落实培训和指导,提升导师家庭教育指导力。根据教师专业成长的过程,学校开展阶梯式培训,通过阶梯式、多元化培训,学校让培训对口入心,打造专业、有课程领导力和指导力的师资团队。学校为优秀导师搭建平台,组织线下授课、主播微课、沙龙活动等,让每一位导师参加活动磨炼专业技能,提高家校沟通和指导能力。

(二) 提升全体导师的辅导力

学校组建5个年级(5N)导师家教小组,落实1个以上(1N)的针对性培训,助推导师落实专业、科学、有效的家庭教育指导。

1. 5N家教小组

学校启动"沟通课程"同伴学习计划,定期开展家庭教育理论与实践行动的分享活动,鼓励教师拉同伴互学、互享案例、众筹家庭教育指导困惑、分享小妙招解密等,让不同梯度的导师都有所收获,从而提升每一位导师的实操能力。

2. 1N靶向培训

针对青年导师在家校沟通中出现的"怕"和"躲"等心理问题,学校采取措施对症治疗。针对年长导师"凭经验"与家长沟通的现象,学校开展专场培训,促使教师转变观念。

三、有一种课程叫幸福

为了使家校协同共育的目标一致,家长学校幸福课程的建设要尊重家长的意愿,满足家长的需求。通过调查、访谈、问卷等形式,学校深入研究当下家庭教育中存在的普遍问题和典型问题,以解决这些问题为突破口,利用家庭教育指导课程,打破家校沟通的壁垒,拓宽家校沟通的渠道,丰富家校沟通的形式,创新家校沟通方法,提升家长的育儿能力。

学校制订"三步走"策略,旨在实现两个目标:一是让家长在课程学习中成长,二是让学生在科学的家庭教育中发展。第一步,走近家长,了解家长困惑。为了提高家庭教育指导的有效性,找准切入点,学校给全体学生家长布置了问卷调查。同时,学校召开校级家委会会议,发挥三级家委会的作用,广泛搜集家长在家庭教育过程中遇到的问题和困惑,按年级汇总,再从心理、行规、习惯等方面分类梳理找出普遍问题和个性问题,整理问题清单。第二步,走近孩子,呵护幸福成长。幸福是一种感觉,更是一种能力,教育的终极目标是让孩子体验幸福。教师要从学生的需求出发,努力让学生收获幸福体验,健康成长。但教育不能"一厢情愿",教师更不能"自以为是"。教师要为学生制订"三心卡":关心学生成长的需求和变化,耐心倾听和保护他们的感受与想法,用心打开学生的心扉。第三步,架构课程,提高协同成效。针对家长的需求和家庭教育中存在的问题,结合学校育人目标与家庭教育的目标,学校要找准突破点与融合点,组织教师设计家庭教育指导课程,找准实施途径,创新培训方式,帮助家长获得良好的教育经验。

(一)基础课程

学校组织讲座、沙龙,给家长讲述不同年龄段学生的生理和心理发育特点、思维方式、行为习惯、个性表现等,让家长科学地认识自己的孩子,了解孩子行为背后的所思、所想。家长不要用放大镜批评孩子在特定年龄出现的问题,而要用显微镜找原因,感受"牵着蜗牛散步的心境",领悟张弛有度教育的重要性。

(二)特色课程

学校通过亲子实践活动,从孩子成长的需求"生存、生活、交往、智慧、创造"出发,开展三个年段、五个年级的幸福研学、亲子劳动课程,拉近家长和孩子的距离。教师要求家长用陪伴做最长情的告白,通过特色幸福评价提高育儿能力,呵护孩子幸福成长。

1. 幸福研学

家校共同构建幸福"探"课程,指导家长带着孩子去研学。通过体验、互动、分享环节,学校将教育目标蕴含在研学中,引导家长学习科学的家庭教育理念,学会倾听孩子的心声,参与孩子的成长。

2. 亲子劳动

校内,教师结合学校的茶艺课程,落实亲子"茶学堂",开展"给爸爸讲茶经""带爸爸护茶园""请爸爸来品茶"等活动。校外,教师引导家长抓住日常生活中的劳动实践机会,开展"亲子家务秀""劳动成果展""劳动好家风"等活动,培养家长言传身教的意识,打造全家共成长的新模式。

3. 个性课程

学校借助"幸福清单",跟踪落实家庭教育,并以此为依据设计个性化的家庭教育指导方案。幸福清单中有导师为家长量身定制的"幸福任务",家长在完成的同时,由学生进行爱的评价。这份评价既是督促,又是鼓励。家长在完成幸福清单时会更用心,并不断尝试新的家庭教育方法,与导师有效沟通。学生看到家长的努力与付出,就会明白家长的良苦用心。对于努力落实幸福清单的家长,学校录制主题视频"爸爸妈妈,请听我说……",让学生将家长在落实幸福清单过程中的转变以及对自己的改变与影响反馈给家长。

四、有一种资源叫整合

发内力,基于3G班主任工作室,采用"上下线"搜集网络课程资源。学校积极开发音频课程资源,重组、梳理课程内容,架构立体精准的课程体系。"GROW 工作室"结合行规教育,落实行规"氧"成微课堂。教师通过录制行规小视频,引导家长重视学生的行规养成。"GO工作室"结合亲子实践活动,注重幸福课程校本化实施,在研学、劳动中总结亲子沟通、科学养育的方法和经验。"GREAT 工作室"结合家长问卷中的问题清单,积极备课,落实"大小课"培训,包括集中的焦点上大课(讲座、专题家长会)和分散的焦点上小课(家长沙龙、圆桌会议等)。教师把先进的教育理念和教育方法传递给家长,让家长明确自己的职责,做好家庭教育。

借外力,把专家和优秀家庭指导师"请进来",引导家长加强学习。学校可以聘请心理专家,落实亲子体验课程,让学生通过绘画、沙盘游戏、写信、心理剧等活动表达自己的想法,让家长和孩子互相倾诉心中的困惑。通过专家的引导与点评,教师引导学生敞开心扉,明白家长言行背后的出发点,让家长走进学生心里,掌握科学的家庭教育方法,优化学生的成长环境。

有一种力量,始终指引着孩子们成长的方向;有一种行动,需要你牵着我,我牵着你,长长的路,慢慢地走;有一种课程,基于问题,满足需求,拥有强大的能量;有一种资源,具有生命的力量,无穷的能量,蕴含着浓浓的爱。时光不语,一路执着,让我们一起解开幸福密码,静待花开。

(撰稿者:王晓红)

教育智慧 2-2　每一个场域都有自身特有的逻辑

> 场域是一个特定的社会空间，具有相对自主性和封闭性，每一个场域都有自身特有的逻辑和必然性，不同场域的支配逻辑之间不可通约。
>
> ——题记

随着时间的推移，我们国家家庭教育指导的发展也在进行着与时俱进的变革，无论是在指导的专业化方面，还是在指导方式的创新方面，都给家庭教育指导者带来了新的挑战。中共中央、国务院在2019年6月发布的《关于深化教育教学改革全面提高义务教育质量的意见》中，第一次明确提出要加强班主任"家庭教育指导"能力建设。2022年1月，《家庭教育促进法》指出家庭教育是一项科学性、专业性很强的工作，中小学校、幼儿园要将家庭教育指导服务纳入工作计划，作为教师业务培训内容。可见，建立一支高水平的，具备家庭教育指导能力的班主任队伍是当代家庭教育指导专业化的重中之重。

布迪厄的场域理论以"场域""资本"和"惯习"为核心概念，从多个角度探讨了在场域中个体是怎样利用资本来确定自己的地位，并分析了在这一进程中惯习对个体的行为策略产生了怎样的影响。布迪厄把"场域"看作是一种社会空间，它是由多种客体的社会关系交织而成的，我们在"场域"中行动，就是在"关系"中开展社会活动。家庭教育指导班主任队伍实质上也是一种社会组织，它也有它自己的领域。基于此，本文从场域理论的视角出发，对家庭教育指导班主任队伍建设的现状与发展进行系统研究，并在此基础上提出优化路径和策略选择。

一、现状分析

一支高素质的家庭教育指导队伍，能够将经过数年工作经验所积累下来的最先进、最切合实际的方法，以家长可接受的方式进行编码，并将其转换为学习内容，从而弥补家长在教育各方面存在的不足。下文从三个方面着手，剖析在家庭教育指导班主任队伍建设中出现的阻滞因素。

(一) 场域规则的失范

场域规则指的是每一个场域运行都不可或缺,且需要被遵循的有独特特点的规范。明确的场域规则,可以在开展家庭教育时为班主任提供指导与约束,起到积极的效果。就影响班主任工作的场域规则而言:显性场域规则主要是场域中班主任工作的规章制度,隐性场域规则主要是场域中班主任工作的惯例。

家庭教育指导班主任队伍建设缺少科学性的制度引领和具可操作性的研修方案,研修活动在形式和数量上也是有所缺失的,活动之间连接性不强,没有系统性的建构,比如说请专家作报告等,常常是零散的,不能触及班主任能力的实质性长足发展,如走形式一般,停留在表面。除此之外,规则的失范还降低了班主任自主完成任务和研究的激情,班主任有时是一种盲从或顺从组织者的表现,不善于总结、反思,主动性差,且当前青年班主任比例逐渐增加,无经验、工作压力大,他们常认为其无时间、无精力加强学习。

(二) 文化资本的疏离

场域的结构是不同位置的客观关系构成的空间,拥有不同资本与权利的行动者在场域中占据不同的位置。布迪厄认为文化资本是教育场域的核心资本,不同的班主任因文化资本和权利不同,其处在教育场域中的位置也不同,拥有文化资本少和权利小的班主任常处于劣势的边缘位置,不利于班主任以正向情感投入家庭教育指导活动,获得归属感。

家庭教育指导活动常常由拥有文化资本和权利的行动者主导,凭经验开展活动,不了解参与者的专业发展实际需求,在活动领导权下放上缺乏一定的勇气,班主任主导活动的可能性比较小。管理者的权力集中化,造成了班主任的归属感不足,使家庭教育指导活动流于形式。

(三) 工作"惯习"的不良

由主、客观世界综合作用而产生的一种实践意识,也是一种比较稳定、较长时间的性格倾向,这就是"惯习"。"惯习"来自于实践,并对实践产生了一定的影响,它在很大程度上对行动者的感知、评价和行动起着决定性的作用。班主任传统固化认知作用的惯习常常会制约其家庭教育指导行为。

部分班主任在家庭教育指导时,采取最能获利或最简单的策略,比如经常凭经验指导、单独指导,较少与同行进行探讨。大部分班主任持有情感取向,即按照自己的判断来选择是否来指导家长,而因为班主任本身对于家庭教育的认知不够全面,所以其所进行的指导就会带有主观性和片面性。

二、破解路径

班主任是学校实施家庭教育的掌舵手,建立研修共同体是提升班主任家庭教育指导力的有效手段,基于场域理论视角,确立了优化场域规则、缩小资本差距和重塑积极惯习三个具体操作路径。

(一) 以发展共同体为理念方向,优化场域规则

家庭教育指导班主任研修共同体的构建,是家长、班主任和学校等行动主体在共同愿景下,努力提高学校家庭教育质量的积极探索,要保证研修共同体的有效运行,需要进一步规范和完善顶层设计,完善相关制度,即优化场域的运行规则,激发班主任自我潜能和身份认同的文化场域。

共同愿景是班主任研修共同体要达成的规划蓝图,是凝聚在一起的隐形力。学校家庭教育工作确立了"有氧家校育成长,让每一个家庭都能绽放生命活力"的理念,建立了三阶班主任研修共同体,并制定了《家庭教育指导班主任队伍研修制度》和《家庭教育指导班主任队伍分层培训实施方案》,在研修制度和方案中设立了清晰的发展目标,发展路径,对班主任提出了具体的要求,明确指出了家庭教育指导队伍建设的方向。

(二) 以文化共同体为情感支撑,缩小资本差距

班主任研修共同体中,各成员之间的关系是通过文化资本得以维系的,具体而言,这种维系依托于知识的生产、传承、传播和消费,它使得各方行动主体因为对知识追求的认同而聚集,而又通过家庭教育指导活动的设计、组织和评价等开展互动交往。学校通过建立互帮互助、相互合作的校本文化,使处于文化中的各个班主任沉浸在其所在的场域中,相互产生情感支撑,有意识或者无意识形成适合在该场域生存的惯习,不断缩小资本的差距。

学校通过构建"3G"班主任工作室,打造班主任研修共同体,从"GROW"成长型班主任到"GO"经验型班主任,再到"GREAT"骨干型班主任,分三个层级,螺旋上升,彼此关联,同一层级的工作室成员相互支持,跨层级工作室成员相互帮带。为加强班主任研修共同体家庭教育理论学习和家庭教育指导能力的提升,分三个阶段制定不同的

实施策略：第一阶段针对成长型班主任，首先进行"师徒"结对，向经验型和骨干型的班主任学习经验，再通过培训、讲座等形式，促进成长型班主任尽快掌握家庭教育新理念，成长为一名合格家庭教育指导者；第二阶段针对经验型班主任，利用案例分析、讲座等校本研修方式，让他们能够及时、持续地进行家庭教育方面的专业知识的更新以理论来引导家庭教育工作，以实际工作来推进他们的工作，培养他们成为家庭教育指导的中坚力量；第三阶段面向骨干型班主任，以课题研究实践、专家指导等方式，提升他们的教研与科研能力，让班主任在家庭教育方面成为一个思考者、研究者、实践者与开创者，最终成为一名杰出的家庭教育指导者。

（三）以价值共同体为目标指引，重塑积极惯习

班主任研修共同体有其自身独特的运行逻辑，作为一个缩微的社会组织，因在知识基础、思维方式、兴趣等方面的不同，行动者通常都用自己的视角去感知和描述世界。因此，场域内班主任行为主体之间必定存在冲突。实质上，这种冲突确是能够驱动家庭教育指导班主任队伍发展的要素。各班主任在彼此互动和学习交流过程中，发生思维碰撞，从而及时对研修行为与研修计划进行调整，使各自的价值观达成一致，促进积极惯习的形成。

为促进价值共同体的建立，学校开展班主任培训和成长需求的问卷调查，引导全体成员结合当前家庭教育指导工作，认真思考和分析面临的问题和困难，了解班主任的现实需求以及他们存在的困惑。之后，学校确立了横向交错、纵深推进的"3G"培训模式，围绕班主任家庭教育指导观念、能力和方法展开针对性的培训，实行分层要求，落实分阶培训，从思想到实操，从分层到分段，从重点到难点，在各项研修活动达成后，班主任研修共同体的实践便超越了成员班主任之间的一般经验交流或分享，完成了知识创新，教师从"接受者"从而转变为"创造者"，主动地参与到教学活动中来。

三、方法策略

"场"的实质是一种互动的"空间"，而"场"又是一种"互动"。通过"情境场""对话场""文化场""支持场"等多个"场"的支撑，为家庭教育指导班主任队伍构建一个经验共享与知识创新交互参与的空间，使其知识在链接中生成新的实际知识与新的技巧。

（一）构建主动参与的情境场

有研究表明，学习动机跟其身处的情境关联度较高，情境是可以激励、引导和支持

学习行为的。为此,家庭教育指导班主任队伍建设的过程中,要着力建造有序向好的场域,让这个情境场中的每一个个体不自觉地参与其中。

学校班主任工作室研修活动创设具有实践性和针对性的情境,提升家庭教育指导辅导力。为满足新形势下班主任工作的实际需要,每两周进行一次集中培训,提升班主任的家庭教育辅导力,如发起"沟通课程"的同伴学习项目,通过与家长共同交流,共同探讨家庭教育的相关理论和实际操作,进行同伴之间的相互学习,共享案例,解决家庭教育问题、小技巧解读等,让各层次的班主任都有所受益,提高每位班主任的实际操作能力。针对班主任在家庭教育指导中出现的问题和难题进行专项培训,指导方法,转变观念,促进成长,将班主任置于具体的学习环境中,可以更好地激发学生的知识期望,促进他们进行主动的学习和思考。

(二)构建多维互动的交流场

专家及有经验的班主任应不遗余力地将自身经验传授给其他班主任,要摒弃权威观念,加强对青年班主任的指导和反馈,使出现的问题能被及时解决。同时,班主任间要平等对话,通过平等的沟通,家庭教育指导,班主任队伍便会逐渐形成互惠、信任、团结、相互支持的关系,为开展活动创造良好的环境。

为了让班主任在参与家庭教育指导活动中动脑、动口、动手,把自己的想法与大家分享与表达,学校创建了班主任研修共同体,其目的就是为班主任搭建不同的对话平台,赋予班主任一定的管理权与决策权,使其在本层次的同伴之间、跨层次的班主任之间、与专家之间和与不同的教育情境之间产生密切的联系,使各层级的班主任、各领域的专业人士以及各种教育情境紧密结合。无论是在整体学习还是分组学习中,这个"交流场"都是无处不在的。

(三)构建充满凝聚力的文化场

构建一个充满凝聚力的文化场,有助于创建具有凝聚力的学校文化氛围,在这一文化场中,班主任会因为彼此的共同目标,加深成员之间的了解和交流,助推团队精神不断升华。

学校作为区幸福课程"家校协同"项目的重点校,幸福课程校本化实施,提高导师队伍的指导力,架构、落实家长课程,将加强家庭教育指导作为研究家校协同项目的突破点,以此提升学校良好育人氛围,提升家庭教育"指导力",积聚家校协同"幸福能",打造家校共育"幸福圈"。学校的三个班主任研修共同体,分别制定制度和目标,分别开展活动,激发班主任自主学习的意愿,发挥能动性。

（四）构建多方力量支持场

支持场，是为保障家庭教育班主任队伍持续运行，创造有利的政策、经济、文化和社会环境。建立一个由多种力量组成的支持场，给这个场域中行动者的资本创造出一个互动的空间，也是家庭教育指导班主任队伍场域形成所需要的环境要素。

场域作为一个特定的社会空间被布迪厄称为"社会小世界"或"游戏"，具有相对自主性和封闭性，每个场域都有自身特有的逻辑和必然性，不同场域的支配逻辑之间不可通约。正是这种根本特性，决定了每一个场域都有自身特定的形式。学校为班主任制定家庭教育研修制度，以外部督促保证共同体的有序运行，这是制度支持；选择双周一下午第一节为固定的研修时间，这是时间支持；同时，学校为开展家庭教育指导活动提供专项资金，避免由于缺乏资金而造成活动无法继续开展，这是资金支持。

总之，基于场域理论视角，构建班主任研修共同体是进行家庭教育指导队伍建设的有效路径，学校可以从构建主动参与的情境场、多维互动的交流场、充满凝聚力的文化场和多方力量的支持场等方面入手，在这个基础上，不断地完善和改进，从而提高班主任的家庭教育指导能力，推动学校家庭教育指导队伍的不断发展。

（撰稿者：叶凯红）

教育智慧 2-3 孩子的成长需要一双翅膀

> 教育,从来就不应该是一件孤军奋战的事情。孩子的成长需要一双翅膀,一边是老师,一边是家长。
>
> ——题记

家校合作对学生的生命成长、家长教育水平的提高以及学校育人环境的优化都有着举足轻重的意义。家长和老师若能"手拉手",就能化成一双翅膀,让孩子插翅翱翔,穿越成长的困境,成为具有幸福能力的人。但是,在家校合作中会存在一些问题,制约了教育效果。

我们班的学生大多是外省市来沪人员的子女。很多家长平时忙于工作,用汗水换取经济上的富足,为子女的成长和教育而努力,却往往缺少时间和精力来陪伴孩子,忽视了对孩子身心健康的关心和教育。面对各种困境,我在家校沟通中不断摸索,不断实践,获得了一些启发。

一、 相约家长会: 达成共识

一走上教育岗位,我很快就发现孩子喜欢"告状",家长也很关注孩子在校的情况。如,孩子间往往由最初的相互打闹玩笑演变成打架,家长们则会在班级钉钉群内替孩子找校服、找课本等。这些看似不起眼的小事,往往会占据班主任大部分时间和精力。为减少班级突发事件的频率,培养学生处理问题的能力,提高家校共育的效率。每次接到新班级后,我会利用好第一次家长会,抓住与家长初次见面的机会,与家长达成共识。

在家长会上,我主要落实四件事:

第一件事,表明立场,拉近距离。家长会上,我先告知家长,班主任在校陪伴一群孩子,在家也要养育自己的孩子。家庭教育中遇到的问题,班主任和所有家长一样都可能曾经经历过或者即将经历,班主任非常理解家长在工作与家庭教育中存在的矛盾与冲突。站在家长的立场与家长对话，家长就能从心底认同班主任，拉近彼此的距离。

第二件事，分析学生，预测问题。和家长分享班级学生目前所处的年龄阶段及心理特点和行为表现，告知家长孩子每一天都在变化。每个孩子在成长过程中，或多或少都会犯小错误，家长可能在某一天接到班主任的电话，被告知孩子在学习、行为等方面有问题。请家长耐心倾听、真诚对话，将孩子在家表现如实反馈给老师。老师会和家长一起分析孩子在家、在校的表现，发现孩子的需求，一起关注和引导，一起见证孩子的成长和进步。

第三件事，解读规则，说明缘由。解读班规以及制定目的，旨在培养学生规则意识、责任意识等，希望家长密切配合，落实班规。例如：不带零食进校园，如有违反，违反者给班级同学每人准备一份零食；爱护公物，谁损毁，谁修复，如在教室窗帘涂画者请放学后留校在大人的监护下清除涂画；鼓励家长引导孩子主动处理同学间的关系，学会处理自己与同学间的矛盾。同时，引导孩子自己处理不了的事情要及时寻求老师和家长的帮助。在对孩子的教育中，学校和家庭都要努力教会孩子如何主动生活。比如，主动规划时间、主动反思总结等，使其逐渐形成一套完整的心理自助系统。这样，孩子在未来的生活中才能更自信，才会更有幸福感。

第四件事，出定心丸，助力家教。我向家长说明老师在教育的过程中会做到公平公正，不厚此薄彼，正视学生之间的发展差异，对任何一个学生都会给予相应的鼓励和关爱。针对经常违反课堂纪律、不完成学习任务的学生，老师会严厉地指出错误，也会想方设法帮助其改正，会倾听孩子的心声，做到及时引导。家长可以经常翻看学生的课本和作业，了解学生在校表现。孩子在转述老师的话语时，由于年龄及心理特点，话语会出现偏差，家长有疑问可以及时联系老师，避免产生误会。

二、长话要短说：对症下药

自从做了教师，谈孩子教育问题一定是滔滔不绝。有时候和学生家长交流，恨不得把自己的想法都说出来。教育本身就是一门大学问，需要不断实践和积累。和家长交流时必须有针对性，针对孩子本身存在的优缺点，给出注意事项和可实践可操作的建议。话说得过多，信息量太大，会让家长把握不住重点。

部分家庭偏重于关注孩子的成绩，喜欢以子女的考试成绩作为"糖果"奖励的标准。这类家长在投入一定的时间和财力后，如果发现孩子的成绩没有显著提高，便容易陷入对子女的教育焦虑之中。如果家长长期处于这种焦虑的状态下，便会逐渐失去对子女教育的信心，容易向放任型家长转变。与这部分家长交流时，老师要肯定家长为孩子的付出，与家长一起根据学生的表现，分析学生学习存在的问题，列出相应的幸福清单，指导家长分步骤引导学生提高学习品质。

还有部分家长认为纠正孩子错误行为最直接有效的办法是打骂。这部分家长可能文化水平偏低，对学校"全能化"的期望值过高。家长不能明确自身在子女教育上应当承担的角色，没有意识到家庭教育给孩子带来的潜在影响。他们还会将自己作为反面例子来教育子女，无法做到以身作则却总希望子女能做得好，从而逃避对孩子的监督工作。

与这部分家长交流时，教师要用"放大镜"交流孩子的闪光点。比如，老师先从一件小事入手抓住细节表扬孩子爱劳动、有责任心等，再强调孩子身上有家长勤劳、踏实的影子，肯定家庭教育的成功之处，最后分析孩子目前存在的问题，建议家长变换教育方式，用耐心、细致引导孩子健康幸福成长。

三、待到私聊时：设身处地

家长对子女的家庭教育效果差，一方面是因为客观上缺少可利用资源，另一方面很大程度上是由于教育观念认知有限。对于行为异常的学生，家长要加强家校合作，发挥学校现有的教育资源，及时发现学生心理问题，做到提前干预。通常，特殊学生家长无论是在情感上，还是在心理上都排斥老师对孩子行为表现的陈述。他们往往觉得自己孩子还小，长大了所有异常行为都会消失。在与此类家长交流时，教师应表现出理解他们的处境及顾虑，站在家长的角度分析孩子，说服家长将学生的健康、成长及发展置于家庭首位，不断提醒家长培养身体及心理健康的孩子才是最大的成功。

班级中，几名学生好动、坐不住、话多，常常在课上不由自主地离开座位跑来跑去。于是，我与家长就孩子上述行为进行交流，询问孩子在家是否能专注做一件事，孩子书写是否专心；根据学生表现，建议家长观察孩子注意力的时长，并配合学校用舒尔特方格训练注意力，为期一个月。一个月后，学生没有改善，建议家长带孩子去儿童保健门诊咨询。遇到不愿意带孩子去儿童保健门诊咨询的家长，交流时多用身边的例子提醒他们寻求医学介入的必要性和重要性。慢慢地，家长就有了带孩子就医的想法。班主任要做的是在家校交流中打消家长的顾虑，告诉家长勇敢面对现实。

每当有孩子确诊为多动症等病症后,我会第一时间安慰家长:目前孩子症状没有想象中严重,他们需要大人更多的陪伴和付出。老师会给予孩子更多关注,课堂提问孩子的次数会增加,单独辅导孩子作业的频率会提高,心理老师会邀请孩子参加量身定制的心理课程,进行有效干预。家校携手共育,让我们的孩子健康成长。

每个孩子都是不一样的。孩子的成长,是一场爱的双向奔赴。教育孩子需要家庭和学校形成合力。作为一线老师,我们愿意用真情牵手家长,用爱心搭建家校沟通的桥梁,努力为每个孩子插上有力的翅膀,助力他们幸福成长。

(撰稿者:周娟)

教育智慧 2-4　幸福清单，让爱传递

> 遇见，是故事的开始；成长，是故事的延续。教育，是家长和老师站在一起，步调一致、共育花开。
>
> ——题记

作为一名教师，我认为家庭教育指导是有边界的，不应该轻易介入学生的家务事。然而，现实是家庭情况往往影响到学生在校的表现。因此，如何从学生的角度与家长进行有效沟通？怎样让家长走进孩子的世界？借助学校的幸福清单，我努力地将幸福传递着。

一、深入沟通：了解厌学原因

教师要想让学生克服厌学情绪，必须对学生厌学做出正确的心理诊断和深入剖析，从而对学生采取正确的引导。

小超是一位虎头虎脑、性格外向的男孩，但有时却会郁郁寡欢，学习状态也时好时坏。我刚开始与他进行谈话时，发现他并不坦诚，在和家长沟通后发现孩子在家经常撒谎。面对小超同学的撒谎行为，该怎么办呢？如果直接点破他，不仅会伤害自尊，还可能使他变得更加厌学。在思考之后，我想先听听孩子的内心想法。

为了让小超没有心理负担，我在全班开展了一次"写写我的心里话"的活动，让同学们写一写自己的心里话或者遇到的烦恼等，可以匿名，也可以署名，需要老师帮助的可以申请老师回信。在收到的信中，我看到了小超的信，更令我吃惊的是他不但署名，还申请了老师回信。我心里一震，这个孩子虽然撒谎，但内心却十分茫然，他希望得到帮助，但又不知道如何表达，撒谎只是他对自己的一种保护。在信中，我也知道了小超在家里的感受，家庭环境的影响让他在家学习受到严重干扰。

在大致了解了小超家庭作业不理想以及撒谎的原因之后，我给小超回了信，还询问了他是否愿意当面和老师聊一聊。在得到同意后，我们在一次放学后坐到了一起。通过深入沟通，我深刻地感受到他的敏感与爱撒谎和不健康的家庭环境密不可分。

二、多维互动：促进家校合作

在教育孩子这条路上，老师和家长携手同行，只有彼此充分尊重与信任，才能有效帮助孩子克服不良心理。为了帮助孩子改变现状，我首先从家长入手，开展对孩子的教育引导。

（一）互相了解，建立信任

从家庭入手，先和孩子的家长进行沟通。但是在沟通中，我发现孩子和妈妈都有很多难言之隐。随后我又进行了家访，在面对面的沟通后，我了解到孩子的妈妈个性好强，对孩子属于权威教育；孩子的爸爸脾气暴躁，有暴力倾向；父母之间离异不分家，孩子抵抗妈妈又畏惧爸爸，只和爷爷比较亲密，但是爷爷无法辅导孩子学习。

父母也隐约感受到了这个问题，但却不知道该如何做。于是，我给家长送去了第一份"幸福清单"（见表 2-1），利用清单指导家长做好家庭教育。

表 2-1　第一份家庭"幸福清单"

孩子怎么啦？ 　　孩子家庭作业完成得不理想，却说是忘带了、爸爸检查好没还给他、妈妈把作业带去公司了……
为什么会这样呢？ 　　孩子感受到父母关系的紧张，心里缺乏安全感，觉得自己表现好了就可以让父母相爱，让家庭和谐；但是自己又做得不够好，害怕老师联系家长，于是选择撒谎。
我们可以这么做！ 1. 尽量不在孩子面前表现出夫妻之间的问题； 2. 和孩子谈心让孩子明白实事求是，做好自己的事情就好； 3. 帮助孩子合理规划时间争取按时完成作业； 4. 和老师主动沟通了解孩子学业情况。

之后一段时间，小超的作业情况有所好转，作业上交的积极性提高。但我感觉到和家长之间的信任感还没有完全建立，虽然孩子愿意讲一些自己的心里话，但家长似乎没有完全信任老师，不愿多说家里的事情。于是，我加强了与家长的联系，逐渐建立信任关系。可是不久，小超的坏习惯又出现了。我立刻与家长进行电话沟通，了解到了近阶段孩子父母的关系比较紧张，并且双方对孩子的教育方式和理念也完全不同。于是，我又给出了第二份"幸福清单"。（见表 2-2）

表 2-2 第二份家庭"幸福清单"

孩子怎么啦？
孩子有一些坏习惯,本已好转了,没过多久又出现,该怎么办呢？
为什么会这样呢？
孩子迫于父母的监督,按照父母的要求完成学业任务等,感受到自己听话能让父母开心的甜头,但是自己心里对父母的教育方式并不是很认可,所以在坚持一段时间后便没有动力继续坚持了。
我们可以这么做！
1. 调节好夫妻关系,统一教育方式和理念；   2. 和孩子谈心,找到更适合孩子的教育方式；   3. 利用各种渠道,主动学习做一个智慧家长；   4. 家校之间多沟通,更加全面了解孩子的想法和实际情况。

在接下来的几周里,随着沟通的深入,家长和孩子都逐渐对我打开了心扉。但在此阶段的指导中,我产生了这样的困惑:作为一名青年教师,我该不该介入学生的家务事？面对家长提出的一些夫妻关系问题以及孩子所说的亲子问题,该如何分清界限？

处理这一类问题的关键是要让家长明白夫妻关系对孩子的影响,孩子健康成长需要怎样的环境？我需要让家长学习科学的家庭教育方法来教育孩子,给孩子的成长营造一个融洽的家庭氛围,这是指导的关键。

(二) 三方齐心,共解难题

随着了解的深入,我发现解决问题的关键点在孩子爸爸。父母双方和孩子之间要有好的沟通和共同目标,齐心协力让整个家庭一起前进,不应该各说各的理,都觉得自己的想法是正确的。在第一阶段中,妈妈在沟通之后基本上转变了教育观念和方法,但是因为爸爸的强势,孩子和妈妈还是会觉得不知所措。如何让爸爸接受我的合理建议,转变其认为"优秀的孩子是打出来的"教育观念呢？这是解决问题的一大切入口,在与爸爸不断沟通后,我给出了第三份幸福清单。(见表 2-3)

表 2-3 第三份家庭"幸福清单"

孩子怎么啦？
孩子做事情总是慢吞吞,还容易出错,家长忍不住要"动手"。
为什么会这样呢？
每个孩子都有自己的主观世界,他们的想法有时候是大人们无法理解的,他们有自己的安排,并不想受大人的指挥。当大人强行干预的时候就会出现无形的对抗,孩子会屏蔽大人的一切,挨打的时候才会勉强做出让步,似乎教育是打出来的效果,但其实并不是这样。

续 表

> 我们可以这么做!
> 1. 和孩子好好沟通,定下"契约"共同遵守;
> 2. 站在孩子的立场想一想,让孩子有自主发挥的空间;
> 3. 学习"非暴力沟通"小方法,认识儿童心理。

直接面对问题,给出相应的方法,让孩子爸爸学习更多科学的家庭教育方法。经过一段时间的多次沟通,以及邀请爸爸多次参加学校的家长沙龙,我发现爸爸的态度开始转变,整个家庭氛围变暖。但我没有松懈,在沟通中只要发现问题或者得知家长的困惑,都会一起和家长寻找解决方法,不断给出新的幸福清单,帮助家长进行合理的教育。

(三) 互诉心声,重识彼此

在父母双方愿意平和沟通、孩子愿意和父母说心里话的时候,建议一家人利用周末时间进行亲子活动,父母也欣然答应。他们一起去了公园、画展、博物馆等地方。在公园里,爸妈不再各自玩自己的手机,而是陪着孩子拍照片、拍全家福。孩子也明白了,虽然爸爸妈妈分开了,但是他依旧拥有父爱和母爱;在画展走廊,一家人都喜欢上了同一幅画,家庭默契令人温暖;在博物馆,爸爸妈妈让孩子当小导游,把更多的自主权交还给孩子……

虽然新的问题也不断出现,但随着幸福清单的传递,一切都在往好的方向发展。能够互诉心声的一家人重新认识了彼此,父母之间不再针尖对麦芒,对孩子也不再是权威和暴力教育。有了家庭的安全感,孩子不再那么敏感,也很少撒谎,因为孩子明白了,撒谎不能保护自己,更不会解决问题,不再因为害怕爸爸妈妈而找借口,不再因为担忧生活而在学习上分心……

三、幸福清单: 传递亲子爱意

人非圣贤,孰能无过? 面对孩子的说谎行为,教师要讲究教育智慧。假设当时教师没有克制住一时的气愤,直接拆穿并批评孩子,甚至严厉斥责,叫来家长,那结果可能完全不一样。对孩子内心是一种更大的打击,更是真的把老师和学生推向了两个对立面。

孩子的每一个行为背后都有我们不了解的原因,如果不能走进孩子的内心,我们可能永远不能真正地帮助孩子。那么,孩子在学校的幸福体验也会大大减少,随后而来的可能是更多的问题。因此,面对学生的撒谎等不良行为,我们应该适时教育,更要进行正确的引导。只有真正了解事情的起因,才能找到解决问题最有效的办法。

  在这一系列的教育引导中,虽然新的问题不断出现,但随着幸福清单的传递,一切都在往好的方向发展。在今后的教育实践中,教师也要时刻提醒自己,处理问题千万不能抛开孩子去想当然,要将教育实践聚焦在孩子的身上,走进他们的内心世界,用心感受幸福,用爱传递温暖。

（撰稿者：朱亚杰）

第三章

每一堂课都要引导

儿童投入生活

课堂是个性舒展的地方,是提升生命品质、丰富生命意义最重要的阵地。每一堂课,都是一次研究,都是一个课题,都与生命品质深度关联;每一堂课,都要引导儿童积极投入生活,欣赏生命之美,努力实现生命的最高价值。

课堂是个性舒展的地方,是实现生命价值、丰富生命意义以及激发生命活力最重要的阵地。学校基于"有氧教育——让生命个性舒展"的教育理念,以课堂教学为主阵地,以"有氧课程"为抓手,通过多种教育形式对学生进行生命与健康、生命与安全、生命与成长、生命与价值的教育,进一步提升学生的家国情怀和幸福力,促进儿童的生命成长。

一、在深度教研中改进课堂教学

从教研出发,依托"4Z"教研模式推进大单元教学设计与实施,引导教师创设真实的活动情境、有效的学习任务,使学生能更好地运用所学知识,解决实际问题。课堂中,以单元教学为统领,以"有氧课堂"为航标,聚焦学习任务的设计与实施,用高质量的学习任务保障深度教研的有效开展。

(一)设计五环节,学习任务设计高质量

根据单元内容,解读课标,解读教材,分析单元结构、单元要求,从而明确单元目标;根据单元目标,找准学习重难点,对应规划逐个击破的单元核心任务;分解学习内容,确定课时学习内容,进而确定课时目标;结合单元核心任务和课时目标,细化课时学习任务;同时制定评价标准,以数据反映效果,改进教学。

(二)实施五要素,学习任务实施增效率

第一个要素,提供与说明。适时提供合理的学习任务,并加以说明,做合格的设计者。第二个要素,自主与合作。明确两个最重要的学习方法,把课堂还给学生,做合格的引导者。第三个要素,观察与了解。有目的地巡视,掌握学生的学习过程,了解学习问题、困惑及有创意的想法和观点,做合格的观察者。第四个要素,交流与评价。适当点拨、及时诊断、客观评价,做合格的倾听者。第五个要素,反馈与矫正。在重难点处、关键处提高分层指导和个别化帮助,做合格的教育者。

(三)研究五步走,课堂实践效果入佳境

无研究,不专业,教学是反复实践、坚持研究、不断改进。深度教研要以问题为导引,以课例为载体,以反思为前提,以互动为手段,以研究为中心,以发展为目标。每一次研究,每一个课例,都要历经"研究设计—课堂实践—反思改进—再研究设计—再课堂实践"五个步骤,这是个人、团队、学校实践和研究的必经之路。看似五步,实则是无数步,没有尽头,只有前进方向。

二、 在学科教学中实现生命价值

教育就是对人的生命的关注。在学科课堂教学中,教师应尝试建立平等师生关系、挖掘教材资源、创新教学方法、营造和谐氛围,增强学生的生命意识,引导学生积极投入生活,欣赏生命之美,努力实现生命价值。

(一) 建立平等师生关系,尊重生命发展规律

在学科教学中,教师首先应该从生命发展的规律出发,建立平等的师生关系,关注生命个体的独特性,从而提高教学效率。在教学中,教师要多给予学生肯定和鼓励,让学生感受到自己在教师心目中的地位。教师可以通过"友好沟通"的方式与学生建立平等关系,让学生意识到人人生而平等,突出学生的主体地位,并引导学生树立"尊重别人就是尊重自己"的意识,尊重每个生命的价值。

(二) 创设高效学习任务,激发学生学习兴趣

课堂上,以学习任务为支架,结合学科特点,聚焦学习任务的设计与实施,引导学生乐学、敏思、善言、协作,提高自主、合作和探究的学习能力,形成良好的思维习惯。教师要创设高效的学习任务,为学生提供自主探究、合作交流、感悟体验的机会。学生在经历生动的学习过程中积累经验、感悟方法,获得成功的体验,使课堂焕发出生命活力。

(三) 营造和谐课堂氛围,激活课堂生命意识

思维活跃是课堂"活"的灵魂,营造课堂活跃的气氛有利于提高学生的学习效率,巩固学习成果。教师可以创新教学方法,让讨论、辩论、游戏、实验、歌曲、小品、活动模拟等走进课堂,还可以引导学生走进生活,在和谐的课堂中,在美好的生活中感悟生命教育。例如,在自然、道德与法治、劳技等课程教学中,教师可以组织学生走出教室,走进养老院、走进农田、走进大自然,让学生体验生命、感悟人生,更加积极地关注生命,形成乐观向上、健康的生命态度。

(四) 深入挖掘教材资源,丰富生命教育形式

小学各学科教材中都蕴含着大量生命教育元素,教材就是生命教育的载体。教师可以深入挖掘教材文本,充分利用身边丰富的资源和学生已有的经验,激发学生的学习兴趣,吸引学生积极参与到教学活动中,引导学生深入认知、理解生命的价值。例如,语文课中的《慈母情深》《四季之美》等文章,都能体现出生命教育,学生可以从文本

传递的情感、态度中感知生命。因此，教师要深入挖掘，精心设计好课堂教学活动，引导学生从课文中感知生命万物。

三、在社团活动中丰富生命意义

关注学生兴趣爱好，拓展学习内容，打通学科与生活之间的界限，重组学习内容、做实学校特色、丰富社团活动，为学生生命成长提供多彩体验。

（一）特色社团，炫彩生命

茶艺、灯彩等是我校的传统特色项目，一向深受孩子们的喜欢，但除了项目自身发展外，还可以尝试学科融合，共同发展。如，茶艺融合语文，利用文字输出，促进学生写作水平的提高；茶艺融合信息科技，感受高科技带给人们的便利；灯彩融合美术，提升设计和制作的乐趣等，让特色滋生新的发展力，让学生收获新的生命力。

（二）艺术社团，展现魅力

诗意绘画、创意线描、儿歌表演、响叮当手风琴、少儿萨克斯、五彩梦吟诵团等艺术类社团活动为学生营造了轻松而愉快的艺术乐园。孩子们自信大胆地画起来、说起来、唱起来、舞起来，画出生命的底色，说出生命的真谛，唱出生命的精彩，舞出生命的魅力，提升艺术素养。

（三）体育社团，释放活力

开展趣味跳绳、跆拳道、羽毛球、乒乓球、高尔夫、少儿足球、趣味游戏等体育类社团活动，不仅带领学生掌握体育运动类的相关知识，提升学生的体能，锻炼学生的速度、灵活度、力量和耐力，还培养团结、合作、坚持、拼搏的优秀品质，为孩子的童年增添活力。

（四）文学社团，书写生命

在慧雅阅读、美文诵读、中英绘本欣赏、汉字小达人、小记者等文学类社团活动中，带领学生品名著之味，赏汉字之韵，提升学生阅读能力，夯实学生人文底蕴，提高学生的文学艺术鉴赏能力和创作能力，培养学生关注自然、社会和人生的良好习惯。

四、在综合实践中激发生命活力

小学综合实践活动需要教师灵活运用各种专业知识，正确引导学生综合运用各学科的知识对现实问题有深入的理解,并积极解决现实问题,以此有效提升学生的创新能力和问题解决的能力,并且可以及时干预和纠正学生逐步形成的人生观与价值观。同时,创建开放、动态性的教学方式,以项目化学习的形式,激励学生参与实践,助力学生提高动手能力,提升创新素养。

(一)选定项目内容,明确活动目标

在选择项目学习的内容时,教师首先要深入研究教材,将教材的内涵深入挖掘,依据学生的学习思维设计项目化学习内容,为学生提前准备比较适合的项目任务,以保障项目学习能够有序开展。在项目学习的内容确定后,教师要从不同层面进行学习目标的设计,为学生制定开展项目学习的目标体系,促使学生有明确的学习方向。

(二)加强合作学习,培育综合素养

小组合作学习以学生为主体,教师发挥引导作用,能够有效提高学生学习的积极性。小组合作学习既要互相合作,又要相互竞争,有利于学生提升合作意识,建立竞争意识。学生在分析项目主题后能够自主发现问题并总结问题,随后进行合理分组和任务分配,使学生都能够积极参与到主题探究中,对活动计划进行科学合理制定,最终可以更好地完成活动报告。学生在活动中互帮互助、互为补充,使每个学生都能深入理解项目内容,充分发挥自己的特长,提升学习能力和探究能力,促进综合素养的培育。

(三)进行项目实践,提升活动品质

项目的学习必须要有活动的大力支持,在设计与组织过程中,教师需要对学生的学习情况进行多方面的调研,并依据学生的学习需求进行活动任务的设置。项目研究的内容通常包含话题讨论、分组讨论、现场展示、实验过程、模型设计、演讲等,通过这样的项目学习,有助于学生获得更深刻的学习体验。教师应选择并组织一些创意性较强的实践探索活动,可以给学生提供不一样的学习体验和活动感悟。

一句话,每一堂课,都是一次研究,都是一个课题,都与生命品质深度关联。每一堂课,都要引导儿童积极投入生活,欣赏生命之美,努力实现生命的最高价值。

教育智慧 3-1 从孩子心底找答案

> 看似无心插柳,其实是有意栽花,最后收获的还有立异标新。
>
> ——题记

精心准备的观察习作教学却惨遭失败,学生的习作惨不忍"读"。我带着困惑针对教学各环节向学生追问,在一步步解问中,学生的二次习作创造性生成。释疑之路成了学生习作的创新之路,可谓"山重水复疑无路,柳暗花明又一村"。

一、惨不忍"读"的习作

习作"写观察日记"旨在培养学生连续观察和写观察日记的能力。第一次习作教学后,学生的观察日记惨不忍"读",主要表现在:一是对事物观察不细致,只观察整体,描述的是模糊印象,对事物观察不全面。二是观察内容描述不具体,日记内容空洞,描述粗枝大叶,有的甚至胡编乱造。三是对事物变化描述不生动,对变化描述过于简单,平铺直叙,缺乏形象化的语言,无吸引力。四是行文思路无条理,很多学生没有把观察变化作为主线,与观察关系不大的内容,比如对购买观察物品过程的描述、对观察过程的描述,大量出现在习作中。

从学生的习作可以看出,他们观察的兴趣不浓,本次习作的态度不够端正,虽然跟着我的教学节奏经历了收集、整理和汇报资料的习作过程,但并没有提升语文学科的核心素养。

我问及原因,他们回答:"第一,我不知道观察什么;第二,我不知道连续观察有什么意义?"

"不知道观察什么"和"对观察无兴趣",说明学生对周边事物不留心,他们没有感兴趣的观察素材,对单元篇章页"处处留心皆学问"的人文主题没有领会。因为不感兴趣,找不出意义所在,所以写出来的观察日记是虚的、编的,是没有想象和温度的,丢了真,少了美。

二、刨根问底的追因

本次习作的失败,到底是学生没有认真对待,还是教师的教学过程、教学准备出了问题?我忍不住发出疑问。

(一)问自己

同学们的回答让我陷入了自我反思:我的教学出问题了吗?我又拿出教案,一幕幕回忆我的课堂教学:在课文《爬山虎的脚》的教学中,我不仅图文并茂,还播放动画,向学生展示爬山虎的叶子从嫩红到嫩绿的变化过程以及脚的生长、爬墙过程,让文字变得鲜活、直观;引导学生利用多种感官参与学习过程,通过说、演、画、议等方式,激发学生兴趣。在课文《蟋蟀的住宅》的教学中,我引导学生找一找关键词句,画一画蟋蟀住宅,让学生感受到法布尔之所以能写得准确生动,是因为进行了长期细致的观察。针对习作教学,在单元教学开始时就布置了习作预习任务,让同学们提前准备好自己要观察的动植物,习作开始前先进行观察记录,并结合单元课文所学,进行观察方法的运用,指导学生学习运用课文《爬山虎的脚》课后资料袋中观察日记的记录形式,或图文结合式,或表格式对自己的观察对象进行记录。一番回忆下来,我没有找到教学症结所在。按照教学预设,学生们应该是兴致勃勃地去观察去记录的,这次习作应是很生动,很有内容的。可最后结果为什么会这样?我百思不得其解。

(二)问学生

既然教学没有找到问题,难道症结还在于学生?在于学生对观察意义和观察兴趣的认知吗?那么,是什么绊住了学生的观察兴趣?是什么让学生没有观察意愿?解铃还须系铃人,我去问学生,有的说找不到可观察的东西,觉得身边的事物要么短时间内变化不大,来不及观察。有的说身边的动植物的生长过程凭生活经验就能知道,不需要连续观察。有的说家里养的动植物平时都是大人在日常养护,自己平时不是在学校学习,就是在家写作业,无暇顾及它们,也对它们没有兴趣。

原来对身边事物不屑观察,是孩子们没时间、没机会跟身边事物亲密接触,造成他们失去了观察身边事物的好奇心,观察活动是在没有基于兴趣的任务驱动下展开的,所以探真记奇的习作就没能真实展开了。看来,归根到底是教师没有找准学生感兴趣的观察对象,从一开始教师就没有激发学生的观察欲望,根本上看这次教学是失败的。

三、因循失败的创新

（一）调整观察对象

回想学生本单元的习作初稿，内容大多是写豆芽生长的，但对其生长周期的记录不准确，对其生长过程的变化描述也不准确，更谈不上生动。于是，我提出了疑惑，学生们说因为校本练习上有关于豆芽的成长排序题，他们是根据排序编的豆芽生长周期，再借助习题中豆芽成长过程的插图，编写豆芽生长变化的过程。

我追问学生对豆芽这种菜还有其他认识吗？学生们愣了，但随即向老师发出了一连串的疑问：为什么要把豆子培育成豆芽？豆芽的营养价值和豆子的营养价值有区别吗？豆芽到底是怎样培育出来的？培育成豆芽需要准备哪些工作？有的同学抢着回答：听奶奶说豆芽是用水泡出来的，几天就能泡发成功了。听了这个，大家忽然来了兴趣，纷纷说豆芽生长的周期短，也好培育，不如我们就试试培育豆芽，并观察记录它的生长变化吧。

看着孩子们都对豆芽充满好奇，并一致决定要对它的生长变化过程一探究竟，我顺势答应来一次对豆芽生长的观察记录。

（二）改变记录方式

想到所有同学的观察素材都是同一类的，不像第一次的观察素材那么丰富广泛，这种同一性对爱偷懒的孩子来说，容易照抄照搬，也不便于教师对每个学生的观察过程进行检验。为避免这种现象出现，师生商定：学生亲自培育豆芽，边培育边观察边记录。教师在班级钉钉群发布培育和观察打卡任务，学生拍照加文字，记录变化和感受。

每个学生都到钉钉群去打卡，既督促学生亲密接触豆芽，发现豆芽生长变化，也让真实记录和生动表达产出。

（三）解答探究疑惑

学生对豆芽培育和营养价值的疑问，看似与习作目标无关，但学生却很感兴趣。于是，我请相关课程的老师出手相助，给学生以权威解答。

为帮助学生解惑豆芽是怎样水培出来的，确保培育成功，我请自然老师带领学生认识不同种类的豆子，了解不同种类豆子水培所需条件，教他们基本的水培方法。如何培育的疑惑得到解答，学生的畏难情绪逐步消除，实践欲望被激发。

为帮助学生解答豆子和豆芽营养价值区别的疑惑,我请信息老师带领学生走进图书馆、信息教室,教学生查阅资料,指导学生制作《关于××豆和××豆芽营养价值区别报告》,进一步激发学生的探究兴趣。为帮助学生把握观察记录与观察日记的区别,我通过呈现优秀习作,帮助学生分析观察记录与观察日记的区别与联系,让学生明白要将观察记录中豆芽生长变化明显的内容进行详细的描写,引导学生有效落实习作"写清楚"的目标。

(四) 明晰习作思路

首先,借助思维导图对观察内容进行具体描述。关于"豆芽的生长变化会有哪些"这个问题,我请同学们思考并设计思维导图,思想碰撞后,呈现集体智慧的思维导图出来了。(见图3-1)

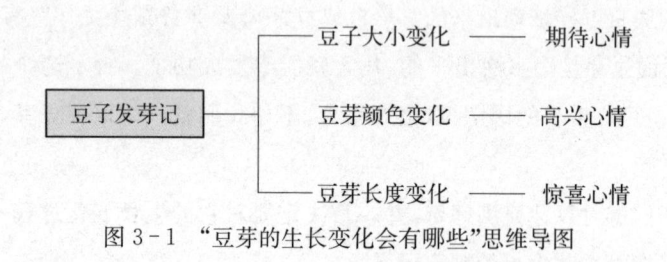

```
                    ┌─ 豆子大小变化 ── 期待心情
豆子发芽记 ─┼─ 豆芽颜色变化 ── 高兴心情
                    └─ 豆芽长度变化 ── 惊喜心情
```

图3-1 "豆芽的生长变化会有哪些"思维导图

在思维导图的引领下,学生们对观察日记的习作思路也越来越清晰了,更认识到除了细致观察,还要把自己看到的变化、当时的心情、感受进行生动描述,增加习作的感染力和可读性。

其次,借助评价对习作过程进行全程指导,促进习作在过程中完美生成。观察活动开始前,我将专门设计的《观察记录卡》(内容包含"观察日期、我的培护、我的发现、我的感受")发给学生,让他们在观察记录时随手填写;再借助记录卡对观察日记的完整性进行师评或互评。同时,引导学生借助《观察日记评价目标》在"写清楚变化"和"写真切感受"方面给出相互的评价。这种打卡式的互评既是对学生观察实践的督促,更在过程中提醒学生对习作质量不断打磨,尤其是培育同一种豆芽的小组,成员间更形成比学赶超的氛围,他们互相比较:谁培育得更好?谁对变化观察得更仔细?谁对变化描述得更生动?谁的表达更富有想象和真切感受?记录和互评引导学生养成认真观察、及时记录和自我检验修改的习惯。

最后,对比学生习作提炼写法。我选取同一时间段对同一种豆芽进行观察的两篇学生习作,请同学们比较不同,说说哪一篇好,好在哪里。

> 11月23日　星期三　晴
> 　　把一小碗绿豆放在一个不锈钢盆里,再加入25度左右的温水,正好没过绿豆即可,然后盖上避光的盖子,密闭避光保存,静等变化。
>
> 11月24日　星期四　晴
> 　　经过一天一夜的浸泡,一颗颗小绿豆喝足了水,膨胀变大了,有一些已经胀破了绿衣,露出了白肚皮。

> 11月23日　星期三　晴
> 　　该怎样水培绿豆芽呢?首先,准备一个不锈钢盆,往里面放一小碗绿豆,再放入25度左右的温水,水量正好没过绿豆即可,然后盖上避光的盖子,一颗颗硬硬的小绿豆就像绿宝石一样安静地躺在这温暖黑暗的城堡里。
>
> 11月24日　星期四　晴
> 　　小绿豆饱胀起来了!看,经过一天一夜浸泡的小绿豆像吃了膨大剂的绿小胖,圆鼓鼓的。有的害羞地拥抱在一起;有的胀破了绿色的外衣,露出了白肚皮;还有的露出了极小极细的白尾巴。这千姿百态的绿豆真惹人喜爱!

通过对比,总结习作写法:在写观察日记时,可以运用比喻、拟人、联想、夸张等修辞手法,使文章更生动、更吸引人;还可以将感受、心情和想法穿插于习作表达中,从而表达作者的情感。在适时的指导和点拨中,学生们终于交出了达标的观察日记,二次习作质量都很高。

(五) 丰富习作呈现

为激发学生的个性表达,激发学生的成就感,我又开展了小组汇报展示活动。展示课上,各小组通过观察小报、演讲等形式汇报小组丰富的观察成果,抒发培育的感受、观察的感受、写观察日记的感受。他们说这是真实的记录,是最有话可说的一次习作,一些精美的表达连自己都被惊到了。看来基于好奇和真实任务的习作才是最容易、最有趣、最能发现美的习作。一些学生还制作了美篇,录制了视频,发朋友圈,成功的喜悦和自豪感透着屏幕都能让人感受到。可以说,这远远超过了习作需要达到的效果。

回顾本次教学,从失败走向成功的过程,其实是教师一步步向孩子追问症结的过程,也是一步步走向孩子心底真实需要的过程。当"精心设计"的教学没有得到理想的预期,不妨去问问孩子,他们的回应会让你找准方向,甚至峰回路转,柳暗花明。

(撰稿者:高艳华)

教育智慧3-2 让作业成为学习动力

让作业激发儿童知识的源泉,从而迸发出思维的火花。

——题记

语文作业是语文教学的重要组成内容,是教师进行教学的有力抓手,也是教师了解课堂学习效果的途径之一。《义务教育语文课程标准(2022年版)》指出:"教师要以促进学生核心素养发展为出发点和落脚点,精心设计作业,做到用词准确、表述规范、要求明确、难度适宜。"随着新课标改革的不断推进,小学语文作业该如何设计也引起了广泛的讨论。语文教师合理安排不同类型作业的比例,打破枯燥单一的作业模式,催生有效有趣又富有个性化的新型作业模式迫在眉睫,教师要让学生在课堂外延续课堂内的学习并巩固所学,从中获得积极的情感体验。那么,我们能否思考一些新型的作业模式,提升学生的主观能动性,让学生以积极的态度对待作业呢?借助部编版小学语文五年级上册的作业设计的实例,我想谈谈自己的看法。

一、加一加:增加趣味凸显个性

《义务教育语文课程标准(2022年版)》提倡要让学生成为学习的主体,让学生自主选择、决定,去体验、感悟、创造,使他们树立学习的信心。作业的设计也要让他们体会学习的乐趣。部编版语文教材五年级上册第六单元的主题对于五年级学生而言是十分熟悉的,本单元中有三篇课文《慈母情深》《父爱之舟》和《"精彩极了"和"糟糕透了"》,以"舐犊之情"为人文主题,语文要素是"体会作者描写的场景、细节中蕴含的感情;用恰当的语言表达自己的看法和感受"。根据教材双线组元的特点,可以尝试采用"场景"推进式、"细节"纵深式、"项目"融合式作业设计,进行单元作业设计。

场景关系是比较抽象的概念,为了更好地梳理场景和细节之间的关系,把抽象的概念转化为更易理解的形象内容,我让学生用树形图绘制出自己想要描绘的场景。学生可以自由绘画出场景的模样,图片旁边再配以文字介绍。学生对绘图这类创造性的活动总是兴致盎然,完成得很好。场景绘制描写完成后,再向他人展示介绍自己所要描述的场景和细节,对所学内容活学活用,效果良好。可见,对学生适当放手,设计一些联系学生日常生活而又有趣味的作业,不仅可以很好地巩固书上的知识点,而且可以促进学生之间互相交流,达到了学以致用的目的。

二、减一减：减少机械创设多样

形式多样、内容丰富的作业模式更能激发学生兴趣和提高作业的质量。

作业的设计应该注重学生的语文核心素养技能的训练,倡导探究和合作的新型作业方式。对于五年级的学生而言,写作越来越重要。但大部分学生一看到作业是作文,就觉得枯燥乏味,毫无乐趣可言,作文的质量常常不令人满意。在部编版语文教材五年级上册《"漫画"老师》这篇写作中,我设计了制作语文小报的作业形式。学生需要运用所学的语言知识来描述老师的外貌、喜好等特征,并配上插图或者是照片使小报更加生动。完成后,他们互相观摩彼此的作品,评选出最佳的作品张贴在教室的墙上。大家对这项作业表现出了前所未有的热情,排版布局、配插图、装饰等忙得不亦乐乎。为了制作出满意的小报,他们会一起讨论、查字典、上网搜索资料。孩子们在完成作业的过程中,不仅把课本上所学的知识与自己的生活情况结合起来,而且增强了探究意识和合作精神。

三、分一分：分层作业提高效率

教师面对的是一个个基础、能力、性格、习惯和兴趣都不同的个体。面对全体进行教育,就要考虑每个层面的孩子进行分层练习。这样设计练习才能够使每个学生通过不同层次的作业练习在原有的基础上各有收获,感受到成功的喜悦。就拿平时的写作来说,优秀的学生无论什么题目,都能很快地找到切入点,选用合适的字词、恰当的语句对人或事物展开描述。而一些基础比较薄弱的学生,对基本的字词和句式都深表陌生,更不知从何着手,在言语组织过程中缺乏完整性、条理性和连贯性,让人有种"东拼西凑"的感觉。

面对如此大的差异,我提供给学生一些写作的基础格式框架模板,基础比较薄弱的学生可以参考课文仿写,或者依照模板将所缺的词、句补充完整即可;中等的学生可在此基础上增添些生动形象的语言描述；而能力较强的学生完全可以根据自己的想法和思路组织语句展开叙述。有了学习的支架，一部分学生觉得"有内容可写，有框架可套"，不再害怕写作了。

四、合一合：跨学科作业合共育

《义务教育语文课程标准(2022年版)》提出了"跨学科任务群"这一观点，要求联合课堂内外、学校内外开拓语文学习和应用领域，综合性地运用各类学科的知识来发现问题、探索问题、解决问题。"自主、开拓、探索、融合"已成为跨学科学习的核心方式。

《义务教育语文课程标准(2022年版)》虽然提出了跨学科作业的要求，但没有具体的规定，所以导致教师在实施时常常会出现两种极端的情况：一种是过于频繁地使用跨学科的学习，内容多但是却缺乏内在，只追求形式主义，反而打乱了传统的语文学科应有的一些常规方式的学习；而另一种则是缺乏对学生处理问题的能力和思考能力发展的关注，认为跨学科学习会耽搁了平时正常的语文常规知识的教学，从而基本不考虑跨学科学习作业的设计。综合考虑这两种情况，我开始思索如何在整个单元主题下进行跨学科学习，尽量在每个单元至少进行一次跨学科学习，可以通过学科与学科之间的整合来完成，也可以把单元主题和实际的生活相结合。如，学完部编版语文教材五年级上册《古诗三首》，基础作业可以布置为有感情地朗读、背诵并完整默写出古诗。选做作业可以为任选一首古诗并搜集其作者的小故事、拍吟诵古诗的视频配以音乐、为诗配上贴切的书画作品、把古诗中蕴含的意境改写成现代文、借助新平台进行古诗新唱等。作业基于尊重学生选择，体现作业的丰富性、创造性与多样性。为了提高学生的积极性，教师可以通过设计"我型我秀"等形式让学生进行作业展示，建构跨学科多元化的作业。

《义务教育语文课程标准(2022年版)》在教学内容方面提出了学习中华优秀传统文化、革命文化、社会主义先进文化的任务，应该充分利用这些学习任务，帮助跨学科作业更好地融入。教师可以为孩子创设"一手好字书写幸福人生展示台""红色经典争做金话筒展示台""大国工匠共话传承风采展示台"等，以单元主题周期活动的方式引领学生就某一主题进行深入学习，激发学生对"三大文化"的研读兴趣，并做好对"三大文化"的传承。这些多样化的作业不仅给学生提供了充足的自主学习的时间，更重要的是使跨学科作业和分层作业都能在细水长流中得到落实,既培养了学优生的综合素质,又没有给学困生带来过多的压力,使教育的激励性、公正性在细节之处也能得到应有的体现。

教者有心,学者得益。在语文教学之路上,我们将继续求索,根据学生的学习能力和学习兴趣,结合单元人文主题和语文要素,设计凸显双线组元的语文作业,让学生有决心和驱动力来学好语文,从而真正提升学生的学科核心素养。

(撰稿者:楼莹)

教育智慧3-3 聆听自己的心跳与呼吸

生命里第一个爱恋的对象应该是自己，写诗给自己，与自己对话，在一个空间里安静下来，聆听自己的心跳与呼吸。

——题记

小学自然学科不同年段的内容中都涉及生命教育，让儿童从小认识自己，了解自己的身体结构，探究生命的奥秘，从而关心自己，开启幸福生活。《关节》一课是三年级第一学期《人体是一部精密灵巧的机器》单元中的第3课时。对八九岁的学生来说，"关节"这一常见的身体部位名称，并不陌生，但在现实生活中，他们并不会真正有意识地去关注和体会关节的作用，更不知道如何以正确的方法去保护自己的关节。

本课的设计力求在学生已有经验的基础上，体现以学生发展为本的理念，激发他们的兴趣，以活动的形式感知和体验关节在人体活动中的作用，并充分发挥学生在活动中的主体性。根据学生的年龄特点和教材分析，在设计教学目标时着重让学生通过亲身的体验，了解关节对人体活动的重要作用，从而增强保护关节的重要意识，学会保护自己的身体，养成良好的生活习惯。

一、情景再现：寓教于乐，在学习中感悟

健康知识涉及的内容十分丰富，空洞的说教显得很苍白。我们成人总是在孩子面前充当保护的角色，反复唠叨要注意安全，一旦发生安全事故，后果极其严重。体验式的游戏教学能够让孩子深入体验，加深印象，在寓教于乐中学习健康知识，体验生命的美好。

片段一：绑木板跳跃，体验关节的作用。

两人一组进行活动，其中一人在膝盖处绑上木板跳跃，另外一人在旁边进行保护，学生纷纷进行活动。活动结束后，师生交流了活动后的感受。

师：绑上木板跳与平时不绑木板跳,有什么不同?

生：跳不远。

师：还有吗?

生：(指着膝盖处)而且这个地方不灵活了。

师：跳不远,不灵活,大家有没有思考过,为什么会出现这种情况呢?

生：这地方的骨头不能动了。

师：不能动了,本来这弯曲的地方不能弯曲了,那么大家知道吗?这个能弯曲的部位叫什么啊?

生：关节。

……

接着教师揭示关节的含义,让学生进一步体会关节的作用。

师：那么关节有什么作用呢?

生：可以让我们自由地活动,能走能跑能跳。

生：它可以让我们完成我们心里想的各种任务。

……

师：如果说我们人体全身上下没有一个关节,那将会出现怎样的情况?

生1：简直都不能动了。

生2：不能拿东西,不能写字。

生3：像僵尸一样。

生4：什么事都不能干。

……

学生在交流各自的想法之后,进一步体验"跳跃"活动方式,找一找在人体骨骼图上还有哪些关节参与了活动,并圈出来。除了跳跃活动外,像跳绳、踢毽子、打羽毛球等各项运动中都有许多关节参与了活动。于是,让学生自由选择一种方式,进行模仿、交流。

在教师的启发下,学生自行探索,最后得出了活动范围比较大的四大关节:肩关节、肘关节、髋关节、膝关节。那么,它们是怎么活动的呢?教师再次给予学生充分的时间进行活动,通过汇报交流,孩子们理解了肘关节和膝关节都可以屈伸;肩关节和髋关节可以朝各个方向旋转。

由于关节的活动情况肉眼看不到,学生对这一问题又有兴趣,于是教师设计了三种探究策略：第一，找一找身边类似"关节"的物品，教师为学生提供了很多类似关节的生活用具，如研钵、折尺、挖土机等，让学生了解其结构，并想一想与人体的哪个关节类似；第二，观看关节的X光片，直观地了解关节的结构；第三，观看关节运动的视频模拟，直观地感知关节的脆弱。

片段二：为小明和小刚提建议。

出示图片1：小明在电脑上玩游戏（弯腰驼背，伸着头紧贴电脑屏幕），感到肘部、肩部、头颈酸痛。这是怎么回事呢？你给小明提些建议吧！

出示图片2：小刚在玩单杠时（双手握着单杠身体往下翻），不小心肩关节脱臼了。你猜可能是什么原因造成的？你给小刚提些好建议吧！

同学们对图片中的现象并不陌生，有些甚至曾发生在自己的身上。通过小组讨论，学生很快得出结论：图一的小明由于玩游戏的时间太长，一直保持同一个姿势，出现了脊椎弯曲的现象，长久下去，小明就会弯腰驼背，影响形体美；图二的小刚由于用力过猛，动作不规范，造成了肩关节脱臼。原因找到了，也就能提出建议：运动要提前进行准备工作，不能用力过猛，不能长期保持一个姿势，要注意休息。这对孩子们也是一种非常好的教育。

二、我的思考：实践体验，为儿童生命增彩

小学自然教材，处处洋溢着生命的气息，如何在教学活动中加以渗透，值得每一位自然教师思考，结合自己平时的教学实践，我谈谈自己的看法。

（一）以学生为本，增强学生的体验感悟

苏霍姆林斯基说："在人的心灵深处，都有一种根深蒂固的需要，就是希望自己是一个发现者、研究者、探究者，而在儿童的精神世界中这种需要特别强烈。"孩子被家长过度保护，一旦脱离了家长的视线，他们频发安全问题，不能意识到身边的危险。平时，尽管我们反复教育，但是学生仍不懂得如何和小伙伴安全游戏。自然学科丰富了生命教育的内容，使学生更加系统地学习健康知识。教师要重视为学生创设反复深入体验的时间和空间，不能仅仅满足于一个结论。

在本节课中，绑木板和不绑木板进行跳跃的环节，关注了学生的年龄特征。活动后学生的感悟是深刻的：原来自己在生活中能够顺利完成每一个动作，就是关节在起作用。视频更加直观地展示关节是如何工作的，满足了孩子的好奇心，学生沉浸在这

样的课堂中就会有很大的收获。

(二) 课内与课外相结合,开展多种形式的探究活动

任何知识的学习都是循序渐进、循环往复的。作为一名自然教师也不能把学生的学习仅仅局限在一周两节的自然课上,我们要把目光从课内移到课外,布置一些有针对性的课外作业是非常重要的。比如一颗种子是如何成长、开花、结果的?让学生记录它的成长过程,进行长周期的探索。这样,学生就对植物的生长发育有一个完整的了解,这对培养他们的兴趣十分重要。自然学科强调动手做实验,通过对实验现象的观察,就会得到一些结论,然后展开分析。小学生对自己的了解是比较缺乏的,必须通过各种活动,让学生在活动中感受和体会。每个学生的情况不一样,体验和感悟的程度也会不一样。因此,教师要经常布置一些课后探究性的作业,学生可以在家长的指导帮助下完成,这样,就打破了空间、时间的限制,让孩子的体验更加深刻和全面。

(三) 结合主题教育活动,培育健全人格

人与人都是互相关联的,平时生活中我们不仅要懂得保护自己,也要懂得保护他人,发展良好的人际关系,这也是开启幸福生活的重要内容。孩子们最喜欢和同龄伙伴一起玩耍,分享彼此之间的快乐。本节课的游戏环节中,我们在旁边配备了"安全员",保护正在游戏的同学的安全。同学们了解到走进游泳馆,泳池都会配备安全员,保障游泳者的安全;在国家重大的竞技比赛中,都配备了医疗、安全守护员,一旦发生突发事件就可以及时处理。我们收集了一些学校近几年来发生的安全案例,其中很多都是不当的游戏方式造成的,不仅伤害了自己和同伴,还给家人造成了极大的痛苦,这些案例能给孩子们敲响警钟。

总而言之,实践体验是开启孩子智慧的一把钥匙。孩子们在实践中掌握知识、发展技能;在体验中生成智慧、健全人格、培育个性;在活动中聆听自己的心跳与呼吸,从而焕发生命活力。

(撰稿者:胡昌周)

教育智慧3-4 在音乐世界里享受快乐

  有音乐的童年是快乐的童年,给孩子们种下音乐的种子,让孩子们在音乐的世界里享受创造、互动、合作的乐趣!

——题记

  从幼儿园到小学阶段,不是翻山越岭,也不是进入天壤之别的生活,而是童年生活的一种自然延伸和过渡。根据学习准备期的教学需要,结合教材中"走"的律动,让学生感受合作,帮助他们了解小学唱游的学习环境与常规,引导其逐步适应小学起始阶段的音乐学习要求,顺利完成幼小衔接。

  小学一年级的学生年龄尚小,他们喜爱和同伴合作表演,乐于参与音乐游戏。本课的教学重点为:学习"走"的律动,并尝试按音乐节奏在音乐教室内进行表演;学习难点为:学会随音乐进行"走"的律动,并能和同伴一起合作表演。

一、创设情景导入——激"趣"

  上课伊始,教师通过情境导入让学生尝试找到自己的座位,在"跟我走一走"的乐曲中感受律动。

  过程实录:

  学生听音乐自由进入教室,根据自己手上的号码对应教室里座位上的号码,快速准确地找到自己的座位。

  师:小朋友们,今天你们每个人的手里都有一张电影票,请大家把我们的音乐教室想象成电影院,用你手上的电影票,对应座位上的号码,快速地找你自己的座位。

  师:(弹坐下的音乐)小朋友们,你们可真聪明,一下子就找到了自己的座位。接下来,老师要带大家学习小动物走一走,看看我动作变化的时候,哪一组反应最快,做得最整齐。

  兴趣是最好的老师,在课程开始时,孩子们在情景中找到自己的座位,激起他们对唱游课的兴趣。"跟我走一走"这个有趣的律动游戏可以使孩子们的注意力和敏捷反应的能力得到提高,通过模仿小动物走路激发学生的学习兴趣,在快乐中学习,为跟随节奏踏步走作好铺垫。

二、我是小小歌唱家——探"趣"

教师利用复习歌曲,通过师生合作、生生合作,调动孩子们学习的积极性。此外,综合表演也是施展学生才华的时刻,更是课堂教学信息的有效反馈。

过程实录:

师:首先让我们用好听的声音复习上节课学习的歌曲《上学》吧!

师:大家的歌声真动听,接下来,请大家把自己想象成小小歌唱家,分组表演歌曲《上学》,好吗?

生:好。

师:(弹坐下的音乐)大家表演完了,谁来说说你最喜欢哪组的表演,为什么?

生:我觉得第一小组唱得最好,因为他们的表情很丰富!

生:我觉得第三小组也很棒,因为他们节奏准确,声音很好听!

……

一年级的孩子好动,对欢快活泼的歌曲较感兴趣,通过歌表演,可以调动孩子们学习的积极性,为新授内容作铺垫。在游戏中,学生也可以逐步巩固唱游课上的"坐姿",学会聆听并且在活动中培养愿意和教师以及同伴交流的好习惯。

三、走一走,表现与创造——展"趣"

教师通过看视频,让孩子们观察运动员和解放军叔叔如何走路。然后,自己也神气地走一走。同时,请做得好的同学当小老师,带领大家走一走。

过程实录:

师:今天要给大家看看运动员和解放军叔叔是怎么走路的,请你想想他们走路和我们平时有什么不同。

生:很精神,很威风的。

师:说得真好,那我们来学学吧!(全班跟着音乐一起走路)

师：教师挑选了几个走得很棒的小朋友，请他们表演。其他小朋友请观察这几个小朋友走路的样子哪些地方一样，哪些地方不一样？

生：他们的脚步一样，但是他们手上的动作不一样。

师：观察得真仔细！接下来，我就请小朋友们分组，自己创编四组动作，然后在原地表演。

（分别创编展示与评价）

节拍的掌握是学习节奏的前提条件。孩子们从最初的模仿到自己创编动作再到编队形，能循序渐进逐步提高对于节拍的掌握。学生在初次合作学习中增进了友谊，提高了学习的效率。基于孩子间的互动，各小组在综合展示时又生发出多种创意，为创造增添了趣味素材。分组评价能让学生都参与合作，并积极关注其他小组的表现。

总之，"走"的律动是音乐课上建立课堂常规，培养学生音乐习惯的重要教学内容。在课堂教学中，我主要从三个方面让孩子们在音乐的世界里享受创造、互动、合作的乐趣。

(一) 情境导入，游戏增趣，体验合作快乐

音乐是情感的教育，我们应该努力去创设情境，让孩子在音乐中熟悉音乐教室，认识自己的座位。在课堂上，我尽量选用贴近孩子们的语言，拉近与他们的距离，让他们能最快地适应新的环境。如果只是枯燥无味地训练孩子按音乐节奏"走"，孩子们往往不能接受。因此，教师需要运用多种手段在课中添加一些音乐游戏让课堂增趣，使他们能在合作中体验到快乐。

(二) 循序指导，律动育趣，养成良好习惯

在学生良好的音乐学习习惯培养中，鼓励孩子们在集体中勇于发言，乐于参加各种表演，并学会认真聆听教师的讲解，欣赏同学的表演。这些习惯都是在潜移默化中养成的，是在每一个环节中进行的，通过由浅入深、循序渐进的方式指导学生，经过一段时间的训练，学生会在音乐活动中慢慢养成良好的音乐习惯，熟悉各项音乐学习的规范。

(三) 尝试表演，合作展趣，交流评价体验

在课堂上，我让学生分组展示，通过角色创建引导学生一起来合作表演，再通过学生之间相互评价和比赛促进小组间合作的"走"。每一个孩子都希望得到教师和同伴的称赞，所以教师的及时鼓励能激发他们的学习兴趣。合作中，适时地引导孩子们说说在音乐活动中的感受，能帮助他们分享合作的快乐。

有音乐的童年,是快乐的童年,它能在孩子的心中播下音乐的种子。在即兴创作与有目的创造过程中,音乐能激活儿童的创造思维,让儿童在音乐的世界里享受创造、互动、合作的乐趣!

(撰稿者:胡裕娟)

第四章

教师是时代的点灯人

教师不仅是生命意义的唤醒者,而且是时代的点灯人。教师的价值不仅仅在于追求职业生活的幸福,更应该将自身职业幸福引向人生价值的深层思考。一个好的老师不仅仅是懂得心理学和教育学的人,而且应该是能深刻理解社会和时代的人。

教师是时代的点灯人，是生命意义的唤醒者。教师的价值不仅仅在于追求职业生活的幸福，更在于将职业幸福引向人生价值的深层思考。优秀的教师具有正确的价值观和高尚的道德操守，他们往往通过言传身教的方式，将正确的价值观传递给学生，并引领学生树立正确的人生观和价值观。因此，教师这一职业是一项非常有意义和有价值的职业，关系到社会进步和时代发展。为此，外冈小学深入研究"个性舒展的教师"工作机制，着力打造一支师德高尚、业务精良、乐于奉献、开拓创新的高素质教师队伍。

一、问计于时，把握教师发展的时代之问

教师培训是提升教师师德品质、专业素养的重要路径。每位教师的能力水平和培训需求各不相同。学校根据校情、师情，通过访谈、问卷等形式，了解各个层次教师的需求，再结合学校"十四五"规划的要求，制定年度培训方案，把握教师发展的时代之问。

以师德素养板块的培训方案制定为例：学校以教师需求为立足点，围绕学校办学理念，设置了教师人文素养系列活动，组织教师撰写了生命教育的教学案例，并进行评选，以此提升教师师德修养和育德能力。针对青年教师的专业成长，学校开展了"全员导师制""家庭教育指导""心理健康辅导"系列培训，如"亲师沟通的'洞穴'及'转向'""学生常见心理问题识别与帮助""如何胜任导师新角色"等校本培训，让青年教师快速适应班主任、学生导师的岗位。立德树人是教育的基本任务，教师的师德师风培训也要常抓不懈，学校除了组织专项培训、讲座，每学期还会让教师签订师德师风协议，警示教师坚决不触碰违反师德的红线。

当今世界瞬息万变、日新月异，新时期的教育也应与时俱进、开拓创新。面对自我意识、独立意识逐渐增强的儿童，把握教师发展的时代之问，引领教师紧跟时代步伐，更新教育理念，适时关注儿童心声，真正做到立德树人。

二、施之以法，把握教师发展的时代之策

百年大计，教育为本；百年教育，教师为本。教师是不断承续的职业，需要我们针对不同年龄阶段、不同发展水平的教师施之以法，把握教师发展的时代之策。

夯实三级梯队。学校持续夯实"有样新苗—活力新秀—魅力匠师"三级梯队教师

专业成长链:依托"有氧微论坛",定期开展"读书沙龙""三笔字比赛"等系列提升专业素养的活动,持续助力"有样新苗"成长;借力三组(教研组、备课组、项目组)一节(教学节)一课题(小课题)研讨展示平台,不断提升青年教师教学水平和科研能力,助推"活力新秀"展风采;由骨干教师领衔,语文、数学、英语、体育、科研校级名师工作室持续推进,以项目研究为抓手,定期聘请专家指导,着力打造"魅力匠师"。学校还组建了以青年教师为主的课题研究组,如教学、科技、茶艺、心理等逐渐形成一定特色的"小课题群"。

落实分层培训。学校重视个体研究,遵循教师成长规律,科学制定教师专业发展路径,组织教师制定个人发展五年规划。双线推进培训,在线教学期间,开展分层培训,新教师培训重点掌握在线课堂教学小技巧,老教师则安排点对点指导在线课堂新功能的使用培训,并及时跟进;组织全体教师观看自己的课堂回放,基于问题导向,进行反思改进;行政团队根据线上巡课情况,针对教学、作业情况不佳的教师展开了跟踪指导。线下教学期间,"青蓝工程",为职初教师安排了学科、班主任工作导师,规范了青年教师的教育教学行为;"行政结对",一对一跟踪指导,帮助教师快速成长;"专家指导",通过专家讲座、课堂指导提升了教师的学科素养。学校现有学科带头人1名,优秀骨干教师4名,学科新星4名,兼职教研员2名。

把握教师发展的时代之策,有层次、有目标、有方法地为教师成长提供多元平台,让每一位教师都能找到自己的教育风格,让每一位教师都可以在教育中收获幸福。

三、丰富内容,把握教师发展的时代之维

在深化教育评价改革的背景下,学校要在激烈的竞争中脱颖而出,必须打造一支高素质的教师队伍。高素质的教师团队需要有自我觉醒的能力,学会主动发展、积极追求德能双馨。

外冈小学作为有九年培训经验的基地校,一直致力于对新教师在"职业感悟与师德修养""课堂经历与教学实践""班级工作与育德体验""教学研究与专业发展"等方面的提升。学校力争使见习教师在短短一年见习期内能够快速了解学生的身心特点以及学习习惯;掌握教学大纲中的要求,结合学生的学情有效地实施课堂教学;使他们正确认识与适应教师角色,形成良好的教育教学行为规范,进一步提升入职水平,胜任教师职初工作。

实现教师教育的高质量发展是我校师训工作的重要任务，学校需从多个维度出发，采取有效的措施，用丰富的师训内容，加强教师教育的各项建设，把握教师发展的时代之维。相信，在每一位教育人的共同努力下，学校一定会绽放生命的光彩。

四、科研提升，把握教师发展的时代之需

随着时代的发展、课程改革的不断深入，对于新时代的教师而言，教育科研能力已经成为一项不可或缺的技能，研究也是教师工作的重要特点。每一位教师都有不断学习，以专业标准要求自己，加强对教育教学研究的觉悟。教师生命价值的实现，主要就是专业获得发展。

随着学校办学规模的不断扩大，我校新进教师的群体越来越庞大。新教师的成长与学校教育的发展息息相关。学校为了全方位打造生命化的教师队伍，多次组织青年教师赴联盟校听课学习，深入课堂教学互学互动互评，积极开展推优活动，促进青年教师快速成长，为新一届的教学新星评选储备力量。除了到基地学校见习外，学校还开展"青蓝工程"计划，专门为他们配备了具有一定工作经验的带教师父，通过拜师结对活动来促进他们快速成长。

教育是育人的事业，教师是特殊的职业。教学的艺术不在于传授本领的多少，而在于激励、唤醒和鼓舞。一个好的教师，在成就学生的同时也成就自己；一个好的教师，在启发生命的同时也让自己的生命焕发光彩。

教育智慧 4-1　在自己的生命故事中汲取力量

每一位教师都可以从自己的生命故事中向自己学习，都可以在自己的生命故事中汲取专业发展力量。

——题记

作为一名青年英语教师，要以《义务教育英语课程标准（2022年版）》等指导性文件为标准，明确价值定位，精准定位目标取向，对标找差，不断促进自我更新，向内汲取专业发展的力量。

一、力量来源一：学习课堂设计，模仿并请教自己的"师父"

作为刚入职的新教师，我靠着自己的"模仿"以及与"师父"之间的沟通，才渐渐理解当下的教学理念，并逐渐提升自己的教学能力。对于新入职的教师来说，面临的第一个挑战就是要上一节亮相课。踏进教学大门不久的我，对课堂设计还不够清晰，但幸运的是我在第一次的"新教师见面课"上得到了"真传"，表现得格外出彩。这得益于我的师父——学校分管英语学科的盛老师。

盛老师有着丰富的教育教学经验，但平时是一位低调谦逊的教师，几十年如一日地深耕于一线教学。当我将自己的困惑和苦恼告诉她后，她迅速帮我整理了很多宝贵的原始资料，并告诉我第一学期就是以模仿为主，看优质课视频学习，领悟课堂教学设计的"套路"。

于是，我将近百个优质课、公开课视频认认真真看了一遍，记录了不少课堂设计的金点子，脑海里开始形成比较清晰的教学思路。通过模仿有经验教师的课堂教学，我开始理解课堂教学理念，并逐渐开始将理论与实践联系起来，进而提高自身的教学实践能力。那时，我虽是新教师，但会主动积极开展学习，通过最开始的"模仿"，借助视频学习的工具，加之自身的努力，自我发展的道路便逐步显现。

二、力量来源二：积极实操实践，从感到"害怕"到建立自信

作为教师,要先找到自己专业发展的"最近发展区",并制定切实可行的阶梯式个人发展规划,增强自我实践的主动性和阶段性,稳扎稳打,以不断达成阶段性小目标,体验小小的成就感,激发持久的内在发展动力,进而促进个人不断成长。

2023年初,我参加了上海市嘉定区主题教育课比赛,这堂少先队课经历了将近三个多月的准备时间,回想历程深有感触。半年前,我开始着手备课,将争章课定为争五星红旗章,但班主任经验不多的我对少先队争章课一知半解。我查阅书籍,阅读《少先队研究》《少先队活动》《辅导员》等相关资料,利用周末时间在家里备课,看优质课案例和视频,从中学习并寻找灵感。前期我启动了五星红旗章争章活动,为了让自己及队员们有切身的实践体验,开展了爱心助农义卖活动,带领他们徒步行走3公里到达外冈游击队纪念馆,记录争章的历程。经历了大概两周的时间,教案基本成型,但区德育室主任陆春荀老师建议,我的教案内容在方法的获取、思想的渗透等方面需大改。当时,我的心态是崩溃的,因为自己感觉无从下手、茫然失措,好在有前辈给予的思路指导和鼓励,有小伙伴的帮忙与开导,他们给我加油打气,我又重拾信心。在正式上课的前两天,我都在没日没夜熟悉教学内容,把课讲了一遍又一遍,不停地磨炼,但可能由于太疲惫,试教时我断断续续,不时脑袋一片空白,让我有了心理负担和顾虑,还好自己及时调整,以积极心态去面对！功夫不负有心人,这节少先队课上得很顺利,活动圆满成功。

这样,从不知所措到从容面对的过程,让我深刻体会到：公开课是平时上课的缩影,一节公开课体现了日常教学的经验积累与实践；脚踏实地,努力刻苦,端正心态,任何事情都难不倒,要相信经历风雨才能见彩虹,这份经历能成为你人生的一份财富。

三、力量来源三：积累专业知识,提升自身的教学和科研力

教学能力是教学力的核心,课堂教学实践是提升教学能力的主渠道,强化基本功训练是提升教学能力的保证。

作为一线教师,我在做好备课、上课等常规工作之余,还积极参加英文书法、板书设计、英语听力、即兴演讲、英语阅读、英语文化知识、课件制作、微课制作等多样的培

训与比赛，从中激发自己不断勤学上进的动力，获得成就感。在课堂教学实践方面，除了在常态课中磨练自己以外，还参加各类教研活动：如根据教材板块开展单元整体教学实践；根据教学内容开展专题式教学实践；根据教学问题开展主题式教学实践等，在课例研究中寻求教学改进的方法与途径，实现自我更新、自我发展。

  此外，小学英语教师要善于在课堂观察中捕捉研究问题，在教学反思中确立研究主题，在专家引领中修正研究思路，在教学实践中尝试教学设想，在写作中形成教学思想。有人说："名师都是写出来的。"这句话看似片面，其实确有一番道理。重要的不是写，而是写本身可以让我们找到生命的一种前行方式。这种方式不仅可以积累经验，更鞭策自己勤于阅读和思考，激发高阶思维，使思维更具准确性、逻辑性、广阔性和批判性，提高教学研究能力。我积极参加"创新视角下的教育现代化"征文，荣获区三等奖，并发表论文于市级刊物，申报区级一般课题"指向文化意识核心素养培育的小学英语'FOS式'作业设计与应用研究"，课题立项成功。正是这些小小的收获激励着我不断前行。作为一名青年教师，我会尽量多读文献与书籍，并不断实践课堂，挑战自我，使自身的教科研水平再上一个新台阶。

  教师的生命故事正是经由教师语言的建构而生成的关于专业自我的故事，内蕴丰富深厚的教学经验，使教师可以从自己的生命故事中向自己学习，汲取未来专业发展的滋养，挖掘帮助教师成长的秘密，令"向自己学习"成为教师学习的一个新途径。

（撰稿者：白洁）

教育智慧 4-2 以最快速度进入最好状态

教师若想以最快的速度进入最好状态，五个法宝必不可少。

——题记

一名优秀的小学英语教师不仅需要拥有过硬的专业能力，还需要做到持续性的提升与发展。教师发展的本质是教师内在专业结构不断更新、演进和丰富的过程。只有教师获得了好的发展，学生才有获得更好发展的机会。那教师如何能以最快速度进入最好状态？以下五个法宝的合理利用必不可少。

一、第一个法宝：多学习，掌握教学章法

对于英语教学而言，只有较强的英语专业能力是不能出色完成教学任务的。职业特性决定了英语教师需具备必要的教育、教学方面的专业知识与能力，英语教师素质应该是全面的、综合的，包括显性的和隐性的。

在刚开始教学实践时，我对如何组织教学、采用什么样的教学方法、如何把握教学进度、如何突破重点和难点、如何调控课堂等明显力不从心，常常事倍功半。虽然有较好的英语学科素养，但是缺乏学科教学方法。对我来说，每一种课型、每一项任务都是一个全新的挑战。

正在我非常渴求教学上能得到专业人员的指点时，学校开展"青蓝工程"建设，为我配对了一位经验丰富的老师指导教学，使我有了可以依靠、学习的力量。我还积极参加学校的英语工作室，经常零距离聆听各类专家、大咖的讲座，希望能用最快的速度进入最好的教学状态，体现自己的工作价值。

二、第二个法宝：勤反思，改进教学方法

教师只有勤于反思，不断改进自己的教学方法，才能提升专业能力，优化课堂效

果。作为一名新教师，我不能只做"教书匠"，越是简单的内容越难教。因此，只有在反思的基础上，开展教学研究，才能深刻认识小学英语教育教学的规律。

学校每两周开展一次教研组活动，每周开展一次备课组活动。平时，带教师父还会定期来听我的课。我非常珍惜每次教研活动的时光，在教研中学习教学方式，积累教学经验，互相促进发展，通过教师间的相互听课、评课等方式，能够有效促进我的专业发展，通过观摩其他英语教师的教学，使我更多地了解自己。教师之间真诚地切磋，指出相互的优点与需改进的不足之处，勤于反思，有利于提高自己的课堂教学质量。

三、第三个法宝：善阅读，增强专业能力

阅读有关英语教育教学理论和实践方面的书籍和报纸杂志，可以更好地了解英语教育教学改革的最新成果和前沿动态，特别是英语课堂教学的成功经验，不断拓展视野，更新自己的教育教学观念。

英语语言教学有着十分复杂的过程，它与语言学、心理语言学、教育学等学科有着十分密切的关系。一名合格的英语教师要使自己的教学行为符合外语教学的规律，必须了解小学生英语学习的特殊性，更新教学观念，调整已有专业知识结构。

除此之外，我还时常学习新课程标准，研究英语学科的相关教学经验，掌握最基本的语言教育教学理论和现代英语的发展趋势，了解相关英语教育教学理论。

四、第四个法宝：乐研究，做问题的研究者

在教学活动中，教学与研究历来是一个不可分割的统一体。科技的迅猛发展必然使得教育体制改革、教育理念更新，这就要求未来的教师不应仅仅满足于"工匠式"的低水平重复劳动，对自身的要求不能止步于把知识教正确，而应该培养提出问题的质疑意识、解决问题的研究意识，使自己向着专业教师的方向发展，同时努力为学生营造具有创造性的教育环境。

作为一名新教师，平时的课堂中存在这样那样的问题，而这些问题正是开展课题研究的方向。所以，我积极申报学校的课题研究，进行经验总结、论文撰写等。我还学习先进的教学经验和前沿教学理论知识，优化课堂教学过程，并根据教学实际情况加以应用、调整、改革、创新，并逐步形成自己的教学风格和教学专长，努力将自己发展成

为具有较强教学科研意识的教师。

五、第五个法宝：勇参与，在培训中找到方向

对新教师而言，要适应新课标的教学要求，就必须通过参加各种教学研讨会、学术报告会、讲座和名师工作室等方式，更多地了解最新的教育教学研究成果，以探求适用于课堂的教学方法。同时，抓住机会向专家请教，还可以把自己的经验与他人交流，全面提高素质。

学校开展了形式多样的培训，如新教师入职培训、青年教师专题培训等。这些培训对于我们新教师而言，无疑能够有效助推我们的专业成长与发展。通过撰写个人的职业生涯规划，能够有效为自己的未来发展做好打算，知晓自己未来发展努力的方向。学校还适时组织青年教师进行学习交流展示，可以帮助我们对学习内容进行梳理、总结与分享。

此外，在教师教学基本功提升培训中，通过校级、区级教研课等方式，让青年教师的教学能力有所提升与发展。每个学期英语学科都会确定对应的教研主题，例如"基于课程标准，立足单元整体，设计听说活动"。学校公布研修主题和要求，青年教师进行备课、磨课，组织英语教师走进课堂，进行课堂观察，课后对学生进行访谈，诊断教师预设的教学目标和学生实际达成的效果是否存在差异。课后进行交流分享，找到自身存在的问题并持续改进。

此类多元化的教师培训课程设计让青年教师能够充分参与其中，帮助我们具备宽广的视野、多元的知识架构、成熟的思维模式，进一步促进个性成长，从而快速适应未来综合化、主题化、跨领域、跨学科教育教学需求。

总而言之，这五项法宝对于教师的专业发展有着不可替代的重要作用。同时，教师的专业发展是一个系统化、动态化的过程，需要多方面的鼎力配合。教师的自由发展需要教师不断学习实践，不断自我更新，才能提升自身的专业水平，推动小学英语教学改革，促进教师综合发展。

（撰稿者：陆春妮）

教育智慧 4-3　教师的文化底蕴影响教室的精神气质

> 一间教室的精神气质和文化底蕴取决于教师的教育理念与创意实践。
>
> ——题记

人本主义心理学家马斯洛提出，人的需求由较低层次到较高层次分别是生理需求、安全需求、社交需求、尊重需求和自我实现需求。人类的最高需求就是自我实现的需求。作为一名教师，我认为自我实现和个人提升是密不可分的。教师只有不断提升自己，才能在教书育人方面展现自己的价值，获得幸福感。

近些年来，学校一直围绕"生命教育"开展深入研究，鼓励教师大胆创新，改进教育教学方法，积极探索符合时代要求、学科特点和学生成长规律的教育教学模式，尤其侧重对生命教育实施策略开展研究，这将有利于深化学校生命教育的效果，在实践层面深化生命教育的质量，积累更多的生命教育实践经验。要改进教育教学方法，教师就要学习新的理论，实践新的方法。学校为教师搭建了丰富的发展平台，教师根据自身兴趣、特点、需求等进行选择，进而用自己的文化底蕴改变一间教室的精神气质。

一、开拓教师的视野，让教室成为精神宇宙

开拓教师的视野，让教室成为精神宇宙。教师的视野指教师的人际视野、道德修养、文化修养、精神境界、教育水平、教学能力等。教师视野的提升不仅是教师本身的提升，更能辐射到整个教室的精神横向和纵向拓宽。学校根据教师教育教学中存在的问题和实际需要，邀请专家为教师进行培训。由于大家所教学科的不同、所处岗位的差异，具体安排了以下几类培训：

第一，集团化培训，吸收兄弟学校教师教学经验，开拓教师的人际视野，教师间思维碰撞，取长补短。我们学校是新城实验集团的一员，在每年的开学及暑假，集团会邀请专家来指导，集团中的教师或在线学习，或按学科集合在一起，开展培训。最近两

年,我们集团以各学科首席教师为引领,作业设计为内容,每月以各学科备课组长为代表开展作业督导活动。我作为学校三年级的英语备课组长,有幸参加这项培训。活动上,首席教师和其他成员会展示自己设计的单元预习作业、单元作业评价等,教师进行评价和提出建议,由专家总结并提出进一步的修改建议。在这个活动中,我学习到了最新的预习作业要求,与不同教师进行思维与灵感的碰撞,解决了很多困惑,受益匪浅;并且将这些先进的思想带回学校,在备课组活动和教研组活动中分享给学校的教师,让大家共同受益。

第二,班主任培训,以优秀班主任老师为榜样,以"班主任基本功大赛"为抓手,开拓教师的德育能力视野。努力培养和打造一支专业化的班主任队伍,全力支持家校共育,呵护学生幸福成长是外冈小学一直以来的宗旨。班主任是学校岗位中非常重要的一部分,在倡导全员导师制的今天,人人都是导师,班主任知识也是每位教师必须掌握的知识。很多新教师在大学期间没有学习过这类知识,在刚担任班主任时,就会无从下手,手足无措。面对这种状况,学校每年都会安排丰富的班主任培训。

以"班主任基本功大赛"为抓手,立足班主任岗位练兵,促进班主任专业发展。学校邀请了上海市班主任带头人冯志兰老师为班主任们进行了班主任基本功大赛的情景模拟实战培训,帮助班主任成长为"育人力强、儿童喜欢"的专业班主任。徐汇区未成年人心理健康辅导中心主任陈瑾瑜做了"如何帮助儿童构建良好的社会支持"的讲座,陈主任从人际交往与学生成长引入,讲述了人际交往对学生成长的作用,为班主任们识别人际交往好的学生与人际交往差的学生提供了参考标准。

在一次次的班主任培训中,教师对于班主任这个岗位的理解更加透彻,对于师生、家校沟通的方法有了不一样的想法。在优秀班主任的经验分享下,青年班主任快速成长,学校的德育水平得到提升。

第三,青年教师培训,请专家教师进行培训,开拓教师的职业发展视野,帮助青年教师制定长远的规划,确立明确的方向和目标。青年教师是学校的未来和希望,大力培养青年教师,努力提高他们的素质,是学校教师队伍建设中一项既具有战略意义又十分紧迫的任务。学校为青年教师提供教师职业规划培训,人事干部从职称等级、教师专业技术岗位任职条件两方面做了详细讲解,鼓励青年教师要立足当下,明晰目标,积极撰写科研论文,努力提升专业素养,使自己拥有更强大的竞争力。校长从学校现状、学校发展、青年教师发展等三个方面,结合自身经历,向各位青年教师进行了经验分享。作为青年教师,我在此次培训中了解了学校教师梯队的结构,教师职称等级的晋升方式，树立了自己的职业规划，并为之不断努力。

二、提升教师的实力，让教室成为力量源泉

教师的文化底蕴影响教室的精神气质。有深厚文化底蕴的教师，有较高的文化素养、心理健康、情趣高雅、精力充沛、豁达自信、敢于创新。

提升教师的综合实力，助力教师全面发展。在校内，有硬笔字、钢笔字比赛，教师可以通过练习提高自己的书写能力；青年班主任读后感分享比赛，青年教师暑期阅读相关书籍，撰写文章进行分享，锻炼了青年教师的表达能力，让我们在分享中收获不一样的感悟；教学节板书设计竞赛，教师精心设计一节课的板书，提高教材解读能力和板书设计水平。为进一步加强教学五环节常规管理，不断促进教师专业成长，每学期举办教师教案和学生作业检查评比，各学科组织相关教师全员参与，共同检查，相互学习，取长补短，携手共进。

提升教师的教育实力，助力教师专业发展。在校外，每年的青年教师教学新秀评比，学校都会及时通知，青年教师都会踊跃报名参加。为了体现公平性以及帮助教师取得好成绩，学校会邀请专家进行筛选，选拔最优秀的教师参赛。备课组和教研组的成员全程参与，给予指导与帮助，共同努力、共同成长。对于落选的教师，也会反馈建议、帮助修改，让每位教师都在活动中获得收获。

当然，学校还会提供很多机会，乐学杯竞赛、资源信息化竞赛、微课比赛等，只要有教师参加，都会提供最大的技术支持，让教师最好地展示自己。教师可以用竞赛引领自己前进，通过高标准的比赛积极提高自己的业务水平，发展自己的业务能力。教师也可以通过竞赛认识到自己的不足之处，学习其他教师的闪光点、优秀技能等。

三、赋能教师的团队发展，让教室成为展示平台

以工作室为载体，教师成长团队化进行。学校为帮助各学科教师成长，充分发挥名师的专业引领、带动、辐射作用，加速教师专业化发展，培养造就更多的优秀教师，设立了语文、数学、英语、体育、科研学科名师工作室，教师在各自的工作室活动中学习最新学科知识，开展读书分享活动、听评课活动等。在外冈小学名师工作室展示活动中，作为英语工作室的成员，我们表演了英文舞台剧《A proud peacock》，工作室成员经过

不断地排练、磨合，最终获得了一致好评。在这个过程中，大家不仅锻炼了口语能力，也增加了合作意识。在暑期的工作室读后感分享活动中，大家阅读了朱浦的《小学英语教学关键问题指导》一书，在线分享了各自的感想，在聆听伙伴们的收获后，对英语教学也有了更深的理解。

班主任工作室分为"GROW""GO""GREAT"三级梯队，班主任根据担任班主任的年限不同进行划分。我所在的"GO"工作室由有三年以上班主任工作经验的教师组成。团队聚力幸福研学，取得了一定的成效，已完成《研途遇见幸福》《研途探秘幸福》《研途创造幸福》三本成果集。我作为其中成员，完成了幸福案例、幸福手记、幸福心得的撰写。

一间教室的精神气质，取决于教师的教育理念与创意实践。教师卓越的教育理念与实践影响教室中的儿童。因此，教师首先要切实感受到自我发展，才能让儿童体验到自我发展。在学校提供的各种有利资源下，青年教师如稚嫩的小草一般被灌溉、被培养，成长为一株株参天大树，尽情展示自己的能力与风采。相信在这种个性舒展的环境下，教师与学生都能茁壮成长。

（撰稿者：周晴）

教育智慧 4-4 一场向美而行的遇见

> 日复一日,年复一年,守一方教室,做"麦田的守望者"。
>
> ——题记

教师专业发展是指教师在内部和外部作用下,专业理念、专业知识和专业能力等内在专业素质不断提升的过程,简单来说就是其专业结构不断更新、不断演进,久而久之渐渐丰富的过程。专业能力则是考验教师工作能力和水平的综合,小学语文教师不仅要具备教育教学设计能力,而且还要有组织与实施能力、沟通与合作能力,激励与评价能力、发展与反思能力。

在实践的土壤里才能践行新知。近些年来,学校一直围绕"生命教育"开展深入研究,教师只有自愿投身于社会实践中去才能实现自我价值。制约教师的外在因素有很多,但究其原因,小学语文教师自身问题是最重要的一点。天下难事,必作于易;天下大事,必作于细。努力奋斗从不是空话,它在做好日常教学中的每一件小事、完成每一项任务、履行每一项职责中见真章。教育是一条很长很长的路,二十出头的我们意气风发地出发,几十年后又风卷残荷般地离场。在这条路上,我们也许风光无限,也许风雨满肩,这都是师者的常态。在这条悠长的教育路上,一个教师最好的状态就是不断地向下扎根,持续地向上生长。可以说,在特定场域里,教师专业发展就是一场向美而行的遇见。

一、在实践中磨炼

每一位青年教师的成长都离不开老教师的帮助、鼓励和指导。学校举行的教研活动也推动着我们青年教师的成长。作为年轻教师,上公开课是个极大的挑战。

(一)不识庐山真面目,只缘身在此山中

第一次的公开课让我记忆犹新。因没有教学经验,我在还未完全解读教材的情况下,就急于设计教案,结果可想而知,效果不甚理想。经过组内老师的反复打磨,我才

知道一堂好的语文课需要反复推敲、打磨、斟词酌句,小到每个环节的过渡语都需要反复思量。然而,我的第一次试教以失败告终,因为我整堂课只关注自己的教,没有关注学生的学。这一次失败使我变得不自信,甚至一度想放弃。但看到带教导师及同组的教师们都在加班加点帮我重新梳理教案思路、修改多媒体课件、制作板贴……我想,我还有什么理由放弃,我凭什么不努力?我在回家的路上,也一直在问自己:我真的全力以赴了吗?我为什么不试试?慢慢地,我的心态开始发生了转变。

(二) 问渠那得清如许,为有源头活水来

我从来不知道压力大到一定程度时居然可以把人的潜力激发出来。回到家后躺在床上无法入眠,像过电影一般再次回想我的课程设计,每个教学环节的设定目标都是以睡梦中的自问自答结束。终于迎来了同组教师来听我的第二次试讲。我的内心是那样平静,心里、眼里、脑海里都是孩子们纯真灿烂的笑脸。这一次,同组教师都觉得我进步了。大家又针对我的教学,提出有效的改进建议。针对大家的建议,我一遍又一遍地修改教学设计,力求呈现最好的课堂教学状态。犹记得正式上课前一晚,我头脑嗡嗡,课堂流程也是想前忘后,归根结底,还是自己对每个环节的教学目标不甚清晰。记不清那晚几点入眠,只记得顺着教学步骤,眼前过着PPT的画面,头脑放空,注意力前所未有的集中,每一环节都已烂熟于心,心情前所未有的平静。

(三) 不经一番寒彻骨,哪得梅花扑鼻香

到了正式上课的日子,我站在台上,不像以前那样紧张了,因为我背后有同组教师为我加油鼓气。我的眼里有学生了,我的过渡语自然流畅了,教学环节的设计环环相扣了,学生的预设更全面了。虽然有些小插曲,但也能随机应变,把学生快速拉回到课堂中来。上完课之后,有学生跑过来抱住我说:"杨老师,我好喜欢上语文课。"听到孩子说这句话的时候,成就感是任何经历都无法比拟的。一堂课结束,我竟有一种酣畅淋漓之感,原来上课是一件这么有意思的事情,它不仅仅是工作,还是快乐与成就感的源泉。真正的有效课堂不是老师主导、学生配合;而是要给学生空间,发散思维。至此,我向前迈进了一小步,天空终于迎来亮光,我也重拾勇气。

这次公开课,让我受益匪浅。我明白了要主动地向师父们请教和学习,聆听他们丰富的教学经验,学习他们精湛的教学艺术,多听、多问、多总结。在学习经验的同时,与自己的教学实际相结合,举一反三积累丰富教学经验,逐渐形成自己独特的教学思路和鲜明的教学风格。上公开课是一个巨大的挑战,但是,只要我们把每一次公开课当成专业成长的历练,就会实现一番脱胎换骨的蜕变。

二、在求索中提高

在学校的各项活动和比赛推动我们成长之余,教师也要不断反思总结,在求索中提高。

(一)制定个性化的专业发展规划

专业发展规划有利于激发自主学习动机。学校在新课改的背景下,帮助教师制定五年规划,助力教师更好地成长。我把制定好的规划贴在办公桌边,督促自己朝着设定的目标去努力,并能够根据实际情况适时进行调整。

(二)反思总结,助力成长

曾经看过这样一句话:"用一辈子的时间来备每一节课。"只有"用一辈子的时间来备每一节课",才能让自己的课堂有魅力。在生活中遇见好的素材要积累,有新的感悟要记录;我们要了解学科专业知识,还要懂得教育教学方法;我们要有自己的兴趣爱好,也要了解学生的兴趣爱好,广泛地学习,无止息地思考,都是我们的备课过程。

此外,我们还要及时地反思,不断提高自我的业务水平。我们最需要反思的就是自己的教学行为、教材解读与设计、教法与学法的选取、课堂细节的处理等,总结经验,反思不足。在这样的备课和反思中,我们定能在属于我们的教学舞台上曼妙起舞。作为一名语文教师,每次公开课结束,都要总结反思教学过程中的优缺点,在一次次反思中,我在不断地成长。

(三)积极参加培训

学校经常开展各种讲座以及培训活动,在培训中,与专家进行精神层面的交流,将实践和理论相结合。我会将培训所得积极投身于实践中去,多参与活动,不断开拓新知识,在提高自己教育教学技能的同时丰富自己的专业知识。一次次的培训,我不断充盈着自己的知识体系,在具体的实践中,不断进步与成长。我是幸运的,学校积极为青年教师创设学习、培训的平台,定期进行校内经验交流,及时进行新教师的外出集中培训,让我对班主任工作、语文学科教师有了深刻的理解。

三、在热爱中燃烧

听过这样一句话:"保持热爱的力量,是获得事业成功和人生幸福的前提。"教师是一份普通的职业，教师的工作是平平常常的，但是，我们的工作对象却是最特别的。他们是充满活力、单纯可爱的孩子。伟大的教育家陶行知先生讲："爱满天下。"没有爱，就没有教育。热爱每一天的课堂，热爱每一位儿童，热爱每一片绿叶，哪怕是有斑点的。

人们常说只要用心，没有什么做不好。但若想用心，前提是要有发自内心的喜欢，任凭时光匆匆，任凭现实左右，难的是还可以一直保有对教育、对学生的初心。很喜欢这样一个假设，"假如我是孩子，假如是我的孩子"。我们希望能遇到怎样的教师，那就努力去成为这样的教师吧！在和平昌盛的今天，没有多少惊天动地的事，每天做的都是小事，把小事做好、做到位，把小事琢磨透、处理好，又何尝不是一种艺术。

学海无涯，艺无止境。教育就是一场修行。在漫漫的教学路上，向下扎根——不断地沉淀自己，静下心来学习、思考；向上生长——持续地努力、探索，走出舒适圈，让自己拥有更开阔的眼界。手中的粉笔在盈盈舞动中一点点缩短，耳边是书声琅琅，追逐着光阴的翅膀，心之所向，无问西东，寻梦而行，一路追光。

（撰稿者：杨凡）

第五章

充满无限可能的意义世界

一所学校最富灵魂的部分在其办学理念,最丰满的部分在其开设的课程。课程是由特定的哲学、确定的目标、具体的知识经验和预设的活动方式构成的。课程有丰富的意义,有多样的可能性,是充满创造和对话性质的探索,是一个充满无限可能的意义世界。

课程是学校教育的关键命脉。一所学校最富灵魂的部分在其办学理念,最丰满的部分在其开设的课程。有人说,课程即教学科目,课程即学习经验,课程即文化再生产,课程即社会改造的过程。这些说法都有些道理。我们认为,课程是由特定的哲学、确定的目标、具体的知识经验和预设的活动方式构成的。我校顺应时代变化,构建"丰富儿童生命体验"的学校课程,让课程成为儿童成长的重要契机和宝贵财富,以迎接不可预见的挑战。

一、课程,赋能成长

学校立足办学理念和育人目标,发挥特色教育教学资源优势,以多种课程形态服务儿童个性化学习需求,依据办学理念建构"有氧课程",主要分为以下五大类课程。

第一类:人文课程——启蒙以激趣。人文课程,是指以丰富学生知识,培养学生正确价值观念为主要目的的课程。学校不仅关心学生身体素质,也关注学生的核心素养,以不同年级学生的身心发展特点为依据,开展了一系列人文课程,在丰富学生身心的同时指引其人生方向,如《传统节日》。

第二类:创智课程——开悟以明理。创智课程,是指以培养学生判断力、决策力、选择能力以及科学探究能力为主要目的的课程,如《趣味编程》。

第三类:美育课程——美育以熏陶。美育课程,是指以培养学生发现美、欣赏美、创造美为主要目的的课程,以笔墨丹青培育兴趣,提升学生美育素养,如《墨韵书香》。

第四类:健康课程——健康以成长。健康课程,是指以培养学生爱运动,会运动,乐运动,具备运动能力、健康行为、体育品德为主要目的的课程。学校积极关注学生身体健康,开设了一系列健康课程,如《旋风足球》。

第五类:劳动课程——践行以幸福。劳动课程,是指以实践体验为主,从"自我服务""校园劳动""家务劳动""公益服务"四个方面,让学生在劳动实践中感受劳动的乐趣,在劳动体验中养成劳动习惯,培养学生创造性解决问题的能力为导向的课程,如《创意灯彩》。

二、社团,注入活力

学校组织教师依据学生的需求、个人的兴趣、特长爱好和能力所及,开发课后服务时段校本活动小课程,培育学生的科学素养和生命价值,开设了校级、年级两层级课后服务综合活动小课程,包括体育运动、科技信息、思维训练、文学素养、艺术熏陶、心理健康等内容在内的一系列校级、年级的综合活动社团或小课程。

艺术类社团——吹拉弹唱奏华章。趣味儿歌表演、响叮当手风琴社团、少儿萨克斯、五彩梦吟诵团等音乐类综合活动为学生营造了轻松而愉快的艺术乐园,让孩子们自信大胆地说起来、唱起来、舞起来,提升音乐素养。

运动类社团——体育运动添活力。学校开展了趣味跳绳、趣味武术、跆拳道、羽毛球、乒乓球、趣味足球、趣味游戏、趣味挑战、趣味体能等体育类综合活动,不仅带领学生掌握了体育运动的相关知识,提升了学生的体能,锻炼了学生的速度、灵活度、力量和耐力,还培养了学生团结、合作、坚持、拼搏的优秀品质,为孩子们的童年增添了活力。

科学类社团——科技编程拓思维。学校开展了趣味编程、探索PBL、航天探索、科技小制作、小小发明家等拓展思维类综合活动。在解决问题的过程中,提升学生的动手能力、思维能力、创新能力等,培养更具创新精神的学生。

语言类社团——人文阅读增底蕴。学校开展了慧雅阅读、慧雅故事、美文诵读、中英绘本欣赏、汉字小宝库、汉字小达人、阅读小达人等人文知识和阅读类综合活动,带领学生品"名著之味",赏汉字之韵,提升学生阅读能力,夯实学生人文底蕴。

学校共有校级综合活动短课程项目21个,年级综合活动小课程项目58个,学生可每月一次自主选择年级组小课程,年级课程从低年级到高年级螺旋上升,落实课后服务无墙课堂。形式多样、内容丰富的社团和拓展课不仅拓宽了学生的视野,促进了学生全面发展,更为校园增添了别样的活力。

三、体验,感悟成长

学校借助学生的体验成长,让学生多体验、亲感悟,通过主动参与特定的课程和活动,在与同学的互动中,发展自信心、胆识、情绪管理、自立能力、发现及解决问题能力等,塑造健康人格,培养学生的综合素质。

间接体验式课程——角色体验,走向社会化。采用模拟的社会和生活,为学生设计多个角色去进行间接体验。情境创设是间接体验式课堂的主要方式。教师有目的地为学生创设恰当的情境,引导学生积极参与学校、家庭和社区的活动,在活动体验中提高道德水平。如高年级设计了"培养班队合作精神"为主题的班会,让学生充分理解竞争社会里人与人之间不仅仅存在"竞争",还有比"竞争"更为重要的"合作",让每位学生置身于"体验场"中,进行真实的行动体验,从而形成情感的共鸣,获得直接认知。

直接体验式课程——回归生活,走向生活化。活动是生命成长的基础,只有加强实践体验活动,才能丰富学生的生活,才能让每一个成长的生命具有生活气息和时代气息,才能产生互动互促的教育效果。学校制定了《外冈小学社会实践课程化实施方案》,将社会实践作为开展生命教育的主要途径之一,倡导实践活动多样化,开展了"走进家乡名人——钱大昕"活动、上海工艺美术研究所活动、"外小志愿者"活动、"小龙人茶馆"活动、外冈游击队纪念馆活动、"消防先锋"等多个社会实践活动。同时,在各个传统节日里,以主题班会、诗歌朗诵会、座谈讨论会等多种形式开展了一系列丰富多彩的主题活动,如"传承民族文化,弘扬民族精神"活动、"探究重阳文化,传承民族精神"活动、"同在蓝天下,关爱共成长"等系列主题活动,将校外德育实践活动、校内主题教育活动、校园文化建设、艺术月活动等进行适时有效地整合。

学校还开设特色讲座课程,通过健康教育、预防艾滋病教育、毒品预防教育、环境教育、心理健康教育、青春期教育、安全教育和法治教育等专题讲座课程来帮助学生体会到人的意义和价值,珍爱自己,保护自己的生命,了解生命的来之不易,体验生命成长过程中的曲折和乐趣,培养生命情感,感悟人生。

四、 空间,润泽生命

学校既创设安全的成长空间又开拓实用的活动空间,如:五彩墙上的快乐攀岩、教室前的弄堂游戏、篮球场上的兴趣篮球以及操场边的健身器材、西南角的高尔夫球场、教学楼上的公共安全体验教室……这些活动场所时常能看到孩子们活跃的身影,听到欢乐的喝彩声,使校园充满生命气息。

为了让学校的每一个空间都成为学生体验活动的场所,让学生体验到全方位的教育与熏陶,学校开辟了多个特色体验场所:设立"茶香阁"专用教室以及"灯醉轩"长廊,开辟了"小龙人茶园",种植各种品种的茶树,学生在赏茶、品茶的体验活动中学习茶道;设有电子阅读长廊以及"书韵斋";各楼道制作了极具特色的励志名言与地震等灾害的预防与应对措施宣传板面;承载着浓郁民族精神的紫藤长廊中有各种礼仪知识的相关介绍;精心布置慧雅书架与绿色植物的"温馨教室";在体验活动中遇到问题或烦恼了还可以去"心理聊天室"倾诉一下。各具特色的活动场所无声地润泽了每一个小生命。

　　课程有丰富的意义,有多样的可能性,是充满创造和对话性质的探索,有时候我们需要再回头去思考它。课程,具有循环性和开放性,是一个充满无限可能的意义世界。诚如是,儿童在个性舒展的课程中体验生命的价值,在个性舒展的空间里实现生命的意义。

教育智慧5-1 让儿童成为心智自由的学习者

　　学习素养的本质是心智的灵活转换，教育不是首先去传授知识和技能，而是去"唤醒"儿童的力量，让每个孩子都可以成为心智自由的学习者。

——题记

　　学科综合素养的重点培养是当前新课程改革理念对教学工作提出的基本要求。因此，在当前小学信息科技学科教学中，教师应积极探索如何应用项目式学习的理念要求改进和完善教学的流程和方法，从而充分发挥这一模式的教学优势，以此促进学生的深度学习、提升学生的综合素养。

一、项目背景：老年人"迷失"在智能时代

　　能够记录我们生活中的睡眠、锻炼、饮食信息的智能手环；一体化管理家电的智能插座；改善快递行业"爆仓"现象的物流机器人……移动互联网所引发的智能硬件创业浪潮，加速了智能生活时代的到来。然而，在这个环境中却有很多老人们被完全拒之门外。网络预约挂号、移动支付交费……老年人迷失在智能时代。怎样尽可能填平这数字鸿沟，是如今迈入老龄化社会的最直接问题。

　　作为以提高学生信息素养为基本理念的小学信息科技学科教师，需要开拓学生眼界，激发他们探索信息化世界的动力，引导学生意识到科技发展始终以人为本。因此，教师基于学校生命教育研究中"认知、体验与实践相结合""自助、互助与援助相结合""学校、家庭与社会相结合"等原则，整合"中图版"小学信息科技学科主题7"规划数字作品"、主题8"设计与制作数字作品"、主题9"展示与评价数字作品"三章教学内容，以探索能解决实际问题的智能化设备为目标，关注发展兴趣、家国情怀、自我实现这三个生命教育要素，带领学生开展"适老化的智能设备"项目化学习活动。

二、案例描述：启动"适老化"的智能设备

驱动性问题设计

```
                    如何使智能设备
                      "适老化"？
           ┌─────────────┼─────────────┐
    什么是智能设备？   适合老年人的智能   如何根据标准设计"适
    它适合所有人吗？   设备有哪些标准？   老化"的智能设备？
                              ┌─────────────┼─────────────┐
                         产品面对的     哪些信息可以帮助    怎样让作品更
                         需求是什么？   产品辅助说明？    容易被人接受？
```

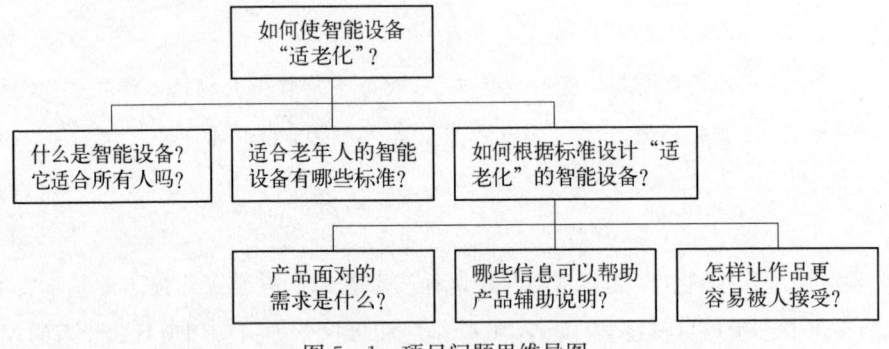

图 5-1　项目问题思维导图

三、项目实施

（一）活动一（入项）：老年人与智能时代

驱动性问题：什么是智能设备？它适合所有人吗？

课前，教师使用问卷调查学生对于"智能设备"这一事物的了解，调查结果发现，学生反馈最多的是"什么是智能设备"和"智能设备可以做什么"。于是，教师将"双11快递爆仓"新闻和"京东智能物流"等微课视频，放在学科网络学习平台上，让学生利用空余时间进行观看，事先尝试对"智能设备"这一事物进行简单的了解。

学生对身边的人进行采访，了解他们对待智能设备的看法。（见表5-1）

表 5-1　智能设备采访单

智能设备采访单	
班级：	小组：
采访对象：	
问题列表： 你的年龄？ 你知道智能设备吗？ 你使用过智能设备吗？ 你对智能设备有什么看法？ 是否期待家中出现更多的智能设备？ 你希望用智能设备改善生活的哪一方面？	

结果发现：大部分人对智能设备都抱有好奇、支持的态度,尤其是智能设备能解决不少实际问题。但也有不少人认为智能设备不实用,"花头太多""就是玩具""要在手机上下载APP"……尤其是周围的老人,很多都因为搞不懂智能设备的操作方法而选择放弃。

回到课堂,教师邀请大家观看"某智能汽车设备故障频发""老年人不会用智能设备就该被淘汰吗"的视频案例,提出智能设备要符合时代发展,要关注老年人,做到"适老化"。那么,如何使智能设备符合老年人的需求呢? 师生正式开始本次项目活动。

(二) 活动二(知识构建):"适老化"的智能设备标准

驱动性问题:如何判断一款设备属于智能设备? 它的标准是什么?

在讨论中,学生判断出小爱机器人、手机、智能门锁等都属于智能设备,但是一般的电饭煲和微波炉之类的设备需要手动控制,也不能随外部条件改变而自动做出对应,因此不属于智能设备。

最后师生达成了共识:智能设备是能够自动化处理某一件或多件事务的信息技术设备,它的核心是自我检测和自我诊断。一般由输入设备、处理设备和输出设备组成。

驱动性问题:老年人需要什么样的智能设备?

在讨论中,学生逐渐发现:根据使用者接受程度不同,适合的智能设备也不同。但是有几个相对统一的需求就是:操作简单、易用、稳定。尤其是对于老人来说,简单和易用是最关键的。此外,老年人的需求特点还有什么? 如何使输入、处理、输出设备更符合老年人的习惯?

根据之前的采访单和目前所学内容,学生尝试梳理适合老年人的智能设备评价标准。(见表5-2)

表5-2 老年人智能设备评价标准

类别	需求特点(评价标准)	范例说明
输入	操作方式便捷	简单的按钮操作或语音交互
处理	功能简单实用	即时处理,能够解决实际问题
输出	信息反馈清晰	文字、图形显示较大,语音标准

(三) 活动三(探索与形成成果):设计"适老化"的智能设备产品

驱动性问题:如何根据标准设计智能设备产品?

1. 明确主题，规划活动

子问题：产品面对的需求是什么？要做哪些准备？

从兴趣爱好、能力水平、活动目标入手，讨论得出本次项目活动中需要的合作伙伴标准后，学生自主选择合适的同伴建立合作小组，开始利用学习任务单讨论、调查记录身边的老年人对智能设备的需求，最后确定本次活动中的小组探索主题，即产品面对的需求(实现的功能)，尝试设计最初的产品示意图。随后在学习平台对应课程空间下建立小组合作空间，发表主题日志。

为了更清晰地呈现项目工作，还需要以思维导图的形式进行工作规划，包括简单的任务分工、完成时间、阶段负责人等。此后项目进行中，组员可以随时进入空间查看规划图，明确自己在各阶段的任务、分工甚至是工作进度。

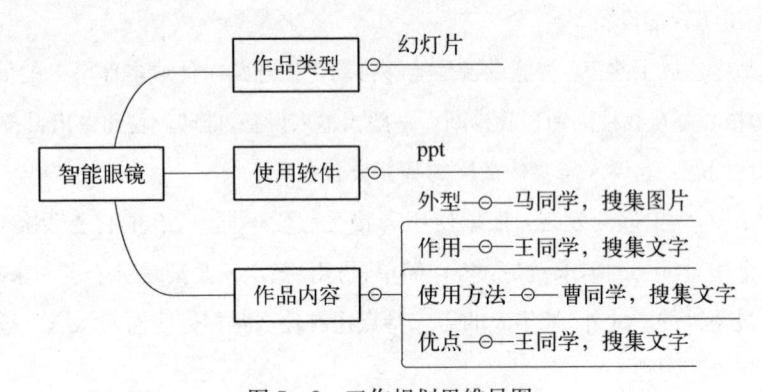

图 5-2　工作规划思维导图

表 5-3　产品规划评价表

评价内容	★★★	★★	★	评价
产品主题	根据面对对象确定，目的明确。	根据组员兴趣确定，目的较明确。	随意选择，无目的。	☆☆☆
呈现方式	作品呈现方式与使用软件合理对应。	作品呈现方式与使用软件有偏差，实施难度较大。	没有关注作品呈现方式和使用软件的关系。	☆☆☆
任务分工	根据组员能力、爱好特长协调分工，任务明确。	组长分配，任务较为明确。	分工不明确。	☆☆☆

2. 收集素材，加工素材

子问题：哪些信息可以帮助产品辅助说明？

根据思维导图的规划，学生明确设计产品时需要用到的各种信息(图片、文字、视频)，同时在课内、课外搜集小组需要的各种信息。这个过程中，学生可以使用纸质笔记做记录，搜集网络上的文字、图片保存为电子文档，也可以利用手机终端上的互动学习平台 APP，采集属于自己的多媒体信息。如用短视频的方式对周边环境的智能设备，对"智能门锁""扫地机器人"等进行实景拍摄，辅以自己的语音文字进行说明或直接拍摄说明书，上传到小组空间。

在不断深入调查的过程中，学生逐渐积累了丰富的信息：图片、视频、音频、文字……为了便于管理，就需要对信息进行筛选、分类、整理。

在这个过程中发现了更多的问题：拍摄的图片过暗，需要调节亮度；视频杂音太多，需要额外配音；收集的文字信息过于冗长，网页复制的文字格式乱七八糟，需要进行内容编辑……

根据学科学习经验，处理不同问题可以使用不同的软件解决。针对这些问题，可以将需要的软件进行分类：文字资料——文字处理软件；图片资料——图片处理软件；音视频——多媒体制作软件……

3. 汇总素材，形成作品

子问题：如何让作品更能被人接受？

在不断发现并解决问题的过程中，学生以小组为单位，结合集体的知识积累和汇总技能，开始尝试以数字作品的形式展示产品。

因为是初次制作数字作品，也出现了较多的问题，比如：只是把修改好的资料放到页面上，没有主题；给页面的所有对象都加了动画效果，播放时效果很凌乱……可见，大部分学生在制作时还是以自己的视角、以自己的感觉去制作作品。

教师请几位学生演示作品后，再次带着大家回顾和讨论：我们的作品面对的对象是谁？现在你们的作品他能看懂吗？如何使作品更能被人接受？

通过讨论，大家以完成度较高的小组作品为范本，制定了展示用数字作品的评价标准。

4. 评价、反思与修订

将数字作品在学习平台上提交分享后，项目小组内和项目小组间对数字作品所展示的智能设备产品进行展示与交流，利用评价指标对其进行最终评价。评价采用"红"

"绿""黄"三色互评体系。红色代表"很好,非常欣赏你的展示",黄色代表"好,有细节需要调整",绿色代表"与标准有差距,需要反思和改进"。在评价的过程中互相学习,在平台上提出对他人作品的具体改进意见,查看自己的产品与评价标准的差距,以及接受意见反思改进自己的作品。

5. 公开成果,展示作品

在平台上发布的作品可以在年级、校级进行公开展示。同时,学生也可以利用多终端的同步功能,利用自己家中的信息技术设备向家人展示汇报,发表活动感想,收集他们的反馈建议和观点。

四、活动反思：师生双向发展

(一) 依托需求,关注学生真实体验

需求是学习的起点。因此,项目活动的真实性是保证活动有效的首要条件。本项目以探索帮助身边的老年人解决实际需求的智能设备为目标,围绕学生自己的生活经历,使学生的态度、情感始终处于一个积极向上的状态,在活动中获得生命体验,提升了社会责任感,也在实践中形成了新知,锻炼了能力。

(二) 基于平台,拓展学生活动时空

相对于封闭静态的局域网环境,本活动基于网络互动学习平台,课堂上学生使用的 PC 端和可课后使用的移动端数据即时同步,能随时提供丰富的学习资源和生态良好的学习环境,也能使教师做到一站式解决教、学、管、展、评的项目活动管理问题,符合教育信息化发展的需求。在这种情况下开展项目化学习,可以更为有效地培养学生的信息素养和认知创造能力。

(三) 多元评价,促进学生活动质量

项目化学习强调过程性评价与总结性评价相结合。除了作品可以进行展评,在日常的学习过程中教师也会随时利用平台拍摄学生活动实录,结合"应用"功能中的"课堂表现"和组评、自评等方式掌握第一手资料,以此对学生做出知识技能学习、课堂行为表现、自身能力发展等情况的最终综合评价。这些评价方式多元并进,有效帮助提高项目活动的质量,也有助于实现教师与学生的双向可持续发展。

学生通过实践深入了解智能设备的基本原理,体验了如何用学科思维发现和解决问题。教师通过设计一系列问题和活动唤醒学生的潜在力量,锻炼了团队协作与沟通

和组织交流能力,激发了使用数字化技能探索世界、改变世界的兴趣,让每个孩子都可以成为心智自由的学习者。

(撰稿者:侯佳庆)

教育智慧 5-2　教育如茶，回味甘醇

　　茶是一种教育，可以帮助人找到生命真正的意义；茶是一种氛围，可以在这里寻找到高能量的生命滋养。

——题记

　　手执茶盏，感受的是心情，领悟的是学问，修炼的是心境，体会的是人生。茶香宁静却可致远，茶香淡泊却可明志。人生如茶，茶如人生，细细品味，回味甘醇。2000年起，外冈小学茶艺教师尝试在校本课程中进行茶文化课题探究，成立了"悠然茶艺"社团，学校培养了一批批茶艺教师和小茶人，社团由一至五年级爱好茶艺的学生组成，广大师生受到了博大精深的茶文化的熏陶。

一、一个浓浓茶香的"悠然茶艺"社团

　　以茶艺为载体，在生命教育实践研究的带动下，提升学生对茶文化的认识和理解，培养学生的操作能力、创新能力、探索能力和合作精神，协助学生适时调整自我情绪，促进学生智慧、潜能的发展。传播茶艺文化，用丰富多样的民族传统文化内容来感染和影响学生，从而传承与发扬中华优秀传统文化，增强学生热爱祖国、热爱中华文明的坚强信念和历史责任感。

　　二十二年的付出、钻研和不懈努力，学校已形成一整套茶艺课程纲要，2022年还编辑出版了《茶趣》《茶探》《茶器》《茶礼》四本校本课程教材。"悠然茶艺"已成为学校最具特色的文化活动之一，形成了以"探茶艺、学做事、学做人"为引领的社团文化，茶室也已成为学生的温馨家园。

二、一次兴趣盎然的茶趣课程

　　茶趣课程是茶艺课程中的一门子课程，课程中设计了一系列学习探索和趣味体验

活动,向学生宣传、普及茶文化,提供给学生正确的茶叶知识,让学生感到茶中有乐,茶中有趣,茶中大有学问。茶叶既有天然保健的作用,又有医药功能,这是茶叶天生具有的特性。课上,孩子们在思考后认为饮茶的延续和传承与茶叶给人们带来的保健效果是密不可分的,并对此有极为浓厚的兴趣。一次课前,一位社团小伙伴无意间听到语文冯老师体检出高血压和高血脂,就向同学们提出能否利用所学的饮茶知识帮助教师缓解,伙伴们纷纷各抒己见,讨论的问题主要集中在以下几点:不同季节适宜饮什么茶?喝什么茶能帮助中老年人群缓解三高?哪些茶适合儿童保健?利用我们所学的茶艺可以调节情绪吗?

结合学校茶趣课程中"茶海拾贝""茶事漫谈""名茶品饮"等教学内容,教师与学生以项目化的学习方式探索饮茶的养生保健功效。从运用茶知识关爱教师、同学、家人出发,系统地从校本课程开发,在项目化拓展型茶艺课程中以驱动性问题出发,旨在鼓励学生通过自主合作去发现问题、解决问题,进而使学生的探究意识与自主协作能力得到充分发展。学生在实践中学习和运用茶文化的同时,培养其情感价值观,使其身心协调发展,以良好的情绪面对学习与生活。

(一) 驱动性问题

听闻教师有高血压、高血脂等中老年人群常有的病症,为帮助身边人,表达关爱之情,你能通过所学茶知识探索各类茶有怎样的养生保健功效吗?

(二) 流程设计

由驱动性问题出发,最终将学生提出的问题整合提炼,围绕驱动性问题,解构成以下子任务。(见图 5-3)

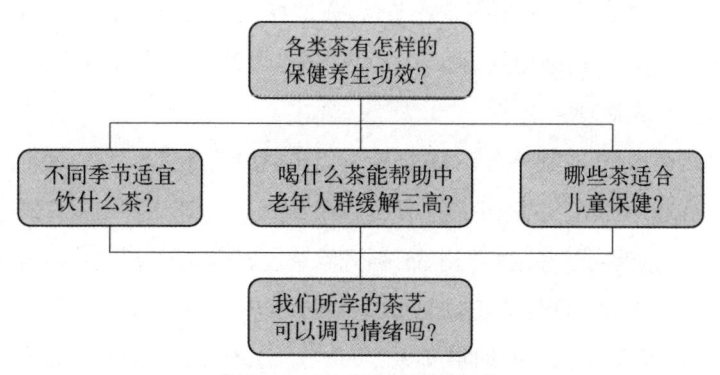

图 5-3 驱动性问题子任务

(三) 活动实施

子问题 1:不同季节适宜饮什么茶?

随着四季气候气温的变化，人们的体质也会随之发生细微的变化。"茶飘""茶香"两小组便分工探寻不同季节人们相对适宜饮什么茶。他们经过搜集资料完成了资料卡。但在"茶飘"小组查询春天适宜饮什么茶时，资料提到饮用花茶也是不二之选，可以根据个人喜好搭配。可万一有人随意搭配呢？这样，反而对身体不好。于是，他们进一步查阅资料，在询问家中有喝茶经验的人和老师后为大家做出搭配提示，例如茉莉花茶、金银花白茶等。

子问题2：喝什么茶能帮助中老年人群缓解三高？

依据先前的学习和搜集的资料，"茶情"小组告诉同学们目前茶只是一种饮品，没有茶可以明确降三高，茶不能作为药物使用，但可作为辅助，起到降压、降脂、调血糖的作用。如果患者有高血压合并高血脂、高血糖，可以饮用绿茶、红茶、黑茶，也可以将喝茶作为一种爱好，作为一种修身养性的习惯。

于是，"茶情"小组决定选取普洱茶（黑茶的一种）进行活动探究。首先搜集整合黑茶的功效，通过观察概括普洱茶的色、形、味，结合资料和茶艺老师的经验传授，确定了冲泡普洱茶的器具、水温和冲泡方法。同学们纷纷表示要冲泡给老师或是长辈品尝。

一位组员提出，学校的保安爷爷和保洁阿姨们可能也有"中老年三高"的困扰，平时为了保障校园的安全和环境的整洁辛勤工作，为了表达感谢，设计了一个"让我为您泡杯茶"的活动，小组成员奉上一盏香茗，无论是组员还是保安爷爷和保洁阿姨们，心里都是暖暖的，他们品茶时展现的笑容也为本次活动画上了一个圆满的句号。

子问题3：哪些茶适合儿童保健？

"茶韵"小组探索适合少年儿童的茶饮，先同样以查询资料的方式确定了三种茶叶：西湖龙井（绿茶）、白毫银针（白茶）、白毫茉莉（白茶＋茉莉），并填写资料卡，计划最终以小报的形式展现。

活动进行到这里，过程十分顺利，但组员们心里却觉得空落落的，我们应该怎么让更多的同学和老师知道不同茶的养生保健作用呢？于是，四个小组聚集起来讨论不仅可以办个展台，邀请同学和老师们来品茶，观看茶艺表演，还可以制作海报等。

经过几番讨论和不断地修正，最终大家共同参与，合理分工，在校园中开展模拟售茶活动，社员们以推销员的身份向"小顾客"介绍。原本负责中老年和儿童饮茶的两个小组分出推销员和茶艺表演人员，其他成员做好后勤保障和候补工作。经过前期的沟通，利用学校红领巾广播进行宣传，展示活动有序推进，社员们设计了两个主题，分别是"邀您品好茶，知保健""谢师恩，话养生"，吸引了许多同学与老师来到悠然茶艺室，让同学们了解茶的优雅静心、茶叶的甘醇滋味以及饮茶的保健养生。活动结束后社员们也对自己与伙伴作出了评价。

子问题4：利用我们所学的茶艺可以调节情绪吗？

情绪调节是人们日常生活中的一个重要特征，对儿童和青少年的社会行为、同伴关系、社会适应和心理健康具有重要的影响。对于小学生而言，通过教育活动与正确的引导，能帮助学生培养良好的情绪调控力。成员们采用互相采访的形式，交流自己学习茶艺后的感受、情绪控制力的变化并记录下来。

由于社团年龄跨度较大，平时会采用"大带小"的形式帮助新社员学习，有社员提出所带的小社员相较刚入社团时"坐得住"了，更加平心静气了。于是，运用了个案追踪的方式去采访了同学和老师，发现小社员的确上课更专心了，写字更耐心了，学习兴趣更浓厚了。

三、一份健康多元的能力提升

茶叶在沸水中浸泡洗礼，翻腾浮沉，而后归于平静，一如跌宕起伏的人生。人生如茶，需要精心以待，沉时坦然，学会蓄力；浮时淡然，学会沉淀；沉住气，才能成大器。

一是学有所思，传递关心关爱。本项目缘起于社员们听说老师的健康问题后提出利用所学的茶知识，帮助老师养生保健，发展至发现茶艺对我们身心健康带来的益处，从中体现的是知识的迁移，学生情感价值观的养成，进而培养传承传统文化意识，凸显学校特色茶艺课程，也是生命教育的响应。

二是源于生活，创设多元活动。将问题生活化，更容易让学生接受，有切身的感受，从而产生共鸣，贴合实际。不论是从关注老师身体健康问题出发，还是模拟茶叶售货员等，都是社员们自己为探索茶保健而设计的活动，项目化学习为他们搭建了深化课堂知识、发展自身水平的阶梯。

三是自主探究，提升人文素养。活动将课程实施与民族精神教育结合起来，以"学会感恩、学会生存、学会发展"为理念，针对茶文化的无我精神，弘扬中华民族传统文化。收集网络信息，实施课程整合，过程中学生把自己的体验和收获在交流中得以展现，使学生的动手、创造、审美和探究能力得到发展，帮助学生形成良好的情绪调控能力，培养正确的认知以及管理自我情绪。

教育如茶，回味甘醇。茶是一种教育，可以帮助人找到生命真正的意义；茶是一种氛围，可以在这里寻找到高能量的生命滋养。我们希望通过茶艺社团的课程活动，帮助更多学生学习、了解、喜爱茶文化，让更多学生成为"小小茶博士"，使我们的民族文化源远流长，不断发扬光大。

（撰稿者：闵书洋）

教育智慧 5-3 点燃课堂的三重火焰

点燃儿童对知识的渴望,点燃儿童的生命激情,点燃儿童挑战未来的勇气,这正是教师的重要使命担当。

——题记

爱尔兰诗人叶芝曾经说过:"教育不是注满一桶水,而是点燃一把火。教师不是柴火燃烧自己,而是火柴去点燃学生。"课堂上,"点"是让学生学习发生的催化剂和条件,"燃"才是目的,是学习的过程。只有点得科学,才能燃得更旺。小学自然课堂教学中融入科学阅读,不仅能激发学生学习科学的兴趣,拓宽学生的视野,而且能达到科学阅读与科学探究互补之目的,加深学生对科学本质的理解,唤起学生挑战未来的勇气,从而使学生的科学素养得到全面的提升。

一、助燃:激发阅读兴趣

在远东版小学自然教材三年级第二学期《地球的内部》一课中,从学生的关注点和兴趣点出发选择阅读资料,根据不同层次学生的学习需求,提供了视频和图文两种形式的阅读资料。视频资料能吸引学生的眼球,快速获取信息;文本资料则让学生更为细致地阅读、思考、归纳和运用,在培养学生阅读兴趣的同时,也形成了良好的科学素养。

(一)以目标问题为导向

通过探究盲盒的游戏,学生在观察和推测的过程中体会了间接认识事物的方式,如"摇一摇""听一听""掂一掂"等。此时,教师提出问题:有什么间接的方法能探索地球内部?为了找到这一问题的答案,学生阅读视频资料,认识了科学家探索地球内部构造的主要方法,促进了活动目标的达成。

在开展阅读活动前,教师给出适当的引导,能激发学生开展阅读活动的内在动力和兴趣。问题的提出应"瞻前顾后",既基于学生已有的知识基础和学习经验,又能够引向新的学习,从而促进学习目标的达成。

(二) 以阅读任务为驱动

本课以认识地球的内部结构的任务为驱动,促进学生自主探究,激发学生的学习积极性与自主性。首先,教师提供视频和图文阅读资料,学生借助任务单开展阅读,对信息进行收集、归纳和运用。学生阅读资料后,教师要求学生用扇形模型完成地球内部结构模型的制作,并做展示。然后,对地球内部各分层的名称、位置和厚度进行交流与互评,进一步加深对地球结构的认识。通过"阅读—记录—建模"的方式,使学生经历"输入—整理—输出",在这一过程中学生主动思考、运用、实践,通过任务的完成建构了概念。最终,他们完成了对地球内部结构图的绘制和对扇形地球内部结构模型的制作,获得科学知识,认识了地球内部的结构,信息归纳和阅读能力得到了提升,形成了良好的科学素养。

(三) 以活动评价为导航

在"小学自然学科学生阅读能力矩阵"的"提高阅读精读"要素中,可以看到随着学生能力的提升,要求学生在阅读资料获取基本信息的基础上,逐步做到精确"打靶",获取与问题解决相关的全部信息。

在《地球的内部》一课中,教师在布置"认识地球的内部"这一任务的同时,出示了较为详细的活动评价表。在活动评价表中,各个具体条目与任务的完成高度匹配。在任务的驱动下,学生根据评价表的引领,逐步达成了"认识地球内部结构"的学习目标。

二、自燃：促进自主阅读

有生命力的课堂绝不应该只是教师的自问自答,也不是让学生围绕预设问题生成既定答案。有生命力的课堂,学生获得的不仅是知识与技巧,还是追问、思辨的态度和品质。教师要引导学生学会自燃,鼓励学生发现自我价值、发掘自身潜力、确立自我发展目标。在"小学自然学科学生阅读能力矩阵"的"追求阅读实效"要素中,可以看到随着学生能力的提升,最终指向能从不同的角度理解阅读内容,把握逻辑结构,获得策略用于迁移解决其他问题并进行评价。

在课堂上,教师设计问题时应注意整体性、梯度性和延续性,引导学生关注学习内容,帮助学生搭建文本内容理解的平台。在阅读过程中,优质的问题可以激发和保持学生的学习兴趣,培养其逻辑思维能力。因此,在获取信息和解决单一问题的基础上,教师可以尝试对学生提出更高要求,鼓励他们通过阅读形成知识的迁移,解决一些综合性问题,并能进行评价。在阅读活动设计与实施的实践研究中,教师应立足学生的阅读经历与体验,关注指导策略的凝练与运用,最终指向学生自主学习能力和科学素养的提升。

三、共燃:提炼指导策略

为了让课堂真正成为教学相长的土壤,可以师生共读,通过主题阅读,掌握有效的阅读策略,传递学习的趣与美,从而激发师生共燃,实现师生共赢。

有效的阅读指导策略不仅可以提高师生阅读的效率,更可以控制和调节信息加工的过程。在教学中可以运用的阅读指导策略有很多,教师要根据所提供的材料的篇幅、容量、呈现方式以及学生的能力水平,选取合适的策略。如当阅读材料中信息容量较大时,教师可以给图片、视频配以文字注释或字幕,帮助学生提炼关键信息;当阅读材料中的文字较多时,可以对文章中的关键词句进行标记,或引导学生进行阅读记录;当阅读遇到困难时,也可以通过带领学生对材料进行多次阅读,帮助学生获取信息。

我们还可以利用各种策略精心引导学生进行科学阅读,可以调动学生求知欲望,培养科学态度,发展科学思维,全面有效地提升学生的科学素养。首先,结合师生日常工作学习生活、社会热点、兴趣爱好,提前确定阅读主题,师生领读人和阅读者根据主题选择自己喜欢的书进行分享。其次,每期预热阶段提前给出师生领读人计划分享的书单,引导学生课内外共读。最后,进行分享,在相互激励和感染的共读氛围中,师生实现共同成长。你读我也读,是一种氛围;师读生也读,是一种传承。师生在交流品鉴中收获情感共鸣与幸福增值,师生通过共读实现共燃、共成长。

在《地球的内部》这一课中,教师发布"认识地球内部结构"的任务,要求学生阅读地球内部结构的视频资料和图文资料,绘制地球的内部结构图。通过演示和活动记录单中的文字提示,教师与学生在阅读活动中提炼与结构图绘制相关的各个地层的厚度数据,并记录下来,从而一起完成地球内部结构图的绘制,帮助学生丰富和完善对地球的整体认识。活动结束后,从阅读习惯、阅读方法、阅读过程、分享输出等多方面,建立合理的评价机制,也可以创设多样的评价方式——如自我评价、阅读小组评价、生生评价、教师评价等,从而引导学生体会学习的乐趣,激发学生的学习自主力,让课堂成为师生共燃的场域。

总之，教师要以"润物细无声"的教育方式，带领学生穿越迷雾，与生命的真善美相遇，点燃学生对知识的渴望，点燃学生的生命激情，点燃学生挑战未来的勇气，这正是教师的重要使命和担当。

（撰稿者：万志豪）

教育智慧5-4 每个人都是宇宙的创造者

世界上最美好的东西,都是由劳动创造出来的。

——题记

育人要育智,以智慧提升促进生命生长,启迪儿童的德智、知智、体智、美智、劳智,化育出智慧。劳动教育曾是我国学校教育的传统,是培养"德智体美劳"全面发展人才的关键一环。《义务教育劳动课程标准(2022年版)》的发布,使劳动正式成为中小学的一门独立课程,学校积极探索将劳动元素融入拓展型课程中,培养学生从小热爱劳动的习惯和美德,让学生在拓展型课程中收获更丰富、更有意义的成长。

一、多姿多彩的灯彩课程

多年来学校以灯彩艺术为载体,把弘扬民族文化教育根植于民族传统艺术的土壤之中,《点点花灯别样红》灯彩课程让学生走进灯彩与传统节日文化。在灯彩课程里,我们以传统节日或庆典为主题和时间线,引导学生了解、欣赏精美的灯彩艺术作品,培养学生感受美的能力,陶冶美的情操,安排了不同节日灯的设计和制作,培养学生的劳动观念,提升劳动技能,激发劳动热情。

二、创意浓浓的传统习俗

灯彩校本课程中的《灯灯邀月月飘灯》是在学生已经认识中秋节来历和习俗的基础上,让学生通过制作中秋柚子玉兔灯,感受灯彩制作的乐趣和游灯的魅力,体会家人团聚共度中秋欢乐之情。

(一) 充分利用资源,打造文化氛围

中国传统节日历史悠久,具有深厚的内涵和丰富多样的习俗活动,是校本课程取之不尽、用之不竭的宝藏,利用多媒体网络资源、社区资源、社会资源等帮助学生走进

传统节日和灯彩文化。以《灯灯邀月月飘灯》为例,让孩子们学习《广东新语》里关于中秋柚灯的记载,并观看两广地区"中秋柚子灯节",欣赏中秋灯会中各式各样灯彩,了解中秋柚子灯种类、材质、造型、图案,并鼓励学生参加街镇举办的中秋游灯活动。

(二) 问题引领课堂,驱动自主探究

在制作花灯之前,让学生通过不同的学习活动了解制作的过程,以及过程中需要注意的地方。例如,在制作柚子玉兔灯前先让学生摸一摸、试一试老师准备的柚子灯,对比分析柚子灯的特点和优势,通过营造自由开放的氛围,让学生畅所欲言,有的说柚子有宜人的香味,有的说柚子灯不容易被烧坏,等等。最后学生带着问题观看视频,交流总结制作过程:挖空柚子—绘画图案—镂刻图案—放置蜡烛—固定造型—游灯赏月。

(三) 小组合作学习,互助创作实践

在课堂上,教师要保证学生有充分自主合作实践的时间,根据已得出的步骤鼓励学生小组合作进行制作。在这一环节,小组内部要分工明确,创意—设计—制作—分享,组内成员各取所长、分工合作、协同共进,每个学生的特长都得以发挥,合作意识和规则意识也在实践中得到进一步的巩固和提升。制作完成后,分别在班级中进行游灯展示介绍,并从作品完整性、美观度、创造性等方面对其他组的作品进行评价,最后评选出"最佳合作小组""最佳展示奖""最佳创意奖",提高学生集体荣誉感和合作共赢意识。

(四) 多元多维评价,促进儿童发展

课堂表现评价表能让学生明确本节课努力的方向,并根据自己的具体表现进行自我评价、自我管理。因此,在本节课中设计了多维度评价单,把学习兴趣、参与态度、制作水平、创新水平和评价水平作为评价观察点,并倡导自评、组评、师评多元评价,促进学生发展。课中交流互动,教师适时给予学生有针对性的口头评价,同时给学生树立学习榜样;作品展示环节小组之间进行互评,并投票产生"最佳合作小组""最佳展示奖""最佳创意奖"等,激发学生创作欲望和劳动热情。

三、收获满满的教学反思

(一) 话中秋,传承传统文化

中国灯彩艺术历史悠久、风格各异,深受老百姓的喜爱,用于各类传统节日和庆

典。学生了解灯彩与传统节日文化，不仅提升了学生的人文底蕴，而且对弘扬传统文化有重要的意义。近些年来，西方"洋节日"在中国越来越流行，尤其深受年轻人的青睐，中国传统节日却日渐黯淡，探索如何让传统节日焕发新的生命力，让学生主动去感受传统文化魅力十分有必要。在《点点花灯别样红》校本课程中，以传统节日为线串起七个模块：《生活中的灯》《正月十五闹花灯》《五月端午挂红灯》《七月十五莲花灯》《八月十五玉兔灯》《九九重阳孔明灯》和《我们的灯》，将灯彩与传统节日相结合，增加学生对于传统文化的兴趣和认同，让学生更深刻地体会到博大精深的民族文化。

在《灯灯邀月月飘灯》这一课中，以制作柚子玉兔灯为契机，从课前到课后贯穿学习中秋相关文化知识、观赏中秋习俗，组织进行中秋诗词吟诵、游灯赏月等传统中秋活动，让学生在潜移默化中传承传统技艺，感受中秋佳节文化魅力。

(二) 做花灯，锻炼劳动技能

灯彩课程，不仅有文化知识的熏陶，还有劳动素养的培育。三年级学生的思维水平和动手能力已经有了一定的基础，对新鲜事物的好奇心也很强，但反观现在课堂对学生动手能力的培养却越来越少，劳动技能得不到有效的提升。因此，通过柚子花灯这个新颖又容易理解的事物激发学生的制作欲望，让学生动起手来，用自己的创意和劳动制作出属于自己的作品，获得相应的技能，提高劳动素养。

灯彩课上经常会使用不同制作工具。首先，教师带领学生熟悉不同的制作工具，如刻刀、剪刀、线、灯泡、胶水等工具，制作前各小组摆放好工具，有序拿放，制作过程中注意工具的使用。其次，在制作过程中，学习制作花灯的技巧和方法，锻炼手的灵活度，感受集体劳动的快乐。最后，在交流总结阶段，引导学生坚持不懈地参与劳动，养成吃苦耐劳的品质。

(三) 重美育，提升审美能力

新课标要求把五育并举落实到课程设置中，重视学生的艺术感知及情感体验，使学生形成丰富、健康的审美情趣，提高艺术素养和创造能力。美育与文化不可分割，美育根植于中华优秀传统文化思想体系，中国传统文化也为美育提供了丰富而珍贵的课程资源和教学素材。

在灯彩校本课程中，课前鼓励学生收集不同的灯笼，欣赏节日游灯视频，感受传统花灯魅力。课中，学生展开想象力制作灯笼，各具特色，制作完成后学生在节日氛围里吟诵游灯，感受传统节日的魅力。在评价环节，学生观察各组的花灯，作出自己的评价，学会欣赏花灯的精美之处，评价各组花灯的特色。

总之，开发拓展型课程是实现五育融合的重要途径，在尊重学生自主选择与促进个性发展的基础上，结合我校灯彩校本课程，深入挖掘蕴藏其中的劳动教育元素和美育元素，将劳育融入美育以劳动实践揭示美的本质规律，在美育实践中彰显劳动内蕴的和谐与自由之美，最终实现学生德、智、体、美、劳全面发展。

（撰稿者：汪兆丰）

第六章

成全生命更好的模样

教育的本质是价值引导,教育评价的核心是价值判断。在我们看来,教育,不是改变,而是成全,教育评价的本质是成全。健全人格,启迪智慧,丰富情感,追求价值,提升生命品质,成全生命更好的模样,用自我获得感来界定学校教育的成效,便是评价的追求。

评价是深藏于复杂的教育活动之中的现象。在教育实践活动中，无论是主体，还是客体，一旦与教育评价发生关系，便会不自觉地受特定观念的影响，并以此为原则去处理各种复杂的教育问题。教育的本质是价值引导，教育评价的核心是价值判断。不同的立场会有不同的教育观，也会呈现不同的价值判断。在我们看来：教育，不是改变，而是成全，教育评价的本质是成全。健全人格，启迪智慧，丰富情感，追求价值，提升生命品质，用自我获得感来界定学校教育的成效，成全每个生命成为更好的模样，就是"个性舒展的评价"所期待的。

我校坚持形成性评价和终结性评价相结合，逐步建立主体多元、方式多样、素养导向的评价体系，重视学习过程中学生的情感、态度、价值观的变化和发展，探索有效的动态评价方式与策略，注重对学生学习、成长过程的记录，让学生能够个性舒展、自主地发展。

一、聚焦学习过程评价，增强生命体验

高品质的教育需要关注学生的世界，比如学生的认知、体验、兴趣、感受等。我校注重在培养学生学科核心素养的过程中探索生命教育的评价方式，关注学生学习、发展的过程，开展对生命教育效果的过程性评价和终结性评价研究，科学合理地运用评价指引学生实现核心素养的提升。

学习活动评价——"有氧摘星评价表"。"有氧摘星评价表"是学生在完成相关学习活动之后对自己与他人表现的一次评价，主要从学科目标、生命目标、兴趣指数三个维度进行评价。它是将学科知识与生活实际、生命成长相结合而设计的一种评价形式，有助于最大限度地激活生命教育的效果。如一位语文老师执教《我们家的男子汉》时，结合生活情境，从学科目标、生命目标、兴趣指数三方面设计了活动单。通过活动，学生不仅明白了帮助居民解决生活小问题是一种男子汉精神的体现，还产生了浓厚的学习兴趣，同时教师借助评价量表对学生行为起到潜移默化的教育作用，从而促进生命教育目标的实现。

信息技术特色评价——"班级优化大师"。"班级优化大师"是希沃（seewo）专为教师打造，针对学生课堂行为优化的游戏化课堂管理工具，结合我校"有氧教育"理念，从"课堂行规""学业水平""合作交流""文明礼仪"维度设计了遵守纪律、积极发言、语言规范、积极思考、讨论融洽、帮助他人六大评价指标，对学生进行全方位的评价，重在抓

住学生每节课的闪光点,帮助学生建立明确的行为目标导向,让学生的学习变得更有信心。

校本评价手册——"我的成长小脚印"。学校围绕"我的成长小脚印"设计制作校本评价手册,要求教师平时认真做好"单元评、阶段评、学期评",并把学生的奖状、优秀作业、单元试卷等放入他们的校本评价手册《我的成长小脚印》,记录学生在成长过程中的点滴收获。

校本特色评价章——有氧幸福章。学校设计了一套具有科学性、针对性、可操作性的教育质量评价体系——"有氧幸福章",形成了《有氧幸福争章手记》,以"智慧章""艺术章""勤勉章""美德章""健康章"争章活动的有效开展,全面记录学生的争章足迹,让争章从学校走进家庭,并延伸到社区,让争章无时不在、无处不在,实现评价内容、评价指标、评价时间、评价形式、评价管理校本化,构建具有学校特色的有氧幸福章综合素质评价方法,激发学生发展内驱力,促进生命成长。

二、多维度评价,助推生命健康成长

为促进学生综合素质的全面提升,需要从多个角度、用多把尺子评价学生,评价内容涉及兴趣、习惯、学业成果等方面;评价范围包括课上、课外、作业、活动;评价形式包含自评、互评、师评、家长评。另外,学校还设计了各学科教师日常学习评价表,三大评价内容主要以学科核心素养为主,使学生和家长能看到各种各样丰富的、立体的、综合的评价与分析,还能看到来自同学、老师、家长、学生本人的个性化分析与建议。

除此之外,学校开足开齐课程,让学生在不同的课程中受到熏陶;积极推进课后服务,根据学生的兴趣特点,坚持室内活动与室外体育锻炼相结合等,在不同领域发现学生的优点,增加多维度评价标准,发挥学生的特长和潜能,促进学生个性化健康成长。此外,学校还设计了"七彩卡",各学科老师随时都可以对各方面表现优异的学生颁发"七彩卡"。"七彩卡"可以颁发给认真思考的学生,可以颁发给遵守纪律的学生,也可以颁发给热爱劳动的学生等。任课老师只要发现学生身上的闪光点就可以给予其"七彩卡",表示对该生的赞美,使学生获得快乐体验,激励他们不断成长进步!

三、多样化评价方式，提升自我价值

教育评价的对象复杂，评价过程也复杂，如果只采用单一的评价方式难以全面、完整地评价学生。为此，各学科针对学生学习的全过程，研究详尽评价指标，根据学生发展的需要确定不同的评价方式，使教师的评价视角和意识贯穿在学生整个学习过程之中，促使他们对自己的学习过程积极投入，学会反思和总结自己的学习，学会对自己负责。

星级评价——主要通过学生得星数的多少划分等级为"优秀""良好""合格""须努力"。从学习态度、学习习惯和学业成果三大维度，制定具体评价内容，每一条评价内容有4颗星。

表现性评价——主要根据表现性任务设计的评价量表，设计了A、B、C、D四个评价等第，不仅关注学生的学业成果，也关注学生的学习兴趣和学习习惯、思维水平及解决问题能力等方面的表现。

激励性评价——在课堂教学中以种太阳的形式融入激励性的评价。比如，在自然课上，评价学生的操作习惯，观察实验前后材料的摆放情况："实验前不摆弄材料；实验后将实验材料按类别收拾好。"做到这两条得到两个太阳，做到其中一条得到一个太阳，督促学生自觉养成良好的操作习惯。

丰富多样的评价方式有效形成以评促学的良性循环，提升了课堂学习气氛。教师教中有评，学生学习犹如品茗，神清气爽。

四、终结性评价，丰富生命历程

在教学活动结束后，教师为检验学生学习的效果需要进行终结性评价。一个单元、一个模块或一个学期的教学结束后对最终结果所进行的评价，都可以说是终结性评价。

当前，一、二年级期末采用口头考查，中高年级采用书面考试（考查）的方式来检验学生的学业成果。一年级的终结性评价主要体现在有氧少年欢乐摘星活动，该活动以活泼有趣的学科活动项目为考查方法，全面考查一年级学生对各学科知识的掌握程度。一年级期末考查评价表既有分项评价，也有总的评价，一目了然，科学评价学生一个学期来各方面的能力水平,记录下生命成长的印记。

每个学科考查内容为四星级,如果各部分考查内容都优秀,总评为十九颗星以上的学生该门学科得到优秀等第,科学全面地评价学生一学期来各方面能力水平,记录下生命成长的印记。在各科考查后,学生凭自己评价表上的总等第获得"学习之星"称号,领取一份精美的奖品,获得成功的喜悦。其他年级期末考试(考查)后,学校评出"学习小标兵""进步小明星""慧雅小书童",给予学生丰收的果实,丰富学生的生命历程。

综上所述,个性舒展的评价改革不再用分数给学生贴标签,而是用科学化的评价方法,多元化评价策略,巧妙设计评价工具,让评价为学生生命成长护航,激发学生内驱力,让学生充分体验生命成长的快乐。

教育智慧 6-1 体悟生命的温度

站在山巅与日月星辰对话,潜游海底与江河湖海唔谈。师者,用其智与树木握手,同花草私语,方知生命可畏,成长可敬,教育可爱。

——题记

恰当科学的评价方式,可以帮助教师进一步优化课堂,提升课堂效率,真正把对学生核心素养的培养落在实处,从而增强学生对生命的感知力,提升学生的幸福感。正如《义务教育语文课程标准(2022年版)》中指出:"教师应树立'教—学—评'一体化的意识,科学选择评价方式,合理使用评价工具,妥善运用评价语言,注重鼓励学生,激发学习积极性。"课堂是学生获取知识、体验生命的重要场所,也是师生沟通的良好平台。课堂上,教师适时给予学生多元、动态的有氧评价,会让学生更加积极主动地投入学习,更加真切地体悟到生命的温度。

一、教学评价激发儿童学习动力

随着社会经济的飞速发展,教育改革的步伐越走越有力量,我国的教育理念也不断进化,从"双基教学"到"三维目标"再到当下的"核心素养",每个口号背后都有其深刻的时代烙印。教育部发布的《义务教育语文课程标准(2022年版)》指出:"课堂互动中教师要关注学生知识基础、认知过程、思维方式、态度情感等方面的表现,深入分析这些表现及其影响因素,及时给予有针对性的指导。"在当今核心素养理念的指导下,如何让学生在课堂中通过教师的评价更好地获得知识、习得能力、体验生命、幸福成长是教师目前也是之后一直需要考虑与研究的。

在课堂中,教师通过适宜的教学评价激发学生学习动力,引导学生不断深入思考,促进课堂有效生成;学生通过教学评价可以及时发现不足,自我矫正,进而提高学习效果,体验到习得本领的成就感和幸福感。因此,教师除了精心设计课堂教学内容之外,还应当重视课堂评价的巨大作用,通过多元化的课堂评价,让学生感受学习的乐趣与意义,体验生命的温暖与幸福。

二、有氧评价唤醒儿童的内驱力

生命教育作为一种富有时代特征的教育方式,其充满个性和创造性的体验过程是不可或缺的,在这个过程中,多元的有氧评价方式能帮助学生成长。有氧评价明确评价依据,勇于打破传统的、单一的评价方式,教师对学生的评价不再单单是几个问题或者一张试卷,而是以终为始,逆向设计学习过程。

(一)"考一考"评价方式,激发学习内驱力

传统的单元评价基本上是通过一次单元测试,依据得分情况进行评价,但这样单一的方式很难使儿童提起对学习的兴趣,也是比较片面的。因此,教师可以尝试逆向思维,换个方法让学生自己感知对所学内容的掌握程度。

比如在一个单元结束后,教师可以改变试卷测试的形式,试卷由学生本人出题考老师,或同学间互考,教师也可以针对学生的实际,随机考学生。方式的改变,让学生的积极性瞬间提高了。为了难住教师,他们会找资料、想难题。有些问题连老师也始料不及,出题的语言机智幽默,充满童趣。学生为了不被教师难倒,回答教师的问题也不像之前敷衍了事,连平时畏惧学习的学生,也用心出了题目来考教师,自己的知识掌握程度也比以前有了明显进步。

这样,逆向而行的评价,让教师关注学生的课后活动,师与生、生与生之间互动起来,以课内促课外、以课外促课内,取得了较好的教学效果,让学生感到教师是学伴、是朋友,学生在不知不觉中学习知识,激发了学习的内驱力。

(二)"问一问"评价方式,拓宽学习思路

在小学语文课堂教学中,教师可以根据学生在课堂中的回答给予进一步的"问一问",引导其对文本进行更深层次的探索,从而提高学生的文本解读能力,有效激发学生的好奇心和求知欲,发展学生的思维,培养想象力,开发创造潜能。

例如,在讲解《小英雄雨来(节选)》一课时,让学生探讨"为什么称雨来是小英雄"这个问题,学生在讨论后总结出雨来热爱祖国、不畏强暴、机智勇敢等特点。顺着思路,让学生细读文本,找到依据。学生从不同的片段中找到依据并做联合,将课文的主线梳理清楚,而教师在此过程中没有直接出示相关语句进行常规的分析,而是通过一句句精炼到位的评价启发学生。原来从雨来的行为动作、语言描写、心理活动等方方

面面都可以看出小小年纪的他勇敢机智、不畏强暴、热爱祖国的品质。最后总结出，这样的好品质让他值得被称为"小英雄"。

教师的这种"问一问"的评价方式看似没有直接点评，但是却干净利落，言简意赅，既避免了抽象冗长的分析，又一针见血地点明了学生回答中的重点，对后面学生的思考回答提供了很好的抓手，拓深学习思路，在不断思考中理解生命的意义和学习的意义。

三、多元评价提升儿童的生命温度

教育部发布的《义务教育语文课程标准（2022年版）》中指出："语文课程致力于全体学生核心素养的形成与发展"，"为学生形成正确的世界观、人生观、价值观，形成良好个性和健全人格打下基础。"面向生龙活虎、一天一个样的小学生，评价方式也要"动起来"，随着学生的成长而成长。有氧评价重视学习过程中情感、态度、价值观的变化和发展，以评价促进学生核心素养的养成，提升学生生命的温度。

（一）评价方向侧重个人发展

在语文这门主观性较强的课程教学过程中，教师需要学会尊重学生个体之间的差异，结合学生的认知规律，积极鼓励和引导，用发展的眼光对学生进行动态评价，确保将语文核心素养的培养融入各个教学环节，在进行教学评价时，教师不可以简单地局限于评价学生的学业情况，而是需要综合新课改的教学要求，将教学评价贯穿于全程。

有氧评价的标准是依据学生个体的特点而定的。例如，在一次朗诵指导的教学中，除了要对全班进行情绪状态、生成状态的评价，看其是否能够有感情朗读、是否在朗读过程中收获相应情感体验之外，还要对不同学生进行不同的重点评价：对于不够专注的同学，注意评价学生的朗读精神面貌以及参与状态，看他是否能及时跟得上朗读速度；对于不善于交际的同学，评价学生的交往状态，看他是否会主动向学习伙伴进行试读或者是否愿意主动做领读、范读；对于相对优秀的学生，关注评价学生的思维状态，看他是否能运用自己的语言见解用朗读表达出对文本的体悟。

（二）评价手段转向科学有序

为进一步优化学生的语言建构能力、改善学生的思维品质、优化学生的文化内涵、提高学生的审美能力，有氧评价运用动态评价系统，将重点放在学生个体之间的差异上，进而促进学生实现身心的双重发展。因此，在进行教学评价时，教师不应简单地局限于经验性评价，而需要上升至科学性评价。

例如，借助现代多媒体希沃白板、班级优化大师等，在讲授《富饶的西沙群岛》这一课时，我通过"小画家""小作家""小导游"三个活动让学生自己参与到其中，引导学生根据自己的特长、喜好等自主选择学习的方式，鼓励学生自主阅读，收集课后资料，画一画、写一写、讲一讲自己在课文中、在各种资料中认识到的西沙群岛。随后，教师将学生的一系列活动完成情况记录在多媒体上，科学有序地进行相关评价和指导，在评价中帮助学生提高课程学习效率。这种评价方式，评价内容较为多元化，既侧重于学生知识的理解性评价，又强调学生高阶思维发展的评价，更有助于学生核心素养的形成。

（三）评价标准调为赋能模式

《义务教育课程方案(2022年版)》提出：要改进教育评价，关注儿童真实发生的进步，积极探索增值评价。有氧评价具有一定的赋能价值，并不是简单地将学生的成绩作为唯一的评价指标，而是将学生的课堂学习进步水平作为评价标准。这需要教师在进行教育教学时，改变原有的评价模式，将单向的教师评扩展到多向的师生互评、生生互评、家校共评。

例如，在讲解《别董大》一诗时，我先在课堂上提问："大家先对本诗进行阅读，思考这首诗讲了哪些内容？"然后，根据学生的回答进行评价：有的是对本诗的内容进行了整体性概括，有的直接说出了自己对诗人情感的理解。但无论回答的是哪一方面的，我都会适时引导，做出评价，并能综合学生的回答，进行梯度式评价，通过一步步的评价及引导，让他们在原有理解的基础上，产生对这篇古诗的全新感悟。在之后"你又从中体会到了什么样的情感？"这一问题的对话中，我鼓励学生之间互相评价，在生生互评中促进深入思考，提升思维力度。课后，我布置了"和家人分享这首诗，并交流有没有类似的经历"这项作业，让阅历还没有那么丰富的学生可以在家人的亲身经历中感受古诗，也让家长参与到对孩子学习效果的评价中。通过这种赋能性教学评价，可以为学生的学习过程提供一定的进阶式引导，让他们从日常的课文学习、古诗背诵，上升到交友观、人生观，感悟其中的离别意义，真正实现了以人为本，同时也更加契合学生的身心发展特征，符合新课改教学要求中的核心素养培养要求。

如山的孩子，我们拉他欣赏日月星辰；如海的孩子，我们带其领略海底深奥；如树的孩子,我们踮脚与其对话;如草的孩子,我们蹲下听其歌唱。在有氧评价的激励下,孩子们感知生命的多姿多彩,让生命健康快乐地成长。

(撰稿者:朱亚杰)

教育智慧6-2　擦亮每一颗星星

> 总得有人去擦亮星星,虽然他们看起来有些昏暗,不够明亮,但我们永远会准备好抹布和打蜡罐去擦亮每一颗星星。
>
> ——题记

生命是一次独一无二的旅行。在旅行中,我们不断实现自我、超越自我,走向自由。对于特殊儿童来说,由于自身的缺陷,他们在学业上取得较好的成绩是比较困难的。传统的教育评价方式忽视了儿童的发展性,忽略了特殊儿童作为一个完整的生命体在成长过程中各个方面的进步。因此,多元化的教育评价就显得尤为重要。在日常教学活动中,我不断优化评价方式,用多维度的教育评价来帮助特殊儿童更好地成长,让每一个孩子都绽放属于自己的光芒。

一、关注评价的过程性,制定个别化教育计划

生命化教育评价,更多地关注评价的过程性,即形成性评价。在教育的过程中,关注特殊学生点滴的进步,并通过分析指导、制定计划来促进特殊学生的全面发展。为了更好地对特殊学生每一阶段的过程进行评价,在每个学期初,会对特殊学生做一次五大能力板块的全面的评估,即感知能力、运动能力、社会适应能力、认知能力和语言与沟通能力。

根据评估分析学生的优势与不足之处,制定本学期的个别化教育计划的长期目标。在长期目标下,通过划分时间段,为特殊学生设定符合其发展规律的短期目标,通过访谈、观察和口头测试等多种评价方式,对学生在这一段时间内能力的发展进行评价,最后通过每一个短期目标的评价结果得知儿童这一学期长期目标的达成。

如特殊学生小饶,经过评估得知学生在社会适应能力领域一般,不了解自己的兴趣爱好,不知道自己爸爸妈妈的名字、电话号码、职业。社区适应模块总体发展不均衡,对于社区人员的认识、人际沟通交往、事务的处理能力还不具备。根据评估结果,

为其制定了社会适应能力和语言与沟通能力的长、短期目标。考虑到能力的发展不是一蹴而就的,采用了多种形式的评价,如:通过访谈,与小饶进行沟通;通过观察,了解他和同学、老师和家人的相处方式;通过口头测试来了解目标达成程度,更多地关注小饶本身能力的进步,以及在达成目标的过程中其付出的努力,并对小饶发展能力的过程进行积极综合的评价,鼓励他变得更自信。一个学期下来,小饶的能力也有了一定的进步,建立了一定的自信。

关注评价的过程性,通过个别化教育的制定,让教师能够通过每一个短期目标,不仅关注特殊学生能力发展的结果,而且更多地关注特殊学生能力发展的过程,更好地激发特殊学生的内在动力,从而达成预设的长期目标。在此过程中的形成性评价,也能帮助特殊学生更好的全面和谐自由发展,弥补自身的缺陷,帮助他们自由地成长,更好地体验自己的生命。

二、关注评价标准的差异性,开展普特融合

每一个学生都是独一无二的生命体,单一的评价标准很难适用于每一个学生。生命化教育评价,关注到了每一个被评价个体的差异性,评价标准也根据不同的个体进行调整。生命教育中十分关注学生社会适应能力的发展,对于特殊学生来说,培养他们的社会适应能力,能帮助他们更好地融入学校,为以后融入社会生活打下基础。因此,在学校生活中,教师应基于评价标准的差异性来开展普特融合,让特殊学生也积极参与到集体的学习活动中,通过生命化教育评价,发挥他们的学习自主性,在伙伴的帮助和老师的关注下,让特殊学生一起分享成功的快乐,体验学习自信心,养成良好的社会适应能力。

以特殊学生小许为例,在开展普特融合时,我通过以下两点来实施教育评价。

(一)分析学情,确定评价标准

通过仔细分析小许的实际学习情况和能力,根据教材内容,为其制定符合其学习水平的学期教学目标以及评价标准。同时,将具体的知识技能目标及评价标准细化到每一单元的每一课时中。小许平时生活中喜欢阅读,对英语学习也有兴趣,能听懂简单的问答句,上课也能积极举手发言、朗读,但他纪律意识较弱,在思维方面明显弱于同龄孩子。针对这些特点,我适当调整对小许的评价标准,要求他能够在课堂上做到以下三点:能积极朗读并识记基本的核心词句;课堂上能遵守纪律,认真思考;能在课

上积极举手发言。

（二）差异化教学，及时评价

在普特融合的课堂上，有了具体的教学目标及评价标准，才能更好地对每一个孩子和特殊学生小许进行教学和评价。课堂上遇到合适的问题时，我会请小许来回答，并给予充分肯定、表扬，以培养其自信心。小许对同桌练习对话也很感兴趣，我会给他充分表达的机会，为他安排一位学习能力较强的助学伙伴，帮助他一起成长。一段时间后，小许参与课堂的积极度更高了，由于认真听课回答问题，课堂纪律问题也改善了许多。

差异化的评价标准，让特殊学生在普特融合的课堂中也能发光发亮，培养一定的学习自主性，激发他们学习的动力，培养良好的社会适应能力。

三、关注评价主体的多元化，开展个别化辅导训练

生命化教育评价提倡评价主体的多元化，让评价主体不再局限于学校，而是包括教师、同学、家长以及学生本人。特殊学生作为评价的主体，能够通过自我评价提高他们的自我意识、反思能力，从而提高他们的学习积极性与主动性，更重要的是能够帮助他们树立自信心，从而更有效地促进全面的发展；家长评价则反映了家庭对孩子的期待，对特殊学生来说，家长的陪伴和辅导尤为重要；而同学之间的互评能够帮助特殊学生培养良好的社会适应能力，学会与人相处。

以个别化辅导训练绘本课《我妈妈》一课为例，在上课之前给孩子下发评价表，明确以下评价标准：① 学科目标：仔细观察图片，理解画面所表达的内容；结合生活经验大胆讲述自己对画面内容的理解，感悟真挚深切的亲子深情，夸夸自己的妈妈；理解生活中妈妈对自己的爱，萌发爱妈妈的情感；观察、理解画面所表达的意思，初步积累阅读经验。② 生命目标：能够自信大方地向妈妈表达自己的爱。③ 兴趣指数：从本节课中对故事和课后活动的兴趣指数这三个维度进行评价。

通过自评，孩子能够了解到本节课所要学习的内容，评价自己在课堂中是否能积极参与，对本节课的兴趣程度如何；通过这节课的学习是否能仿用例句来表达自己对妈妈的爱；通过生生互评，观察其他同学课上的表现，向表现好的孩子学习，不断进步；通过家长评价，将课上学生的学习延续到课后，也让家长能够了解孩子在学校所学习的内容，能够看到他的成长。多元化的评价方式，记录特殊学生的点滴成长，让生命教

育从学校延伸到家庭,形成家校合力,更好地激发学生的学习动力,更加全面地促进学生的成长。

多元化的评价,关注儿童个体生命,呵护生命的全面发展,更好地促进特殊儿童全面和谐自由地发展,让每一个特殊儿童都能自由、快乐和自信地成长。也许,再怎么努力他们都是一盏昏暗的灯、一颗不明亮的星星,但我们永远会准备好打蜡罐,去擦亮每一颗星星。

(撰稿者:蒋冯昕)

教育智慧6-3 愿成长一路生花

愿孩子们的成长,一路生花,见过日落星沉,品得花晨月夕,愿孩子们有摧骨折腰后依旧无所畏惧的勇气。

——题记

教育家叶圣陶先生认为:学生通过预习,自己事先阅读了课文,教师教授时,就会或产生快感,或引发思索,有很高的价值。小学低年段预习作业以口头作业为主,如果只依靠家长对预习作业进行评价可能会出现评价标准不一、评价结果不同的现象,教师就不能针对学生的预习作业表现及时做出教学调整和改进。如果让学生将预习作业逐一完成,然后学生、教师、同学、家长对预习作业进行评价,教师就能了解到学生回家口头作业的完成情况,并对预习作业进行反馈,促进学习能力的提升。

下面以统编版小学语文教材二年级第一学期第三单元中《曹冲称象》一课的预习作业分析评价为例作说明。

一、呈现一次预习作业

预习作业目标:

1. 熟读课文,读准带拼音的生字,读通长句子。

2. 读课文后,找到曹冲称象过程中的动作。

作业要求:

1. 课文至少读4遍,读准带拼音的生字并圈画难读的字词。

2. 难读的句子和长句子多读几遍,画出不认识的或不理解的字词,借助工具书查一查。

3. 读课文后,圈出曹冲称象过程中的动作。

二、实践一次作业评价

我在实施的过程中发现：每天检查全班孩子的预习作业会增加自己的工作量，并且很难做到每天对每个孩子的预习作业进行评价与反馈。家长在得不到孩子预习作业的评价反馈后，就会不太关注孩子预习作业完成情况，孩子们也会失去完成预习作业的兴趣。

因此，我每天选定8名左右学生展示预习作业，老师和同学及时对这8名学生的预习作业进行评价反馈，并在发现学生朗读或表达存在严重问题时进行个别指导。其余同学的预习作业我也会进行批改，了解学生对课堂重难点知识的学习情况。在课堂上，我还会根据教学内容随机检查学生预习情况。这样就能在一周内让班级里的每个学生都能至少展示一次自己的预习作业，而他们在展示预习作业时一定会做好充分的准备，每个孩子都会认真完成预习作业。每周如此循环，班级里的学生每周都会收到大家对自己预习作业的评价，老师也可以根据学生的预习作业评价进行及时调整和改进教学。一学期下来，学生在朗读课文、口语表达、思维品质及预习作业习惯的养成方面就能取得更大的进步。

作业评价——评价观察点如表6-1所示。

表6-1 预习作业分析评价观察量表

评价内容	观察点		学习表现（星级）	评价者
预习作业	作业兴趣	完成作业的积极程度	☆☆☆☆	学生本人
	作业习惯	按时完成作业情况	☆☆☆☆	家长
		完成作业的专注度	☆☆☆☆	
	作业成果	朗读课文的情况	☆☆☆☆	教师
		提取信息的情况	☆☆☆☆	
家长的话：				

结合表6-1，根据学生的实际对《曹冲称象》一课预习作业评价等第作的描述，如表6-2所示。

表 6-2 预习作业星级评价的具体标准示例

观察点		评价等第				评价主体	评价方式
		4星	3星	2星	1星		
兴趣	作业兴趣	主动完成预习作业。	经家长提醒,完成预习作业。	经家长多次提醒,勉强完成预习作业。	经家长多次提醒、询问仍不肯完成预习作业。	学生本人	观察
习惯	作业习惯	按时完成,专心致志。	按时完成,偶尔分心。	需家长多次提醒督促,才能完成作业。	经家长多次提醒、督促,仍不能完成作业。	家长	
作业成果	朗读课文	能正确、流利地朗读课文,不加字、不漏字、不读错字。	能较流利地朗读课文,有少量加字、漏字或读错字的情况。	朗读课文不够流利,加字、漏字或读错字现象较多,朗读拖腔拖调或语速太快。	朗读课文很不流利,加字、漏字或读错字情况严重,并且朗读拖腔拖调现象严重,不认识的字很多。	教师	检查分析
	提取信息	能找到曹冲称象过程中的所有动作,并圈出来。	能找到曹冲称象过程中的大部分动作,并圈出来。	在大人的帮助下,找到曹冲称象过程中的所有动作,并圈出来。	在大人的帮助下,仍不能找出曹冲称象过程中的所有动作。		

上述两张表格在实施评价过程中和预习作业一起下发,并告知家长根据表6-2的评价标准进行学习表现的评价,最终只回收表6-1。以上两张评价表的设计既体现了学生作业兴趣和作业习惯的观察,主要以学生自评和家长评价(等第与评语相结合)的方式实施,目的是为了激发学生学习兴趣,激励学生按时、认真地完成作业,养成良好的预习习惯;了解预习作业的情况,老师通过检查预习作业进行分析和评价。在完成表6-1的过程中,教师根据学生的实际朗读水平和口语表达能力的差异,可以适当地调整教学、改进教学,并对个别学生进行有针对性的辅导。

三、收获一份教学体会

在任教的班级里使用过表6-1、表6-2后,我发现该表对提高学生的学习积极性、激发学生学习语文的兴趣和促进学生的表达能力很有效果。

(一) 作业展示,多元评价,激发兴趣

学生的生理和心理特点,决定了他们希望得到同伴的认可、老师的表扬的特点。教师借助学生这一特点,进行多元评价,激发他们预习的积极性,以达到巩固预习的效果。据家长们反映,孩子在完成预习作业的时候都十分积极,尤其是在展示预习作业前都会积极做好充分准备,会期待每周一次的预习作业展示。长期坚持下去,孩子们会乐于完成预习作业,并且希望自己的每一次预习作业展示能得到同学和老师的认可,这样就达成了语文预习的目的。

表6-1的评价方式采用的是星级和评语相结合,评价者既有家长、学生,又有老师,观察点包括了作业兴趣、作业习惯和作业成果。表6-2则详细地介绍了星级评价标准,这样多元的评价,能够让家长、学生更全面地了解评价标准,有助于家长辅导孩子完成预习作业,也能让学生学会如何去表达,如何得到更好的评价,在一定程度上也激发了学生学习积极性和学习兴趣。

(二) 随机检查,星级评价,激发斗志

教师反馈是评价中很重要的一环,没有了老师的及时反馈,学生的学习水平就得不到提高。教师对学生的预习情况及时评价,是养成良好预习习惯的有力保障。但评价学生的预习情况,不是为了一个简单的等第,而是为了激发学生预习语文的热情。教师采用了星级评价,进一步巩固预习成果,即根据课前检查和课堂随机检查预习情况,对各项预习任务进行星级评价,每月汇总一次,并给得星多的孩子颁发小礼物,不断引发学生的期待,激发学生的斗志,巩固了预习效果,促进了学生自学能力的提升。

当然,我在设计和评价预习作业过程中也遇到了一些问题,例如:有些学生的家长不识字、工作下班时间太晚……针对这些情况,我采取的措施是:让这些学生利用课后辅导时间完成预习作业,并进行个别指导,回家后再让孩子自己巩固练习,通过打电话与家长直接对话,对学生预习作业的完成情况进行评价,第二天上课前重点检查指导效果,完成评价表6-1。面对困惑,教师积极主动探索保障学生预习效果的方法,注重细节,精益求精,通过严格、反复的训练,不断强化,才能让学生真正养成良好的语文学习习惯。正如教育家叶圣陶先生说的:"语文方面有许多项目要经过不断练习,锲而不舍,养成习惯,才能变成自己的东西。"当然,每个班级各有特点,教师可以根据自己班级里学生的基本情况对以上两张评价表进行调整,具体情况具体分析,思考如何"班本化"实施,让预习作业评价助力语文教学。

总之，通过星级评价，愿孩子们的成长，一路生花，见过日落星沉，品得花晨月夕，愿孩子们有摧骨折腰后依旧无所畏惧的勇气，不断进步，步步成长。

（撰稿者：王秋燕）

教育智慧6-4 向人类传送生命的气息

　　生命赋能教育,教育启迪生命,好的教育让孩子充满生命的律动,譬如课前的"好奇宝宝"、课堂的"问题宝宝"、课后的"神奇宝宝"。

——题记

　　生命教育,旨在培养儿童对生命的尊重、关爱和珍视。在小学阶段,学生正处于对世界充满好奇和探索的阶段,他们对生命的认知和理解正在逐渐形成。因此,通过生命教育,教师可以引导学生树立正确的生命观念,培养他们积极向上的生命态度,为他们的未来发展奠定坚实的基础。

　　数学学科作为基础性课程蕴涵着丰富的生命教育内容,通过数学的学习引导和建立学生的生命观和价值观。那如何引导和建立呢?我认为可以通过评价培养学生的自尊心和自信心,提升学生的合作精神和团队意识来引导和建立。

一、课前任务单评价:增强学生自信心

　　巧妙利用课前预习单,让学生在上课前结合之前学习的知识和本课时将要学习的主题和学习要求——"通过观察比较正方体的展开图、欣赏不同的展开图,寻找共同处等几项任务",引导学生感受自身的发展变化,促进学生自我价值实现最大化,提升学生课堂的自信心。整个预习单分成两部分。

　　第一部分:正方体的展开图是什么样的呢?只能这样剪吗?学生通过剪一剪,观察比较不同的展开图;然后,欣赏不同的展开图及共同之处。这样,能让学生的学与教师的教"接轨",让学生事先有"料",让他们"有备而来"。通过前置性学习,学生走在教的前面,就显得至关重要。操作是智力的源泉、思维的起点,实践操作让学生的手、眼、脑联动起来,在内心层面筑造了稳固的空间表征,为空间想象折叠做好铺垫,减少了思维障碍和空间想象折叠的错误,提升了学生在课堂上的自尊和自信心。

第二部分：在正方体的展开图上，选择合适的方法，将每个面的上文字补充完整，并介绍方法。以上任务设计主要是结合练习运用不同的策略解决相关问题，借助实物操作或空间想象进一步加深对正方体展开图的认识，同时进一步加强同学之间的沟通和交流，促进彼此之间的团队意识。

根据以上任务进行教学评价，任务活动中发现大部分学生能根据正方体展开图的特征正确地进行填写，部分有困难的学生会根据任务单提示选择不同的策略，有的学生甚至会将图形重新描摹并剪裁，再经过对比填写。在学生分别学习了正方体和长方体的展开图之后，再组织学生开展一系列的巩固练习，通过动眼观察、动手操作、动脑思考，引导学生深入思考、内化模型、熟化转换，提升空间想象能力。由浅入深、动静结合的练习，激活了学生的思维，在观察、比较、分析中将"相对面的位置关系模型"进一步熟练化。通过课前预习单，学生提升自身实力的同时也极大增加了自己的知识量和自信心，能够通过图形的不同展开方式认识到生活中多姿多彩的一面，认识到生活的趣味性和生命的多样性，逐步建立自己的生命观和价值观。

二、课中任务单评价：教学与生活结合，让课堂活泼起来

除了课前预习单，教师还可以通过课中学习任务单设计富有体验性的数学教学活动，让学生亲身体验数学的乐趣和其在生活中的运用。同时，还可以创设情境，让情境与学生的生活相关联，让学生在实践中应用数学，进一步激发他们的学习兴趣和主动性。

例如，从研究平面图形到研究立体图形，是学生空间观念发展的一次飞跃。在学习本课之前学生已经初步学习了体积和体积单位，了解了什么是物体的体积，知道了计量物体体积的大小单位有立方厘米、立方分米和立方米，并学会了通过数小正方体的方法说出物体的体积。本节课着重研究长方体和正方体的体积，学习长方体、正方体的体积计算公式，会用公式解决实际问题。我设计了如下课中学习任务单：说一说——什么是物体的体积？想一想——下列物体的体积是多少？说说你是怎么思考的。猜想——黑板上的这个长方体的体积是多少？验证——用学具实际操作一下，写出算式。思考——长方体的体积计算公式是什么。这些任务设计的目的是引导学生回忆前面学习的关于体积的概念，让学生多说一说、想一想加强概念

意识。

目前，课堂教学传统模式仍然离不开传统的教学手段，多媒体教学方法只能是辅助的方式，不能完全取代传统的教学模式。多媒体教学与传统教学相结合，使课堂教学丰富多彩，有利于学生的全面发展。绝大多数课堂的缺点之一是教师对课堂过度控制，教师虽然是教学的领导者，有权控制课堂并领导教学过程，但教师的过度控制将阻碍学生的自主发展。尊重学生的自主性和主动性是新课改的一个重要特征，学生提出的问题、观点、想法和合理要求得到了足够的重视、认可和赏识。正如教育家叶圣陶说:"教是为了不教"，教师不能将所有的知识教给学生，在知识日新月异的今天，如何培养学生获得独立知识的能力，成为课堂的主人是必不可少的。课堂教学应由传统的教师包办改为转向学生，这不仅仅是形式的变化，更是新课改观念下的变化，使学生真正成为学习和发展的主体，成为实实在在的主角。在教学中引发矛盾冲突、激发学生求知欲望，进而循序渐进、由浅到深地解决难题，让学生感受到数学学习的必要性，体会到学习数学的成就感。

课堂上，通过学习任务单为学生搭建自主学习的支架，让学生自主学习、自主探究，发挥学生学习的主动性，同时也要做到大胆放手，让学生直接与学习方法及步骤对话，给出具体的、可操作性的学习方法与学习步骤的指导，让他们在学习和探究的过程中逐步理解正方体的展开图。同时，教师能根据学生的学习情况及时地做出针对性指导，更好地体现"以学定教"的教学理念。学生的身心发展、智力水平、学习基础、学习能力都存在一定的差异，在上课时一定要从学生的角度出发，及时给予学生反馈，这样有利于学生及时了解自己的学习情况，并根据实际情况对学习活动作出有效调节进行补救，学生在探究讨论反馈的过程中慢慢地实现自我价值。

三、课后任务单评价：自我反思，更上一层楼

课后学习单上有自评表和教师评价表，在活动过程中，学生就学习兴趣、表达习惯和倾听习惯进行组内互评，并给出综合性评价结果，让每一个学生认识到自己在探究活动中的具体表现情况。教师也将根据学生的表现在探究过程中实时对学生进行分项评价，并在活动后根据任务单的完成情况写出针对性评语，让他们不仅清楚自己的表现，更了解自己的不足和改进方法。

表6-3 学习任务单学生自评表

学生姓名 （　　）	评价标准			学生表现 （等第）
	A	B	C	
学习兴趣	积极主动地了解任务要求，并尝试用学过的方法解决问题。	被动地等待任务布置，能够尝试用学过的方法解决问题。	游离于任务活动以外。	
学习习惯 表达	能够表达自己想法，声音响亮，仪态大方。	能够表达自己想法，声音较轻。	无法表达自己想法。	
学习习惯 倾听	注意力集中，能对同伴的发言作出判断和补充。	注意力较集中，能理解同伴的发言。	注意力不集中，不理解同伴的发言。	

表6-4 学习任务单教师评价表

学生姓名 （　　）	评价标准			学生表现 （等第）
	A	B	C	
学习兴趣	积极主动地了解任务要求，并尝试用学过的方法解决问题。	被动地等待任务布置，能够尝试用学过的方法解决问题。	游离于任务活动以外。	
学业成果	能合理完成探究任务，并取得结果。	能够基本完成探究任务。	无法完成探究任务。	
教师评语				

融评价于教学过程真正发挥评价对学生学习和教师教学的激励、诊断和改进作用，激发学生的学习兴趣、调动学生的积极思维、提供学生的学习支架。课后任务评价要体现以下三个方面：学习者在学习活动之前能够自行确定学习目标，制定学习计划，做好学习准备；学习活动过程中能够对学习开展自我监控和调节；学习活动后对学习结果进行自我总结和反思。换言之，教师应在学科教学中强调"评价伴随"，在课堂教学的过程中具体为教师既能对学生的学习情况进行及时反馈，同时又能基于教学基

本要求，从单元视角出发，以多维度、多元化的评价方式推进教学成效。教师要进行即时评价，提供语言支架，引导学生语言表达要规范完整，示范讲解要有理有据。课后学习评价小组及时跟进，设计有针对性的练习和表现性任务，科学合理评价学生的学习效果，有利于学生体会课堂幸福。

生命赋能教育，教育启迪生命。好的教育让孩子充满生命的律动，譬如课前的"好奇宝宝"、课堂的"问题宝宝"、课后的"神奇宝宝"。在教学中，教师要结合数学课的特点，选择适当的机会，积极评价，于无形中进行生命教育的渗透，帮助学生提升幸福力，养成良好的学习习惯，为学生的成长和发展提供更好的支持和指导，让课堂"活"起来、"动"起来。

（撰稿者：张小娟）

附录：上海市嘉定区外冈小学"有氧教育"系列研究课题

1. 构建小学生"生命成长教育工程"的实践研究

（2006年9月—2010年5月）

一、研究概述

（一）研究缘起

当代中国的社会转型，越来越需要富有生命活力的健康个体，"如何关注每一个学生，把学校教育价值观聚焦到为每一个学生的终身学习与发展，实现幸福人生奠定基础上"这个问题一直是外冈小学（简称"外小"）的领导和教师们关注的焦点。

2005年上半年，上海市颁布了《上海市中小学生生命教育指导纲要（试行）》，但很多学校在实施的过程中，仅将其作为德育手段，分割了学校教育过程。生命教育的内容、层次、形式等方面还缺乏整体规划和系统构架；现有课程教材中的生命教育内容比较单一，对学生身心发展的针对性、指导性尚不明确；对学生生存能力的培养，缺乏有效的指导；部分教师受传统观念影响，对校内外丰富的生命教育资源缺乏系统有机的整合。

我们认为：教育因为人的生命而存在，生命成长的需要才是教育的基本内容。"二期课改"把"一切为了学生发展"作为其核心理念，提出要"培养学生的实践能力和创新精神"，就是在根本上把学校教育从关注社会，作为服务社会的工具，转移到关注人，作为人的发展的自觉需要；从关注知识、能力、情感单一的发展，转移到关注人的身心完整的发展，不断地实现着向生命的回归。

因此，结合已有特色和实际问题，我校决定以研究促成长，通过开展外冈小学"生命成长教育"的实践性研究，激发师生生命成长的活力，为学校未来的发展找准方向。

(二) 研究基础

"以人为本"呼唤人性的回归，关注人文精神的培养，注重人格的完善、发展，教育学生热爱生命，发挥学生的潜能优势，提高学生生命质量，促进学生的生命成长，已成为当今社会的主题，亦为本课题研究的立足点。作为一种学校教育活动的构成，教育教学的最终价值的承载体是学生的健康发展。本课题的研究，试图以人的生命需求为立足点，关注每一个学生，把学校教育价值观聚焦到为每一个学生的终身学习与发展，实现幸福人生奠定基础上。同时，通过本课题的实践性研究过程，整合学校教育资源，形成合力，激活校园的文化使命，激活教师的职业创造，激活学生的智慧活动，为二期课改的进一步深化和拓展形成理论和实践意义上的支撑，最终实现"生命成长教育"体系的完善和全面实施。

(三) 研究目标

通过本研究，我校试图将"为五彩生命奠基"的学校办学理念清晰化；以人的生命需求为立足点，把"知识的获取、能力的提升、智慧的养成、人格的完善"作为学校教育工作的主导语境，进一步挖掘、整合学校教育资源；从教育教学的各个层面调整办学思路，构建具有"生命成长"特色的"小学生生命成长教育体系"，形成孩子喜欢的、经营人性化的校园文化，形成每一个孩子自在成长所需的多元的课程、多样的活动，形成能促进每一个孩子学习的、体现教育学思想的培养目标，最终形成学生、教师、学校良性发展的格局。

(四) 研究方法

本课题分成四个子课题进行研究，综合运用调查法、案例研究、行动研究以及部分叙事研究，通过问卷调查、心理测试、行为分析等途径，深入了解现代小学生的生存心理和成长需求。

(五) 研究过程

本研究分为以下四个研究阶段：

第一阶段：培训准备阶段。邀请市、区有关部门专家对全校教职工进行"生命成长教育"方面相关理论知识和实践方法的培训，组织学习相关教育理论、深入领会二期课改的理念，提高全校教职工对实施本课题研究在理论和实践意义上的认识。

第二阶段：制定本课题实施方案，建立各子课题研究小组，明确各子课题研究的视角和途径、课题组成员的分工，收集有关资料，制定课题实践研究细则和基本流程。

第三阶段：依照总课题实施方案和各子课题研究实施细则及基本流程开展本课题的实践性研究。

第四阶段：成果总结阶段。根据各子课题研究在实施过程中积累的资料，形成各子课题的研究报告；在整合各子课题研究内容的基础上形成总课题研究报告、撰写专著、出版教师论文集。

二、研究起点

（一）学校办学理念

学校办学理念是学校办学的核心价值取向，亦是学校办学特色的集中体现，其对于学校发展具有非常深远的影响。然而，我校办学理念由于最初是应上级的行政要求而产生，因此，一方面，办学理念本身存在一些问题，如缺乏对学校实际情况的正视和思考，对未来学校发展方向的指导性有限；另一方面，因学校已有特色未得到恰当凸显，师生对自身发展的清晰性意识不足，其生命成长的积极性、主动性受到影响。这些问题导致学校领导、师生对办学理念理解不清晰、认同度不高局面的出现，从而极大地限制了学校及师生的发展。

（二）师生校园生活质量

教师和学生在校园中的生活质量是学校生命力的集中体现，然研究之始，一方面，由于外部客观环境不佳，如发展空间有限、发展载体不足、缺乏发展所需的必要支持保障等，我校师生群体的发展氛围不够浓厚；另一方面，由于自身缺乏自我发展的新目标，价值感、自我认同感偏低，我校师生个体多安于现状，生命成长的自强性发展愿望有限。

（三）学校管理品质

学校管理本应成为学校发展的助推器，然而，由于管理体制不够灵活，导致师生的努力难以获得应有的回报；学校人员配备方式不够合理，导致个人特长难以得到充分发挥；学校监督流于形式，导师生因所提建议和意见最后对于学校工作的改观程度有限而不愿为学校的改进工作贡献智慧等。种种迹象表明，研究伊始，学校管理品质亟需提高，以真正为学校的发展及师生的成长提供保障。

三、研究深化

(一) 理论奠基,更新生命成长理念

我校在研究的过程中,不仅着力更新生命成长理念,为研究奠定坚实的理论基础,而且结合我校特色及师生特点,逐步明晰师生的发展方向。

1. 生命成长理念更新

对生命成长的理解,主要从个体生命的特征、生命成长的动力之源、生命成长的主要途径三方面进行。

第一,生命个体之间存在差异,具有差异性。

世界上没有两片完全相同的叶子,也不存在两个完全相同的人,生命个体之间的差异不可避免。对于学校师生而言,差异具体可能表现在气质品性、兴趣爱好等方面。毫无疑问,因为差异的存在,个体生命特征的彰显在某一具体领域中呈现出差别,整个生命群体表现出强弱之分、好坏之别;然而,也正是由于差异的存在,每个个体才拥有了自己的独特,而整个生命群体才能呈现出多元和丰富。而学校教育的目标之一即在于促进每个个体生命的成长。因此,学校需要正视生命之间的差别,为多样的生命提供最适合的教育,以尊重和保护生命之间的这种差异性。

第二,个体生命是一个完整体,具有丰富性。

麻雀虽小,五脏俱全,对于人而言,也是一样的道理。但是,人之生命的完整,不单指身体结构,更主要是在情感、精神、心理等方面的丰富。需要指出的是,完整强调面的广阔,丰富侧重内涵的多元。可见,生命的完整性、丰富性表达了个体生命自成一体的特征。在学校生活中,师生个体生命的这种特征对学校管理、学校教育提出了新的诉求。

第三,生命成长具有内在自主性。

自主性是生命得以成长的动力,而动力之源来自于生命内部。我们常常因为过于重视外部环境的激励而忽视存在于生命自身的这种内动力,造成生命成长对外界督促的严重依赖;而自主性的长期压抑,又使得生命自身对来自于外部的、即使是善意的督促或激励,产生束缚、约束感。因此,学校必须牢固树立生命成长具有内在自主性的观念,将教育或管理的重心放在对这种内动力的引导和激发上,以保障生命持续、长久的成长。

第四,生命在实践活动中实现成长。

实践之于生命成长的价值和意义历来被人们肯定和提倡。就学校教育而言,不仅需要为师生成长提供数量丰富的实践机会,更需要关注所提供的实践活动的质量,关注其之于成长需要的针对性,从而保证其实效性;不仅让师生获得真实的生命体验,而且需要让师生获得有生命感的成长。

第五,生命有自我价值实现的需要。

马斯洛的需要层次理论提出了自我实现的需要,还需明确的是,这种需要并不像他所认为的那样,具有清晰的层次性或先后顺序,它与其他需要一样,其满足情况直接对生命的生存质量产生影响。在学校生活中,一方面,要关注教师、学生各自角色所决定的价值实现的需要,即教师通过教学和学生借助学习获得的满足,另外,还需要从生命的角度,结合生命丰富性、完整性特征,提供多种平台,关注师生丰富的自我生命价值的实现。

2. 师生发展方向明晰

根据生命成长理念,我们逐步形成了以关键字形式表达的师生发展方向。

关键字之"和":主要是指外小师生、生生间人际关系之"和睦",外小人为人处事态度之"谦和",以及外小人与学校共荣辱的氛围之"和谐";

关键字之"明":主要是指外小师生对自我发展阶段、自我发展需要及自我发展目标之自我"明晰";

关键字之"朴":主要是指外小人行事之"质朴",内心对真、善、美向往之"纯朴";

关键字之"韧":主要是指外小人不懈追求自我更新、自我发展境界之"坚韧"。

(二) 五彩管理,为生命成长保驾护航

管理对于学校发展有非常重要的意义。我校实施的五彩管理,不仅关注如何保障学校的正常运转,还极力从生命的角度,通过尊重生命独特、唤醒生命主体意识和拓展生命价值的实现载体,促进生命成长。

1. 营造和谐氛围,尊重生命独特

为保证生命独特性的彰显,在营造校园和谐氛围方面,我校主要进行了以下两方面的探索:

一是以分层培训促进每位教师的专业发展。根据我校实际情况,学校确立了三个层面的培训体制。首先,学校层面的培训。学校层面的培训是比较宏观的、具有前瞻性的、跨学科的培训。如学校已连续利用两个暑假组织全体教师进行多媒体课件制作

的培训,通过培训提高教师基本素质,为课程整合做充分准备。其次,备课组活动,它是培训的最基本的组织。校本培训的最大特点就是通过培训来解决教学中的问题,而备课组培训是同学科、同年级的交流活动,在活动中,教师们进行针对性的交流,有效地提高了教师教学能力,也容易找到优化课堂教学的有效途径。再次,以教研组为单位进行培训,教师既是培训的主体,又是培训内容的倡导者和提供者。每次教研活动,都要求定时间、定主持人、定内容,如英语教研组开展了"如何运用多媒体技术辅助教学"的自培活动,就是教师在课堂教学中根据整合需要而有针对性地展开的校本培训活动。

二是以公开竞聘确保人尽其才。学校坚持实行中层干部竞聘上岗制、月工作总结制、学期工作考核制、年工作述职制。及时调整充实中层干部队伍,实行空缺岗位公开竞聘、中层岗位挂职锻炼,选拔优秀的青年教师进入中层管理岗位。

2. 实施民主管理,唤醒主体意识

在引导和激发生命内在自主性方面,我校充分发挥教师代表大会(简称"教代会")的作用,以"金点子"、座谈会等方式,了解教师对于学校管理情况的心声,并大力落实合理建议,探索出了一条通过民主管理,唤醒生命主体意识的实践道路。

第一,注重教代会在源头上的参与。学校准备新出台的方案、意见或规章制度在制定好而尚未提交教代会表决时,会事先召开教代会代表座谈会,认真征求代表的意见,反复修改后再提交教代会表决,从而保证教代会代表从源头上的参与。

第二,以召开代表座谈会的形式发挥教代会在日常管理中的作用。除了在学校重要条例出台前召开教代会代表座谈会外,我校还针对学校热点问题召开专题座谈会。如2007年1月召开代表座谈会进行"在以教学为首,关怀教师,增强凝聚力,丰富教职工的业余生活方面我们可做些什么"的主题讨论;而在2009年一年时间内,我校组织召开了多达6次的教代会代表座谈会,座谈内容涉及学校的制度建设、教学改革、福利分配等方方面面,代表们本着学校主人翁态度,为学校发展提出了许多合理化的建议。

第三,以"金点子"形式鼓励全体教职工积极参与学校民主管理。"金点子"活动从2003年开始实施,每年开展一次,主要就学校发展中的困境和问题面向全体教职工征集意见,对于合理化的金点子,不仅大力落实,而且还对提出者给予奖励。金点子活动开展至今,收到了许多教职工对学校管理工作提出的非常有益的意见,现已成为我校一件经常性、制度性的工作。

值得一提的是,"金点子"活动的开展还起到了沟通干群关系,凝聚人心的作用。

学校领导通过"金点子"了解了教职工的需求和思想动态,知道了学校管理工作的哪些方面还有提升的空间。教职工通过活动体会到自己参与学校管理的乐趣,自身价值得到体现,由衷体会到做学校主人翁的自豪。"学校是我家,搞好靠大家"的理念以及"校兴我荣,校衰我耻"的良好氛围均通过这项活动日益在广大教职工的心中产生、扎根。

3. 创建多样社团,拓展生命价值实现载体

针对教师价值感、自我认同感不高的问题,除了开展教师培训、实施课堂教学改革等措施之外,学校还通过组建多样教工社团,拓展生命价值实现的载体,激发教师活力。

据我校实际情况,结合教职工的特长和意愿,2008年2月,在原有的灯彩社团、茶艺社团的基础上,学校确定成立民间小吃社团和乒羽社团,并选出了各社团负责人。同月,学校相继召开社团动员大会和社团负责人会议,向各社团提出了具体要求,如,希望各社团规范社团建设,制定社团章程、计划活动内容、聘请指导老师,活动形式按各自特点自由安排,目的是丰富业余生活,培养兴趣爱好,扩大求知领域,让教工们在活动中感受到了乐趣和放松,并要求每个社团一年内向全体教职工进行一次成果展示,学校将给予一定的经费支持等。

创建社团,规范社团建设,制定社团章程,健全管理小组,落实计划内容,保证安全活动,搭建展示舞台,学校这一系列创建和建设社团的工作,使得社团得以不断成长与发展,教师生命价值的实现又多了一个有力载体。

(三)五彩课堂,渗透生命成长意识

课堂是学校教育的主阵地。在教学中渗透生命成长意识,营造五彩课堂,是我校在研究过程中探究出来的又一实施途径。

1. 教育理念更新:关注差异,促进共同发展

我校对生命个体差异性的尊重和保护首先体现在课堂教学中教育理念之差异性理念的确立。以我校钱兰兰老师领衔的上海市级青年课题"小学数学分层练习的学习设计研究"为例,其在关注学生差异、促进共同发展方面所作的尝试充分说明了我校教师教育理念的更新情况。

该课题分层设计主要从"分层分析,系统设计""分层学习设计,促进学习方式转变""分层学习设计,促进教学方式改善"三方面进行。不同的学生在不同知识的学习上有不同的学习策略,教师也会采取不同的教学策略。

第一,对学生学习情况和教材内容进行分层分析,从而分层设计学生的练习内容。

学生学情分析的内容包括学生的学习情感、学习目标达成情况、学习负担等内容,并在此基础上对学生进行A、B、C等的隐形分层;教材分析则主要是对知识进行的分类,按照新旧知识的关系程度分为全新知识和迁移性知识;在练习设计上,分为"基本内容""拓展内容""专题研究与实践内容",在扩充基础知识、提高学生基本能力基础上,满足学生多样的学习需求。

第二,在学生学习方式设计方面,通过分层合作式学习设计,将差异视为资源,努力促使各层次学生取长补短,实现"兵教兵""兵强兵"的生生互助;通过分层"自助餐式"学习设计,让学生自己选择要学习的知识,让学生用自己喜欢的方法计算,让学生自己提供练习素材,让学生自己选择作业的难度等,体现学生独立自主的学习能力;通过教师分层学习指导,对A类学生采取"放"的策略,对B类学生采取"扶"的策略,对C类学生采取"辅"的策略,体现教师对学生差异的特别关注。

第三,在教师的教学方式设计方面,注重学习设计,思考学生要学什么、达到什么要求、学生如何来获得等问题,做到以学为教、为学服务,从而改善备课方式;注重学生的交流展示,按照先进行小组内讨论、再进行个人展示的流程,活跃学生思维、张扬学生个性,从而改善教学方式;注重多元、全方位评价,从评价主体多元化(教师评价、学生自评、生生互评、家长评价等)、评价内容多元化(除了学习结果,还需评价学生的知识掌握情况、能力发展情况、学习过程情况)、评价手段多样化(评价方法多样、评价形式多样)三方面改善评价方式。目前,关注和尊重学生个体差异、努力让每一个学生都得到成长的理念已经在外小每一位教师脑海中扎下了根。

2. 学习内容拓展:多彩内容,提供丰富体验

关注学生生活世界,拓展学习内容,不仅反映了新课程改革关注情感态度和价值观的三维目标的精神,也体现着生命成长教育关于提供生命体验的思想。我校主要通过打破书本世界和生活世界之间的界限,重组学习内容以及发掘校园特色,进行校本课程开发两方面关注学生三维目标的实现,为学生生命成长提供丰富体验。

第一,打通书本世界和生活世界之间的界限,重组学习内容。我校徐凤娟老师负责的"'生活、求真、育人'理念下的小学作文教学探索"课题,通过"四个关注",为拓展学生学习内容指明了方向。

第二,关注本地特色。我校属于农村小学,有着自己独特的文化、风俗、社会背景。因而,我校提出:根据家乡的独特之处来进行学生的作文指导。这样的主题,贴近学生的生活,让他们能时常亲身体验,有所感悟,写起作文来有事可写,有感而发。例如

作文课《挖荠菜》就是根据学生的实际生活提出的。另外，结合"认识家乡，热爱家乡"这一主题活动，我们提出了"我的家乡"这一作文主题，让孩子们在探究家乡之后，写下想法、感悟等等。

第三，关注本校特色。茶艺、花灯等是我校的传统特色项目，一向深受孩子们的喜欢。于是，我们提出，可以综合多门学科共同发展，提升学生的写作水平。在拓展课《让我为你泡杯茶》活动之后，我们立即引导学生将在刚才的活动中的印象深刻的事情及感悟写下来。二年级的孩子进行的是"蔬果狂想曲"活动，利用蔬菜、水果、豆类等食物进行想象创作，每当学生们完成了一项作品后，我们让他们把制作过程及感受记录下来，大家相互交流，这样，既增强了他们的成功体验，很大程度上也培养了他们的写作能力。

第四，关注民族精神、传统文化。结合《上海市学生民族精神教育指导纲要》中的民族精神教育，我们提出了"将作文融入民族"的作文主题。在2007年的清明节，我校结合"清明时节寻根去"主题活动，让学生探究节令食品，用文字介绍自己喜欢的节令食品，并亲自做一做青团，指导他们将此过程及收获写下来。又比如在重阳节，让孩子们帮爷爷奶奶们做一件事，谈一次话，送一份礼物等，写下感受。中国的文化博大精深，历史悠久，要让学生主动去探究，在细细品味的过程中，增加他们的民族自豪感，并乐于表达他们的所做、所识、所思、所感。

第五，关注当前的亲子关系。随着社会的发展，工作、生活节奏的加快，家长的压力越来越大，他们在忙于工作的同时，往往忽略了子女的感情需求。孩子们往往和祖辈生活在一起或者就自己和自己玩，缺少与父母的沟通。针对这一情况，我们也提出了很多作文主题，如让学生观察记录家长的一天，体会家长的辛苦，理解父母的做法，增加孩子对父母的体贴关爱之情；布置家长和孩子互动的学习任务或游戏，让他们共同完成，然后指导学生写下来，让学生感受和父母在一起的欢乐，增强亲子关系。以上虽然主要是从我校作文教学中探索出来的方法，但是对其他学科教学内容的拓展均有启发作用，并且相关思想也已经得到运用。如在我校钱兰兰老师领衔的"小学数学分层练习的学习设计研究"课题研究中，引导学生关注生活中的数学，通过撰写数学小作文，融合生活、数学、作文三方面的内容，给学生以综合的体验就是对拓展学生学习内容的又一探索。

第六，发掘校园特色，进行校本课程开发。我校的校本课程开发以新编和重组为基本方式，在课程计划给学校留出的空间内对校本课程进行自主开发。以丰富生命体验,促进生命成长为主要目标,在课程设置以及课程内容的选择和设计上,力求体现课程的多样性、趣味性和适应性。目前,我校根据本校师生和教育资源的实际,结合外冈地区的社会资源,统筹开发了具有学校特色的两类校本课程:

第一类——灯彩艺术校本课程。灯彩在中华民族民间文化中源远流长。从2006年起,外冈小学将灯彩艺术确定为学校民族文化特色项目,基点在于探究彩灯的种类、发展史、作用等,学会制作彩灯的过程,习得民间技艺;提升点在于感悟灯价值和精神。学校结合区级重点课题"小学生生命成长教育的探索性研究",通过灯彩艺术教育的策略研究,探索传统技艺教育的多项育人功能,拓展和丰富学校素质教育内涵。2008年初,学校的骨干教师在"江南灯王"第三代传人——何伟福老师的指导下,凭借集体的智慧和力量,编写了校本探究性、拓展性教材《点点花灯别样红》,形成了一整套《灯彩》课程纲要,学校的灯彩艺术教育进入系列化、规范化轨道。

第二类——茶艺校本课程。我国是茶的故乡,也是茶文化的发源地,茶在我国古代便已广为流传,并为人们所喜爱。"以茶待客,以茶代酒"也成为中国人民的习俗。茶为中华民族添光彩,茶是加强中外友谊的桥梁,茶象征着中华民族的魂。饮茶思源,我们不仅为中华民族博大精深的茶文化而骄傲,同时也倍感传承和弘扬茶文化责任的重担。茶艺拓展课程是学校艺术教育方面的一个特色项目,培养学生学习茶的兴趣,促进学生创造性和主动性能力的提高,激发和升华爱国主义精神。目前,围绕对茶艺研究的不断深入,我校已形成一整套《小龙人茶艺》课程纲要。

3. 学习方法改变:自主探究,激发生命内动力

从被动接受式学习转为主动探索式学习,不仅是在改变学生的学习方法,更重要的是,通过这一转变,激发学生生命的内在自主性。我校一直致力于对学生学习方法的改变,如我校徐凤娟老师在"'生活、求真、育人'理念下的小学作文教学探索"课题研究中,将探究性、主体性、体验性作为作文教学策略的实施原则提了出来。

(1) 探究性原则

作文源自生活,作文教学注重探究性原则引导学生带着问题去研究,在解决问题的过程中学会分析、合作、表达。例如,我们在三年级中开展了"让我为您泡杯茶"主题活动,之后三年级小朋友的习作情况均得到了很大的改善,不仅内容丰富,而且富有真情实感。因为在活动中,他们对茶的种类、功效、料的配置、冲泡方法、茶的色泽等均作了探究,对身边喝茶人的工作、喜好、身体状况进行了调查,所以,真情实感泻于笔端。反之,让五年级学生进行同内容的习作,虽是同一位教师进行辅导,其效果远逊色于三

年级学生。可见,探究与否,其结果有明显差异。

(2) 主体性原则

秉承"学生才是作文的主体"的理念,教师在设计教学活动时,首先考虑的即是如何让学生活动得有趣尽兴。其次则尽可能把活动、体验、感悟的主权交给学生,以使学生在富有习作情趣和冲动的前提下被教师艺术性地带进习作的大门。例如习作《吹泡泡》,就鼓励学生想办法以不同的形式来活动。可以用买来的泡泡机,也可以自制泡泡机并让他们对比不同液体的效果……玩彻底后,他们会乐滋滋地告诉老师——室内的泡泡没有阳光底下的泡泡漂亮;电动泡泡机和用嘴吹的泡泡机相比,前者的泡泡又多又大;不同的液体吹出来的泡泡不一样,洗洁精调配出的液体吹出的泡泡最大,肥皂调配出的液体吹出来的泡泡最小,但是它们都比不上买的泡泡机里的液体吹出的泡泡大,在这样的情趣和冲动的驱使下自然会有强烈的表达欲望。

(3) 体验性原则

陶行知先生说:"学生的意义——学习生活,学习人生之道。"例如,学校开展的"两纲教育""礼仪教育""民族精神教育"等活动都是作文教学的好素材。师生可以在德育教育的主线下确立各类活动的目标,设计一个个活动的方案,有序、有效地落实课题研究,让孩子先参与活动,后着手写作。我们认为,丰富多彩的德育内容提高了学生对生活的认识能力,懂得弘扬真善美,为作文教学奠定了认识上的基础。而生活有情趣习作就有真情,丰富了学生的生活内容,也就丰富了学生写作题材。例如,第五册《护蛋》的习作训练,这是感恩教育的极好习作训练。教师可以安排 24 小时的护蛋计划,让孩子们直接感受带"宝宝"的滋味。设计如下,护蛋的准备(保护措施、化装、起名、填写护蛋记录卡等)——陪"蛋宝宝"睡觉——带着"宝宝"上课——带着"宝宝"活动——表述护蛋的过程、付出的艰辛、护蛋的情趣、成败感想等。需要指出的是,以上原则不仅在作文教学中得以充分体现,在我校其他课堂上,包括活动中都得到了充分运用。

4. 师生关系重建:真实互动,共同体味成长

作为上海市农村中小学教育信息化实验项目学校,我校教师尝试在课堂教学中运用交互式电子白板,及时捕捉和反馈学生学习中出现的问题,对其进行有针对性的指导,实现了教师的教与学生的学之间真实而有效的互动。师生之间呈现出民主、平等、合作的关系,实现了在平等基础上进行的对话与交流,从而共同品味着学习的乐趣和成长的快乐。

(四) 五彩德育,培育学生生命成长的新土壤

生命需要在实践活动中实现成长。在这一理念指引下,我校德育工作通过开展主题活动、创建温馨教室和培养小干部,着力为学生生命成长培育新土壤。

1. 校园活动

校园活动方面,我校主要从班级和校级两个层面展开。

班级层面:主要是主题班队活动。依据主题内容来源的不同,我们主要开展了三类主题班队活动。一是利用我校花灯和茶艺特色开展的主题班队活动。如我校四年级孙老师开展的名为"创办特色书架"的主题班队会,通过制作花灯,让学生学会互帮互助;通过互赠花灯,让学生学会与人分享。二是以进行行规教育为主要目的而开展的主题班队活动。如2009年我校以"抓活动,促养成;抓典型,树榜样;抓重点,求突破;抓检查、求深化"为行规教育切入口,以"灯娃承诺大行动"为校级主题,以"诚信促我养成好习惯""诚信让领巾更鲜艳""诚信让生命更精彩""诚信我能行""诚信让民族精神绽放异彩"五大内容为年级主题,各班结合本班学生实际情况,开展了一系列主题班队活动。三是结合社会时事热点而开展的主题班队活动。如2009年我校结合新中国成立60周年国庆开展了四大主题活动:迎世博,我们在行动;弘扬和培育民族精神活动;做一个有道德的人活动;遵纪守法、热爱科学活动,这些主题均深化和融入到了班级班队活动中。

校级层面:除了一般的大型活动外,特别值得一提的是我校的活力午会活动。该活动主要由中高年级学生以班级为单位参与,每周一个班级,每周周五,班级学生可以自行决定午会的内容,而主持人等也均从承担班级的学生中自主产生。这项活动对于激发学生的自主意识、提高其自主策划能力产生重要作用,成为促进学生成长的一个重要平台。

以上班级和校级层面的活动在策划、组织、开展等流程中均注意到结合学生兴趣、充分调动学生参与的积极性,以激发其生命活力,从而使活动成为促进生命持续、长久发展的一方沃土。

2. 温馨教室

创建温馨教室虽然是上级要求的工作,但我校通过精心设计和扎实推进,使其成为了实现师生生命成长的重要载体。

第一,通过方案制定调动师生参与积极性。学期初,我校从"温馨教室"建设的四大内容入手,组织各班学生利用午会课、主题班会课开展温馨教室调查问卷及"我心目

中的温馨教室"大讨论。学校德育室根据学生的调查、讨论结果制定并公布《外冈小学"温馨教室"创建方案》《外冈小学"温馨教室"创建指标》。班主任通过班队课引导学生集体策划,结合学校创建方案,寻找符合班级实际情况的突破口,进而设计一班一品的"温馨教室"创建方案。在此过程中,我们非常重视对学生积极性的激发和保护,对于班主任和学生一起策划的创建方案,给予尊重和支持。

第二,构建体现生命色彩的教室环境。每学期我校都要开展"我的教室我做主"教室环境设计比赛活动。各班除了布置绿化角、生物角、爱心角等常规角落外,还要确立一个主题文化,以此为中心铺设展开,这个主题可以是这一阶段学校工作重点,如"和谐灯彩,点亮外小";也可以是近阶段班风努力的方向,如"我们共同的家"——培养集体观念,增强班级凝聚力;"诚信,让我们更美丽"——培养学生诚实守信的品德;也可以结合重要的节庆纪念日,营造不同的班级主题文化,如"清明时节寻根去"等。此外,班主任情语、家长寄语、温馨用语等语言文化的布置,也让教室成为了老师和学生、家长和学生、学生和学生之间交流心灵的阵地。

第三,构建良好的心理环境。我校认真抓好教师心理健康知识的培训和普及,全面提升教师的育心能力,规定周一午会课为心理健康教育课,班主任对学生进行团体心理辅导,优化学生的心理品质。学校的阳光广播站也设立了"心灵相约"专栏,有些班级还建立了"心理信箱""心灵港"等平台,加强了师生、生生之间的心灵对话。

第四,开通渠道,构建和谐的人际环境。我校把每月第一周的班会课定为"童言无忌"课,让学生把近阶段在学习上、生活上,对同学、老师或家长的一些困惑或看法提出来,在满足学生情感发泄需求的同时,又在一定程度上增进同学之间、师生之间的友谊。有些班级还通过发放"我们的悄悄话"本,传递心语。

第五,爱心倾注,构建温馨的课堂环境。在推进温馨教室的课堂环境建设中,学校组织学生开展了"我们的温馨老师""我们的温馨课堂""我们的温馨作业"等评比活动,这些活动的开展,不但拉近了师生的距离,让师生之间相互了解、相互理解,也让老师们学会了爱和示爱,营造了温馨的课堂教学环境。

3. 小干部培养

我校主要通过岗位建设,推动小干部培养工作的进行。我校每周都由一个班级担任"快乐小当家",全面负责全校学生的行规情况,班级里的每个"小当家"都有一个岗位,都拥有管理的权利,他们记录下每天的检查情况,并由当家班长在周五统计汇总,学校德育室再根据他们一周的检查汇总评定这一周的文明班,发放本周的卫生流动红旗、纪律流动红旗。与此同时,各班也根据本班实际情况,增设了"小白鸽卫生服务岗""小领巾文明模范岗""小卫士纪律监督岗""小主人学习自查岗"等岗位,督促使中队每个学生养成良好的行规习惯。另外,有些队员还自行组建了"节水节电小队""多来米"小队等许多有特色的小队,监督队员养成好习惯……这些岗位的设置,体现了对队员自主精神和主人翁精神培养的重视,学生在从事岗位工作过程中,其内在自主性也得到极大激发。

(五) 五彩文化,成为师生生命成长的点化之笔

生命有自我价值实现的需要,而独特校园文化之作用在于,点化成长,促成实现。对我校师生而言,学校特有的花灯和茶艺,已成为其回归生命自我,体验生命乐趣,实现生命价值的又一途径。

1. 于环境布置中唤醒生命意识

在结合花灯和茶艺布置校园环境的过程中,师生生命意识得以唤醒。我校对茶艺的研究探索已有七八年时间,学校历任领导都非常重视对师生茶艺馆——"小龙人茶艺馆"的投资建设工作。如今的茶室已是第三次搬新家了,去年暑假重新装潢布置,添置茶具设备。除内部陈设外,还注重对外部周边环境进行布置,在走廊内,制作了许多有关茶文化、茶知识的板面。如今,茶艺馆已拥有几位有一定水平的茶艺教师,越来越多的教师喜欢饮茶、评茶,来茶艺馆喝茶已成为学校师生发自内心高兴的一件事,茶艺馆也成为师生温馨的家园之一。

对花灯的布置则主要通过校园"大环境"和班级"小环境"的营建进行。校园"大环境"的建设方面,结合花灯特色,我校开辟了一条阳光长廊,并创建了文明楼梯。在阳光长廊的每面墙壁上,留下了孩子们别出心裁的手工杰作;在文明楼梯上,悬挂了师生共同设计制作的近60块板面及作品:丰富多彩的花灯艺术和朗朗上口的行规童谣相得益彰,学生的美术作品和名人名言相映成趣。班级"小环境"的建设方面,大队部开展了以"和谐灯彩,照亮外小"为主题的温馨教室创建活动,装扮美化各具特色的学习环境,彰显传统艺术独特的魅力。班班设计制作各具特色、富有内涵的班灯,彰显班级精神,同学们自主策划、自主参与布置自己的教室。

另外,网站建设也成为师生共享花灯、茶艺之乐的重要载体。我校利用市教育信息化实验校的有利资源,在局信息中心的协助下,在校园网上建立了茶文化和灯彩文化两个特色网站,把课程内容、活动花絮、师生感悟、师生作品等挂在网上,它为师生在线交流、自主学习、实现资源共建共享发挥了积极的作用。

我校同时重视办公室环境的布置。现在每个办公室，都精心布置了一块文明向上、温馨真挚的格言室牌，贴在组室门口。例如第一办公室的"与孩子同成长"，英语组的"艺无涯，乐无边"，第六办公室的"博、搏、薄"等。

这些环境布置不仅体现了我校温馨的氛围，更重要的是，师生通过布置环境，对自我生命价值、人生意义、生存方式和生命质量等均有了新的认识和理解，其生命意识正日益苏醒。

2. 于实践活动中激发生命热情

花灯方面，依托我校灯彩社团，师生以社团成员的身份，积极投身于对花灯的学习和创作之中。

2006年初，我们首先从赏灯、知灯入手，到昆山市千灯镇实地考察，了解各种灯的起源与历史；其次学做花灯，同父母、教师学做花灯，独立制作花灯。通过学做一些简单的如用纸、木架子做的花灯，来激发学生的兴趣，走近灯彩艺术。

2008年9月，我们有幸聘请到了有"江南灯王"之称的第三代传人——何伟福老师作为民族文化教育的指导教师。每逢双周二下午，何老师来校对灯彩社团的学生进行手把手的授艺。学生基本掌握"搓、扎、剪、贴、裱、糊、描、画"的八字要诀，不少学生为自己能争得一枚"小灯王"章而感到自豪。学校又利用业余时间、假期对全体教职员工进行灯彩艺术的校本培训，再通过教师培训教师、教师培训学生的示范辐射培训学习。经过一年的耐心辅导，师生的技艺大有长进。目前，我校师生不仅已学会多种灯彩的制作，而且创意无限，体现出强烈的创新精神。

茶艺方面，师生也正随学校茶艺社团的成长一起发展。在茶艺师资培训方面，让市先进茶艺教师陆瑾担任辅导老师，带领一部分教师先学一步，多学一点，使更多教师一专多能，并学以致用，一般时间设立在周五政治学习前的时间和假期集中培训。学校成立茶艺课题研究小组，并开展备课、说课、上课、评课等茶艺教学活动。通过个别教师的茶艺示范课、展示课、校茶艺队学生示范，以点带面，进行相互交流。

在学生的学习方面，各班在茶艺老师的指导下，确立一项茶艺课题，制定茶艺计划，通过大课、小课等形式指导学生进行深入、细致的研究。而老师在教授学生的过程中也提高了自己的茶艺。

在内外部交流方面，茶艺社团的13名成员在社团团长的组织下，经常聚集到茶艺馆，识茶、解茶、品茶、用茶，还为区退教协、区实验幼儿园、清水路小学退教协、区图书观摩活动等不少学校和部门进行了茶艺培训和茶事活动。

这些实践活动,激发了师生的生命热情,提高了他们的生存质量,带动了他们对其他活动参与和投入的热情。

3. 于自我展示中实现生命价值

我校师生不仅在对花灯和茶艺的学习与创作中体验到了生命的乐趣,更在展示中获得了生命价值实现需要的满足。由于学校的花灯制作和茶艺特色已在区内小有名气,所以经常会受邀参加表演,也经常会有其他学校、领导或者媒体等来我校参观。每到这种时候,学校师生都非常积极,以饱满的热情投入到展示过程中,即使牺牲休息时间也在所不惜。

如花灯方面,我校还把灯彩艺术搬上区庆祝第22届教师节、区民族文化展示活动的舞台,使得教育活动更加绚丽多彩、生动活泼。2008年9月16日下午,我校成功举办了"心心点灯"灯彩艺术展示活动,活动展示了师生的杰作,广受好评,师生通过此活动,获得了极大的价值感。

值得一提的是,灯彩这一项目于2007年被列入上海市非物质文化遗产项目,2008年被列入国家级非物质文化遗产项目。这不仅是灯彩发展史上的一件大事,同时也为我校师生的展示和发展提供了更为广阔的舞台。

四、研究成果

在生命成长理念指引下,经过本课题的研究,学校收获颇多,在办学理念、学校管理、师生成长、学校特色方面均有大的突破。

(一) 办学理念日益清晰

随着"生命成长教育"实践性研究的开展,我校在不断明晰自身特色和问题的基础上,提出了"为五彩生命奠基"的办学理念。生命不是单一、片面发展的个体,而是具有其内在丰富性和发展需要的"五彩"存在。"五"意味着面上的丰富、全面,"彩"象征着内涵上的整体、光明。我校的学校教育,就是要以人的生命需求为立足点,在教育理念上把小学生的生命成长视为实施学校教育的原点,在管理理念上把满足教师的生命需求、促进教师生命价值实现作为管理的出发点,实现为师生的五彩生命奠基。

(二) 体制改革日见成效

通过本课题研究,我校管理体制变化明显,改革日见成效。

第一,以人为本的理念、与学校共荣辱的观念深入人心。学校领导能站在教师的角度而非行政管理者的角度真正关心教师生活、发展。如，在对学校"金点子"的落实工作中，解决了距离学校较远的教师的早餐问题；为保障教师营养均衡，统一发放餐后水果等。而教师也能以主人翁精神，为维护学校名誉、促进学校发展贡献自己的力量。如为赶制花灯，教师经常需要加班和牺牲休息时间，但他们毫无怨言，积极配合学校工作，坚持加班不加薪，外出展示时，力争表现最好，为学校争得荣誉等。

第二，民主管理机制日渐稳定。在管理流程方面，由以前的领导"一言堂"转变为全体师生共同参与、结合"民声"反复修改的过程；在管理方式方面，学校逐步改变了之前的从上至下发号施令式管理，转而倾听"民意"，以师生发展需求为出发点，确定规章制度；在对教师的管理制度建设方面，制定了一系列以"生命成长教育"理念为指导的保障机制、反馈机制和评价机制，如《嘉定区外冈小学教学管理奖惩条例（试行）》《外冈小学请假制度》《外冈小学教学质量内部考核方案》《外冈小学2008年工资外收入分配方案》《嘉定区外冈小学2009年工资外收入考核分配方案》《外冈小学教职工月考核方案》等。目前，我校这种民主管理方式深受师生拥护，学校规章制度的出台和执行都非常顺利，氛围和睦融洽。

第三，学校在管理过程中加强了与外部世界的沟通，致力于为师生发展提供更广阔的平台。《解放日报》《上海人民广播电台》《上海教育电视台》《嘉定教育》等多类媒体均对我校进行过报道或介绍，提高了我校的社会知名度，从而扩大了社会影响。

(三) 师生携手共同成长

通过本课题的研究，我校师生获得了显著成长。

教师的成长主要表现在两方面。一是教师个体自我意识的觉醒和内在自主性的激发，其自我发展的愿望和自我认可度均得到极大提高。如专业发展方面，由不培训到要培训和自我培训；自信心方面，由之前的害怕专家到现在的敢于与专家对话等。另外，教师对学校的认识和心态也出现了转变，与学校共荣辱的观念已在每位教师心中扎根。二是教师群体氛围改善，专业学习共同体形成。目前，依托我校社团建设，不同学科、不同年级、不同岗位的教师在一起活动、交流，形成了"新老互帮""师徒共进""学科借鉴"的良好发展氛围。在看似轻松的社团活动中，一大批年轻的班主任在骨干班主任身上学到了很多管理的经验和方法；一大批青年教师借机请教了教学上的诸多问题；白板起先是在数学学科实验运用的，几次公开课后，羡煞了英语老师，社团活动时抓住机会，英语老师们正好请教张维华、张菊芳两位数学老师；课件制作、媒体运用的探讨最多，侯佳庆、甘峰霞、盛丽敏老师成了香馍馍。互补互助、共同发展，有效推动了教师专业学习共同体的形成,促进教师从培训走向自主学习,形成了"工作学习化、学习工作化"的培训文化,给学校教育教学工作带来生机和活力,同时也给学校文化带来了新鲜的内容和形式。以2009年为例,我校教师在各类活动、各种比赛中个人获4项市级荣誉、4项区级荣誉,团体获2项市级荣誉、3项区级荣誉。

学生是本研究的最终受益者,其个性得到全面发展。在知识技能上,学生的知识面大大拓宽,视野开阔了;在学习方式上,学生主动搜集信息,学习知识的积极性高了;在能力发展上,学生处理信息的能力增强了,语言表达能力提高了,动手能力和社会交往能力发展了;在情感态度上,学生的学习兴趣浓厚,自主探究、团结协作的意识增强,同学关系融洽,科技意识、环保意识等逐步树立,学生的综合素质明显提高。家长们也对学生取得的多元发展表示了充分的认可和肯定。以2009年为例,我校学生积极参加各类活动,收获颇多:荣获上海市2009年学生艺术单项比赛茶艺小学组银奖、"上海市海宝广场舞大赛"入围奖、迎世博庆国庆社区群众文艺汇演一等奖。

(四) 学校特色日益凸显

随着研究的进行,我校在社团建设、师生关系、校园文化方面日益呈现出自己的特色。

第一,社团建设成绩显著。学校已将灯彩艺术向社区进行有机渗透,此项目已作为外冈镇社区文化的特色项目,还办起了社区灯彩社团,并多次在对外交流、展示中收到很好的反响。茶艺社团也多次参加外出展示,如2009年3月3日,茶艺社团在外冈镇召开的"迎世博、学礼仪、展风采"庆祝大会上展示了茶艺,其风采得到肯定;镇、区、市相关部门领导和成员也闻着茶香与社团成员多次进行茶文化的交流和探讨。2009年2月7日,在上海龙华广场,外冈小学灯彩社团参加上海市"长三角非物质文化遗产保护项目——迎世博、扎灯大赛"获一银二铜大奖。2009年4月12日,参加上海展览中心灯彩展示。2009年4月21日,在外冈新镇广场举办"绽放灯彩魅力,宣传世博理念"喜迎世博盛会的灯彩展示活动,展现了学校最具特色和最新民族文化教育的成果。2009年5月20日在外冈镇举办的嘉定区活力宝宝大赛上我校30件灯彩作品作了展示。2009年6月13日,"光影五色——上海灯彩传承展"开幕式在上海工艺美术博物馆举行,近50个作品参加了展示。2009年6月27日,"光影五色——上海灯彩传承展"闭幕式在外冈小学举行。在2009年上海传承灯彩技艺培育手工人才活动组委会评比活动中,学校荣获国家级非物质文化遗产上海灯彩普及贡献奖,作品《闲》获一等奖,《绿色狂想曲》获二等奖,《趣》《余》《吉祥如意》分获三等奖。2009年10月13日,嘉定区教育局在区青少年活动中心隆重举行"荣耀60年相约200天"——嘉定区迎世博200天暨庆祝少先队建队六十周年活动,外小的灯彩参加了展示活动。

第二,师生之间呈现出民主、平等、和谐的关系。在课堂教学中,师生之间更多是一种学习的伙伴、协作的朋友关系。在一次"对班主任说"的校级主题活动中,95%以上的学生都表达了对班主任老师的喜爱和祝福;在少先队工作中,小干部们经常给班级或大队部提出自己的建议以改善相关工作,如在学校卫生评比检查中,小干部们提出了在常规检查基础上增加临时检查一项,以保障卫生工作的时效等;在师生日常交往中,学生也经常表达出对老师以及老师子女的关心,让老师备受感动。

第三,校园文化初步形成。伴随课题研究的进行,我校逐步形成了自己的校园文化。一是结合我校花灯和茶艺特色,形成了渗透民族精神、象征光明质朴的灯文化与谦和、坚韧的茶文化;二是依托学校社团活动,形成了教师团体"工作学习化、学习工作化"的培训文化;三是结合办公室布置而日益形成的团结、奉献、奋斗的办公室文化。

五、研究体会

(一) 先进的教育理念是办好学校的关键

"有了思想的高度,才有行动的高度。"外冈小学将以即将到来的百年校庆为契机,根据自身的实际情况,以提高学校核心竞争力为着力点,创造性地探索有自己特色的发展道路,让学校特色成为一种巨大的向心力和凝聚力,成为一种奋发向上的动力;继续以实施"生命成长教育"作为创建学校特色的突破口,从"培养习惯""激发兴趣""树立信心"三方面入手,教会学生用积极的心态面对一切,真正关注学生的成长过程,创造适合学生的教育。

(二) 扎实的教育科研是提升质量的关键

学校把教育科研作为学校提升教学质量的增长点,渗透在教学的全过程中,以课题研究为龙头,营造浓郁的科研氛围,提高教师的科研能力。努力做到学校领导参与主研,全员参与;方案具体,措施落实。学校把教育科研工作作为一项常规工作抓紧、抓实,做到人人有课题、人人有目标,并把此项工作与评优评先、评职称、考核挂钩,形成良好的科研氛围。

(三) 专业化的师资是打造特色的关键

学校间的竞争首要的是教师队伍素质的竞争,师资队伍建设是学校建设的第一要务。发展学校内涵,创建学校特色更离不开一支高素质,富有献身和创新精神的教师队伍。

外冈小学将进一步挖掘本校资源及周边资源,充分发挥骨干教师的带头作用,深化校本研修,通过多种形式内化新课程理念。"生命课堂"要成为教师们探索新模式、尝试新教法的舞台;领导干部带头学理论,开讲座,写读书笔记,带动教师开展读写活动;继续做好"行政干部与教师交朋友、骨干教师结对帮扶"等活动,使一批青年教师迅速成长起来。

(课题负责人:何兰)

2. 基于"为五彩生命奠基"的教师人文素养培养的实践研究

(2010年5月—2014年5月)

一、研究背景

科学人文主义将成为21世纪重要的教育思潮。当代社会,由于受到教育商业化环境等负面因素的影响,教师人文素养普遍缺失的现状日趋严重。《上海学校德育"十一五"发展规划》将提升中小学教师人文素养确定为上海市加强中小学思想道德建设的重要基础工程,首次把提升人文素养纳入中小学新教师职初培训和教师职后培训中。因此,提高中小学教师人文素养既是当前社会发展的迫切需要,也是新课程改革、教师专业发展、培养学生健康人格以及创设良好学校文化的需要。

此外,我校本着"为五彩生命奠基"的教育理念,以人的生命需求为立足点,把小学生的生命成长、人文素养视为实施学校教育的原点,而提高学生人文素养的一个关键因素是教师自身要具有较高的人文素养。但是根据现状调查发现,我校教师的人文素养主要存在以下三个基本问题。

第一,教师的阅读能力有待加强。对教师来说,读书是提高教师素质、促进教师专业发展的需要,是全面实施素质教育的需要。学校进行了"读书情况调查",在教师读书心态上我们着重从读书的爱好和读书对本人的作用等方面进行考查。调查结果表明:绝大部分教师读书心态是比较好的,个别教师读书心态比较浮躁。能把读书看成是一种乐趣的人占 67%;认为读书仅仅是工作需要,不得不看的人占 15.30%。绝大部分教师对读书对自身的影响都有比较深刻的认识。

对于"近一年来读了哪些书刊报纸"这一问题,老师做了认真详细的回答。从对老师们的答复所做的分析来看,老师们关注最多的书刊报纸都是教育教学类的,接下来依次是娱乐休闲类、文学类、学术思想类,所占的比例分别是:88%、45%、12%、7%。教育教学类书刊报纸成了中小学老师主要的阅读对象,甚至比其他三类书刊报纸的总和还要多。这符合当前教育界的实际读书情况,也说明我们的老师的阅读范围还比较狭窄,受职业需求的影响很大。调查还发现,在教育教学类书刊报纸中,老师们阅读与自己本学科有关的教学类书刊最多。

第二,部分教师师德修养亟待提高。我校大部分教师爱岗敬业、严谨治学、为人师表,但是,伴随着市场经济的发展,教师职业道德潜伏着危机。个别教师事业心、进取意识薄弱,缺乏为教育事业献身的精神,表现在懒于看书学习、工作得过且过、不认真遵守劳动纪律、不注意生活小节、在学生面前说话随意,等等。这与教师的道德修养与专业道德要求还有相当大的差距,教师还需不断提高自身道德修养,做真正的"人类灵魂的工程师"。

第三,教师的教科研能力有待于进一步提高。学校共有教师 61 人,其中具有大专学历的 2 人,本科学历 59 人,学历达标率 100%。教师中 30 岁以下的青年教师 21 名,占全体教师的 34.43%,40 岁以上的教师 25 名,占全体教师的 40.98%。从教师年龄分布情况可以看出,30 岁以下的青年教师以及 40 岁以上的中老年教师比较多。教师的年轻化和老龄化分布比较明显。青年教师存在教学经验不足,教学信心缺乏等问题,而老教师掌握知识较单一,缺少学科知识的整合能力,教学缺乏热情。

基于以上情况,课题组一致认为:作为一名现代教师,应当具备宽广深厚的知识背景、富有感染力的人格魅力以及娴熟的课堂驾驭能力。为此,申报了"基于'为五彩生命奠基'的教师人文素养培养的实践研究"。本课题研究,试图通过加强教师的人文知识,丰富教师人文知识结构,努力提升教师的文化底蕴;通过整合学校教育资源,形成合力,激活校园的文化使命,从而提高教师的育德能力,培养教师的人格魅力;通过搭建多种平台,建立学习型团队,促进教师的专业能力全面发展。通过该课题的实践研究,对促进学生生命成长,完善"生命成长教育"体系,提升学校教育质量和办学水平等都具有极其重要的意义。

二、相关综述

美国北肯塔基大学的校长马克·瓦西斯科与他的学生对"印象最深刻的老师所具备的特征"进行在线调研时发现,75%的被调查者(尤其是在校学生)首选特征是教师的人文素质。美国各教师教育机构纷纷开展教师培训项目来证明:经过项目培训的教师"能够应用自身的知识、技能和职业性情来促进学生的学习"。可见,教师的人文素质是影响学生学习质量的重要因素之一,对教师人文素质培养进行深入研究具有重要的理论与实践意义。

我国著名的教育家肖川在《我们究竟需要什么样的教育》一文中写道:"我们今天的教育理想之光黯然,人文关怀缺失,本该充满生机和意蕴丰富的生动、鲜活的校园生活变得琐碎、平庸……没有任何真正的教育是可以建立在轻蔑与敌视之上的。"在《国家中长期教育改革与发展规划纲要(2010—2020年)》中,前总书记胡锦涛明确提出,教育者要将教育的眼光放得更长远,从国家社会对人才的需求和培养方面,教育观必须要适应现代化建设的需要。教育优先发展,以人为本、均衡公平的发展,也就是国力增强,必须以提升人的素质,更新和创新人才培养模式为基础,同时提高教师道德水准和专业化素质。

课题组通过大量文献调查后发现,在当今课改的大潮中国内外有很多专家、教师已经或正在对教师的人文素养进行研究,但大多数只是对"人文素养"本身的研究,重在提升教师的文化底蕴和人文品质。而把人文知识、人文精神和人文行动有机地联系在一起进行研究的还不多见,这就为本课题展开深入研究提供了广阔的空间。

三、核心概念

"为五彩生命奠基"是我校的办学理念,该理念以"学生的生命需求"为立足点,以"知识的获取""体魄的历练""能力的提升""智慧的养成""人格的完善"五个方面为目标,促进学生生命的整体发展,为学生生命的健康成长奠定基础。

本课题中的"教师人文素养"是指教师具备较为宽广的人文知识、广博的文化底蕴;较高的人文精神,具有为人师表的道德情操;较强的人文行动,熟练驾驭课堂教学的能力。即人文知识是教师人文素养的基本组成部分,人文精神是教师人文素养的核心要素,人文行动是教师人文知识和人文精神得以实现的结果。

四、研究目标

通过研究与实践,学校将努力培养教师具备较为宽广的人文知识,丰富教师的文化底蕴;培育教师较高的人文精神,具有为人师表的道德情操;培养教师较强的人文行动,能够较熟练地驾驭课堂教学。即通过人文知识积累的文化底蕴,形成人文品格和高尚师德,树立正确的教育理想和人文精神,并最终转为教师在教育教学实践中的人文行动。

五、研究内容

在主课题之下建立子课题,从学校教育教学工作的各个层面开展主题性研究,形成分层分工合作,整体推进的研究态势。

1. 通过本课题的研究,建立合理的管理制度,保障教师的人文情怀。
2. 通过本课题的研究,开展多彩的学习活动,拓宽教师的人文知识。
3. 通过本课题的研究,营造优美的校园环境,润泽教师的人文精神。
4. 通过本课题的研究,搭建和谐的教学平台,提升教师的人文行动。

六、研究方法

本课题以行动研究的方式开展实践研究。

1. 文献资料法

文献研究是本课题的前提性研究,在所有研究的内容和研究的子课题中都要运用,是实施本课题的理论支撑点以及方法论的依据。研究分析已有的研究成果,提高研究的起点和研究的理论程度。

2. 问卷调查研究法

对教师阅读情况进行问卷调查,通过调查分析,确立研究目标与内容,从而寻找研究途径。

3. 经验总结法

在课题研究的过程中,认真做好各类资料的收集、整理和实施情况的记录。对课题研究作总结、验证、提炼,概括有关教学现象,并使之上升到教育理论的高度。

七、实施过程

(一) 制定目标规划,确立教师人文情怀的机制

提升我校教师的人文素养,提高教师的育德能力,促进教师的专业全面发展是学校师资队伍建设的重中之重,对深化"五彩教育",提升学校办学水平和教育质量,建立学习型团队都具有极其重要的意义。

1. 明确发展,确立培育目标

在全面推进各项改革,加强现代学校制度建设的过程中,我们清醒地认识到学校硬件再好,没有一支优秀的教师队伍支撑,是难以实现理想目标,更难以形成优秀的校园文化的。因此,课题实施后,我们把教师人文素养培养纳入我校教师培训规划,作为全体教师职务培训的重要内容。学校以师资队伍建设为目标,以培育教师人文素养为具体抓手,大力推进学校的文化建设,以此提高教师的人文素养,促进教师专业的全面发展,并将其作为践行学校制度建设的实践载体。

2. 制定规划,建立保障机制

为了尽快提升教师的人文素养,学校在认真分析总结现有师资队伍的基础上,研究制定了《教师人文素养三年培养规划》,旨在通过各种形式的学习培训、实践考察、文化熏陶和人文课题的研究,有计划有步骤地提升教师的人文知识、人文意识、人文精神、人文行动,切实有效地提高教师的人文素养,坚定教师的理想信念和职业追求,完善教师的知识结构,丰富教师的精神世界,将人文底蕴、人文精神转化为教书育人的能力,从而推动学校前行。

3. 健全制度,推行人文管理

为了使每一位教职工明确各自的岗位职责,提高自身的人文素养,学校制定了各类人性化的管理体制。

实施校本化管理制度。如校长访谈制、党支部约谈制、中层结对制等,以行政班子的人格魅力、人文化的管理策略拉近学校行政与教师之间的距离,提升教师的人文情怀与教育责任。

实行年级组长(即工会小组长)负责制。年级组长全面负责级段日常管理工作。如,做好组员的政治思想工作,组织各类群众性活动,做好文明班组的创建工作等,积极形成团结、和谐、阳光的年级组。

实行骨干教师聘任制。学校积极创造条件,构筑名师发展平台,努力创设"骨干引领、同伴互助、共同进步"的良好氛围。采用名师带教、骨干结对等培养模式,建立校级、区级、市级骨干教师梯式培养制度,激发教师努力奋进的人文精神。目前,学校有2位区级骨干,10位镇级骨干。

骨干教师带教制。学校与区镇骨干教师、校骨干班主任签订履行职责协议书,每年至少带教一名新教师、青年教师或需要帮助提高的教师,并签订带教协议书。每年5月,学校举行一次骨干教师风采展示和教育论坛活动,形成互帮互助、共同发展的人文品质。

"耕耘杯"评选制。学校关注个体差异和教师对发展的不同需求,铺设"人人都有发展机会"的阶梯,每学年设立"优秀班主任、优秀教学工作者"评选制,既肯定教师某一方面所做的努力、取得的成绩、获得的进步,又鼓励教师向新的目标进取,充分体现了学校对教师的人文关怀。

以上体制的建立,都是从教师的需求出发、从教师的愿望出发、从教师的实际利益出发,真正体现教师在校园中的主人翁地位,营造一种积极向上的人文氛围。

4. 落实部门,完善考核机制

学校本着以人为本,制定了一套弹性而具体的评价体制,做到严谨性和灵活性相结合。在评价教师时,避免"一刀切",做到不用整齐划一的标准评价所有的教师,不单纯用量化的指标去衡量所有教师的教学效果。为此,学校党政工团齐抓共管,从行政导向、组织机构、制度保障等方面给予全面推进,建立了科学的全员业绩考核体系。从师德常规、课堂教学、德育工作、教育科研、师训工作等方面围绕人文素养作出评价,促进教师综合素质的不断提高。在考核时,通过自我鉴定的方式,使教职员工相互学习,取长补短。学校由校务办和工会负责规划实施与督察,由教导处、科研室负责日常工作的开展、落实与管理考核。学校各行政职能部门通力协作,共同配合,开展好此项事关学校长远发展大计的重点工作。

(二)努力拓宽渠道,促进教师人文知识的积淀

1. 阅读经典,丰富教师人文知识结构

经典蕴含着人类对世界的认识,对人生的思考,对真、善、美等人类基本价值的颂扬。在很大程度上可以说,人文精神的养成是人文知识不断积累与内化的结果。阅读人文经典是获得人文知识最基本的途径。教师只有提高自己的人文素养,才可能从教书匠成长为能师、经师甚至名师。为了构建"学习型"组织,丰富教师人文知识结构,加强文化积淀,学校拟定了提升教师人文素养资源目录,同时也鼓励同学科以及不同学科教师之间互相推荐经典书籍,并开设读书交流论坛,开展教育理论类、文学名著类书籍的阅读,以及阅读经典的研讨与交流活动等,为教师提供分享读书乐趣和交流心得的机会,让教师在比较短的时间内了解其他学科的状况,拓宽视野,有深入研究兴趣的还可以和其他专业教师切磋,这样也加强了不同学科之间的交流和互动,有助于学科的发展。同时,由于教师之间的协作也加强了彼此之间的感情,形成良好的人际关系。

此外,学校还组织教师赴上海书城购书,鼓励教师阅读人文类书籍,每学期末学校还会向每位教师赠送一本书籍,如《人文读本系列丛书》《诗人哲学家》《自我实现的人》《第五项修炼》《教育魅力》等,教师们在假期里都能潜心阅读,获益匪浅。如音乐教师张丽娜在读了《教育魅力》一书后写道:"在我们的教育工作中,除了我们自身要掌握的教学知识外,我们必须要建立属于自己的人格魅力,这决定了我们的课是否能让学生愿意侧耳倾听,决定了我们的课是否能够吸引学生的目光和注意力,决定了我们的课是否能够产生相应的教学价值等,这些因素会让课堂充满着凝聚力和感召力,感染学生的内心深处。"张老师的话字字透出人文气息,句句感受人文情怀。学校还会把老师们读书学习后的感悟、心得汇编成册,将教师们一篇篇融入教育感悟、教学智慧、生活情趣的文章陆续刊登在校报——《小桔灯》上,对部分优秀论文积极推荐到各类教育刊物。通过分阶段汲取人文养料的阅读、观赏、研讨等学习活动,以及撰写自学笔记与多种形式交流的方式,老师们在丰富知识结构的同时,加强文化积淀,丰厚人文素养。

2. 走进高雅,提高教师艺术审美能力

人文知识的积淀是教师认知与实践的统一,两者是相互渗透的。专业教师既要不断积累丰厚的专业知识,同时还要不断补充文学、历史、哲学、艺术等学科的知识,扩大自己的知识面,拓宽自己的人文视野,彰显教师独有的人格魅力。为此,学校有计划地开展审美情趣的培训,每周五安排时间开展高雅艺术的专题讲座,赏析交响乐、民族舞、中外名画,介绍世界名著美文,品读古典诗词等,还组织教师观赏高雅艺术,先后赴上海大剧院、嘉定影剧院欣赏经典歌剧《猫》以及话剧《守岁》,2023年下半年还组织教师观展上海国际电影节,教师们在欣赏国内外的优秀文学作品中认识美、理解美、接受美的熏陶。2023年,学校组织青年教师参观了"品味经典,感受大师——中国新闻学作家、作品展，寻访了"家乡名人——钱大昕"，走进了浓郁风土人情的嘉定博物馆，教师在熟悉乡土历史文化的同时提升了自身的文化涵养。2014年3月全体教职员工赴上海工艺美术研究所领略了传统工艺作品的巧夺天工，体验了四川海底捞餐饮股份有限公司"服务至上、顾客至上"的人文服务。教师们在享受文化大餐的同时，逐渐提升了对艺术的审美能力和审美情趣。许多老师对高雅艺术、传统工艺产生了浓厚的兴趣，利用业余时间深入研究，从而拓展教师认知领域和思维空间，提高了教师对各种艺术作品的感悟赏鉴能力。此外，我校还有多位老师参加了上海市中高级茶艺师培训。这些老师学成之后又带动学校的其他老师一起品味茶香，探究茶道，畅谈人生，既提高了教师的生活品质和职业幸福感，又促进了校园和谐。教师对素质教育的理解，对培养学生的综合素养，对学校所开展的各类活动等都有了新的认识与提高。

（三）创设人文校园，催化教师人文精神的培育

如果说，校园之于学生成长具有十分重要意义的话，那么对于教师则意义更大。校园是教师最基本、最稳定、最长久的生存空间。

1. 基础设施建设，孕育人文精神

优秀的校园环境是一种良好的氛围，它能熏陶浸染师生的心灵，能凝聚人心，形成合力。学校的基础设施建设是校园文化的硬件，这些硬件的构成如果具有育人功效的话，就会潜移默化地影响学校成员的观念和行为。学校科学设计，合理规划，从实用美观的角度逐渐完善各项教育教学设施的建设和配套。学校结合灯彩和茶艺两大特色，精心装扮了许多环境，如记录孩子点滴成长的"阳光长廊"；承载着浓郁民族精神的"忠、仁、诚、礼、义"的紫藤长廊和石景文化；散发浓浓香茗的"零距离"茶吧；见证百年历史的校史陈列室；弥漫着幸福温馨的特教资源室等。为了让校园更具人文、更有特色，我校发动了全校师生广泛征集校园标志性建筑、绿地的名称，大家积极献计献策，最后在全体师生的共同努力下，"灯醉轩""茶香阁""童心园"等名称应运而生，丰富了校园的人文环境。我们努力使学校的每一寸土地、每一处景点、每一面墙壁都成为育人载体，都具育人元素，使师生时刻感受到美的熏陶、美的启迪、美的激励，真正达到"润物细无声"的效果。

2. 主题实践活动，历练人文精神

校园文化最大的特点在于它能潜移默化地影响着、同化着环境中的每一个人，处于这种环境中的人都自觉或不自觉地接受着这种文化的熏陶。我们根据学校的特色，创建以"五彩生命"为主题的校园文化,使身处其中的教育者每时每刻都能感受到校园人文环境的潜移默化作用。为了催化教师的人文精神,学校开展了加强师德师风建设,倡导"六种作风",落实学校领导班子成员和党员公开承诺。2023年3月份全体党员进行了公开承诺;4月份,组织在职党员、团员开展缅怀革命先烈扫墓活动;6月份组织全体党员、团员开展了"迎七一,缅先辈"主题教育活动,参观了陈云故居,了解革命先辈光荣的革命斗争历程;9月份,教师节之际,组织全体教职工开展了师德师风公开承诺签约仪式,召开了师德师风建设表彰大会,徐海平等教师受到了表彰;利用教职工道德大讲堂平台,学习了局党委书记王晓燕、副书记常晓燕《在教育系统干部思想作风和廉政建设大会上的讲话》《上海市中小学教师职业道德规范》《十八届三中全会公告》以及开展了"校长精神"大讨论、微型党课等各项活动。2023年,校歌《五彩外小》应运而生,全校掀起了师生学唱校歌的高潮,校园内呈现出积极向上、善思乐学的精神风貌。学校以人文校园建设为主体,引导教师的人文历练,从而创造充满人文精神的校园文化。

3. 教工社团活动,丰富精神世界

为了激发教师的人文兴趣、丰富教师的文化内涵、拓宽教师的专业面、形成教师的文化链、鼓励教师的个性特色,学校工会以建立教工社团为抓手,根据教师自身特点和个人发展的趋向定位,组织成立了民族文化类、文学类、科学技术类、体育艺术类等多个教工文化社团,如茶艺社团、灯彩社团、文学社团、科技社团,乒羽社团。内容丰富、形式多样的文化培训活动,促进教师在团队活动中拥有专长、富有特长,逐步凸显教师的人文素养,丰富教师的精神世界,形成健康向上的文化品位。比如,我校的两大品牌社团"茶艺社团"和"灯彩社团",通过开展丰富多彩、富有意义的活动,展示教师才华,提升教师品位,为教师创造身心愉悦的工作和休息环境,提高教师的整体素质。学校在人力、物力、财力上给予适当倾斜,添置了必要的活动器材,配齐硬件设施,聘请了校内外富有专长、热心指导的老师担任教练。灯彩社团许多成员刻苦钻研,成了师生公认的"灯王";茶艺社团成员拥有几位有一定水平的茶艺教师,在识茶、解茶、品茶之余,潜心学习研究,有了不少创新之举,在上海市茶艺比赛中社团的师生为校争光获得了二等奖。如今,越来越多的教师喜欢饮茶、评茶,来"零距离茶吧"喝茶已成为学校师生发自内心高兴的一件事,茶艺馆也成为师生温馨的家园之一。我校"灯彩"教工社团、"茶艺"社团双双获得嘉定区教育系统"十佳明星社团"称号。灯彩社团还荣获区先进集体和群众社团。

(四) 构建人文课堂,提升教师人文行动能力

教师人文素养培养以人文精神的涵养与培育为核心,把人文知识引入教师的认知本体,内化为其思想与行为,并在日常生活与教学行为中体现出来。教学实践是教师的主要行为方式,体现了教师的生命价值。教师在教学实践中以渊博的知识促使学生博学,以高尚的道德引领学生走向高尚,以创新精神培养学生的创新意识,用健康的心理塑造学生的心理健康,在培养学生人文情怀的同时修炼自己的人文素养。

1. 立足课堂,修炼教师的人文素养

立足自身,立足课堂,自主发展与专业引领相结合,在研究教学中有效提高教师的知识结构,在不断提升专业素养中逐渐提升自身的人文素养。备课、上课、课后反思、听课、评课、辅导学困生等无不体现教师的基本功;形式多样的汇报课、研究课、展示课、拓展课,也处处体现着教师的智慧。围绕课堂,着力提升教师的人文素养和专业能力,学校以教研(备课)组为单位"磨人、磨课",这在我校已经形成了一个良好的机制。"在实践中研讨,在研讨中实践"已蔚然成风,"科学减负、生命课堂、五彩校园"已深入人心。

"众人拾柴火焰高",一个团结向上、充满人文关怀的教研团队能让教师之间取长补短,在互动中交流学习,共同成长。例如:陆慧老师在上《我们家的男子汉》一课时,在集体备课中,大家能够就教育教学中的疑难问题进行交流探讨,开诚布公地陈述自己的观点和见解,互相倾听,共同分享,教师们重点针对课堂教学中的学习任务单设计进行了反复斟酌推敲,通过课堂实践来检验设计的学习任务单是否有效,及其在培养学生的学习力过程中的功能。陆慧老师在备课组成员的共同努力下,采用"设计—实践—再设计—再实践"的模式,设计出符合学情的学习任务单,使其成为培养学生学习力方面不可或缺的教学举措。该案例还获上海市愉快教育研究所案例评比三等奖。

学校除了每双周周五固定的教研活动外,备课组内也会不定时地开展研讨,教师会在一堂课之后就当堂课上遇到的问题走进办公室后与组内其他教师研讨。如今,这种即兴研讨也已蔚然成风,它非常有益于课题研究的推进,使我们更加明确积极推进教研组规范化建设,既让科学、系统、规范的教研过程引领教师有目标的专业发展,也使民间的三三两两的教学研讨活动营造教师间的人文氛围,并更好地促进教师专业发展。这些课堂教学的研讨、展示、交流,既扎实有效地促进了教师队伍的专业成长,构建有效课堂,也无形地提升了教师的人文素养。

近些年来,我校还多次组织教师参加了上海市愉快教育基地的课堂实践交流活动,拓宽教师的教育视野,引发教师对教育改革的深入思考。2023 年,一位教师获课

堂评比三等奖。通过学习,教师们开阔了视野,在博取众长、不断反思的同时,也提升了自身的人文素养。

2. 研发课程,增强教师的人文素养

学校基于"为五彩生命奠基"的教学理念,发动教师参与课程改革,探讨课程中的人文内涵,积极开发校本课程、特色课程,并以此为契机,改变相应的教学模式,改变专业教育与人文建设相分离的局面。为此,学校鼓励教师发展自己的兴趣和爱好,有计划地组织教师依据学生的需求、个人的兴趣、特长爱好和能力所及,开发校本课程,培育学生的科学素养和人文素养,同时也给教师提供精神上的享受。

教师的校本课程开发过程,就是自己不断深入学习,上升理性认识,完善知识结构,体现人文价值,提升人文素养的过程。很多教师在设计课程之后感慨地说:"我原来只知其然,不知其所以然,通过校本课程的开发,学习掌握了很多知识,自己的知识体系也有了很大的完善与提高。"即将退休的顾卫平老师,原先对工作的积极性不够高,可自从开设了科技制作兴趣课,成了"小萝卜头"的掌门人之后,顾老师就一头扎进了钻研机器人制作的研究之中,他所辅导的学生在区各项科技比赛中屡屡获奖。目前,我校共开设了绘画、舞蹈、茶艺、科技、灯彩、棋艺等共计58门校本课程。

在校本课程的研发和教学中,教师在培养学生广泛兴趣的同时,也提升了自己的钻研能力,丰厚了自身的文化涵养。其中茶艺和灯彩是我校着力打造的两大品牌。学校灯彩组的几位教师在"江南灯王"第三代传人——何伟福老师的指导下,凭借集体的智慧和力量,编写了校本探究性、拓展性教材《点点花灯别样红》,形成了一整套《灯彩》课程纲要,学校的灯彩艺术教育进入系列化、规范化轨道。饮茶思源,我们不仅为中华民族博大精深的茶文化而骄傲,同时也倍感传承和弘扬茶文化责任的重大。茶艺拓展课程是学校艺术教育方面的一个特色项目,培养学生学习茶的兴趣,促进学生创造性和主动性能力的提高,激发和升华爱国主义精神。目前,围绕对茶艺研究的不断深入,我校亦已形成一整套的《小龙人茶艺》课程纲要,还编辑出版了《茶趣》。在2013年10月24日教育局组织的"关注资源与结构,提升课堂品质"的交流展示活动中,我校进行了"利用茶艺资源,启发舞蹈创作"的微课程展示,得到了领导专家的一致好评。茶艺课程还参加了上海市2013年小学校本课程展示活动,按要求提供了多种相关材料,并在2013年11月27日进行了"茶艺科目"的现场互动展示。在嘉定区小学校本课程评比中,我校的《茶艺》获得了自主拓展课程科目一等奖,《灯彩科目方案》获得了探究型课程科目一等奖,《外冈游击队》获得了限定拓展课程科目三等奖,《外冈小学"快乐活动日"实施方案》获得了学校课程计划评比三等奖。校本课程教材的研发,已成为一道见证我校教师人文素养培育的亮丽风景线。

3. 建立团队,引领青年教师积淀素养

随着学校教育的进一步发展,我校的青年教师人数在逐年增加,其中五年以内的新教师占学校教师数的31.25%。青年教师的成长成为推进学校今后发展的重要因素,为了促进青年教师专业的快速成长,学校成立了"青年智慧团",并以之为窗口,定期开展丰富多彩的研讨学习和实践活动。一年中,组织青年教师开设人文课程、人文讲座;开展"远离职业倦怠,提升生命质量""教师的学科教育气质""学校文化认同""两纲融入课堂"等专题讨论,立足课堂渗透人文教育。学校还通过拜师结对等手段,加强五年以内青年教师培养。2013年上半学期邀请了教研室"数学咨询小组"(教研员居丽华老师、汤丽红老师,南苑小学朱英老师)5次来我校指导6位数学青年教师,共作备课指导12节、听课指导22节、专题讲座5次。在专家团队的有效引领下,6位青年教师进步很快,她们对如何找准教学目标、落实教学重难点、有效组织教学、关注全体学生等教学细节有了清晰的认识,增强了成为一名优秀青年教师的自信心。学校还聘请了音乐教研员刘婧老师为鄂莞婷的带教师父,聘请了数学教研员汤丽红老师为孟好的带教师父,聘请了英语教研员袁勇浩老师为郭晓丹的带教师父。同时还为9位见习期新教师安排了本校的区、镇骨干教师做他们的带教师父,充分发挥本校优秀教师的示范引领作用。邀请了清水路小学区骨干教师为我校见习期语文老师上示范课;带领青年教师前往实验小学等兄弟学校听课取经。并通过见习期教师亮相课一遍遍的试教、指导、修改的磨课过程,提高青年教师驾驭课堂的教学能力,提升青年教师运用电子白板的教学技能。通过重点培训、专家引领、外出考察、交流研讨等形式,青年教师无论是在理想信念的确立、育德能力的提升、教学水平的提高,还是在人文素养的积淀上都有了显著的发展。

4. 开展比赛,激励教师炼好内功

教师人文素养的高低影响着教学水平,要追求良好的课堂效果,师资素质和教学质量才是关键。因而我校提出了人人要修炼"浑圆内功"的口号。

我校每学期除了开展"教学月"之外,还开展了形式多样的人文技能赛,充分发挥教师的特长。如,教师的钢笔字、粉笔字比赛,经典诗词朗诵比赛,古诗文大赛等。教师们精心准备,全力争胜,教师在团队活动中绽放自身的人文素养,个人的价值得以体现。

此外，学校还认真组织教师参加市、区级各类教学评比、展示活动。上学期，张微老师参加了上海市中青年教师体育教学评比，获得了二等奖。庄丽凤老师在嘉定区中青年教师教学评比中进入一、二等奖的角逐名单，这学期将进行复赛。在区教研室组织的2013年第6届教学新秀评比活动中，我校徐金珠老师获得了体育学科一等奖，孟好老师获得了数学学科二等奖，郭晓丹老师获得了英语学科三等奖，赵少华老师获得了美术学科三等奖。在各项评比活动中，教师们能互相学习、切磋技能，探讨课程标准，更新思想，转变观念。学校也以此发现培养人才，树立典型，推动教学工作全面向前发展。教师的教学工作更加规范化，敬业精神得到增强，专业素养得到提升，课堂教学的效益和行为也得到了提高。

5. 网站建设，搭建教师共享平台

网站建设也成为教师学习文化、交流思想、切磋技艺的重要载体。我们利用市教育信息化实验校的有利资源，在信息中心的协助下，在校园网上建立了茶文化和灯文化两个特色网站，把课程内容、活动花絮、师生感悟、师生作品等挂在网上，它成为了教师与学生之间的交流平台，实现了师生之间的互动，让教师和学生参与到学校文化建设中，为学校的发展提供宝贵的建议。我们还建立了教师个人成长档案网站。一些中老年教师在青年教师的帮助下，认真学习网站的登录、上传、修改等方法。大家把自己的录像课、教学心得、教学设计等上传至网上，网站为教师在线交流、自主学习、实现资源共建共享发挥了积极的作用。

八、研究成效

在"为五彩生命奠基"的办学理念指引下，通过本课题的研究，学校收获颇多，在学校管理、师生成长、学校特色方面均有大的突破。

（一）体制改革日见成效

通过本课题研究，我校管理体制变化明显，改革日见成效。

第一，以人为本的理念、与学校共荣辱的观念深入人心。随着人文素养的提升，学校领导能处处站在教师的角度真正关心教师生活、发展。如学校从教师的健康出发，提高了教师早餐的质量，自行制作糕点，发放餐后酸奶等，保障了教师的营养。而教师也能以主人翁精神，为促进学校发展贡献自己的力量。如2023年上学期，学校新建教学楼刚完成，党员教师、青年教师、男教师甚至是男职员，利用放学后的时间三次整洁校园,无论是铲除砖石的重活,还是清除垃圾的脏活,大家都毫无半点怨言,不计报酬地为学校出力。这正是教师人文素养的绽放。

第二,民主管理机制日渐稳定。在管理方式方面,学校逐步改变了之前的从上至下发号施令式管理,转而倾听"民意",以师生发展需求为出发点,确定规章制度;在对教师的管理制度建设方面,制定了一系列以"人文关怀"理念为指导的保障机制、反馈机制和评价机制,如《外冈小学教职员工病事假制度》《外冈小学教学质量管理奖惩条例(试行)》《外冈小学教职工月工作考核方案》等。目前,我校这种民主管理方式深受师生拥护,各项制度的出台和执行都非常顺利,氛围和睦、融洽。

(二) 师生携手共同成长

通过本课题的研究,我校师生获得了显著成长。

教师的成长主要表现在两方面。一是教师的知识体系丰厚多元了,人文意识和内在素养得以激发和提升,其自我发展愿望和自我认可度均得到极大提高。如专业发展方面,由不培训到要培训和自我培训;自信心方面,由之前害怕专家到现在敢于与专家对话等。另外,教师对学校的认识和心态也出现了转变,与学校共荣辱的观念已在每位教师心中扎根。二是教师群体氛围改善,专业学习共同体形成。目前,依托我校社团建设,不同学科、不同年级、不同岗位的教师在一起活动、交流,形成了"新老互帮""师徒共进""学科借鉴"的良好发展氛围,形成了"工作学习化、学习工作化"的培训文化,给学校教育教学工作带来生机和活力,同时也给学校文化带来了新鲜的内容和形式。以2013年为例,我校教师个人在各类活动比赛中获市级奖项10项、区级奖项13项;教师团体获市级奖项5项、区级奖项7项。

教师人文素养的提升,更有利于学生的健康成长。由于人文素养的积淀,越来越多的教师开始重视自我发展,提高自身魅力,师生之间日渐呈现出民主、平等、和谐的关系。正如蔡洁颖老师在《小学语文课堂中的人文关怀》一文中写道:"在这个孩子身上发生的这些事,让我想起了一句话'好学生是表扬出来的'。虽然这句话并不能对所有的学生都适用,但是在这个孩子身上,让我看到了表扬的力量,正如语文课文中所说的'称赞给人带来自信和快乐'。所以,我觉得老师在课堂上不能只专注于自己的教学内容,而要更多地关注孩子们的表现,要善于抓住学生在课堂上的闪光点,毫不吝惜地予以表扬,给他们的良好表现不断地进行正强化,让他们感受到学习的快乐。"正是由于教师人文意识的提高,在课堂教学中,师生之间更多的是一种学习的伙伴、协作的朋友关系。课堂上也常常呈现出教学相长、神采飞扬的教学场面。越来越多的教师成为学生的朋友甚至粉丝。在一次"对班主任说"的校级主题活动中,95%以上的学生都表达了对班主任老师的喜爱和祝福;在师生日常交往中,学生也经常表达出对老师的关心,让老师备受感动。以2013年为例,我校学生积极参与各类活动获市级奖项22项、区级奖项38项。

(三) 学校特色日益凸显

随着研究的进行,我校在社团建设、校园文化方面日益呈现出自己的特色。

第一,社团建设成绩显著。学校已将灯彩艺术向社区进行有机渗透,此项目已成为外冈镇社区文化的特色项目,并办起了"社区灯彩社团",多次在对外交流、展示中收到很好的反响。

第二,校园文化日益浓厚。伴随课题研究的进行,我校的校园文化日渐浓厚。一是结合我校花灯和茶艺特色,形成了渗透着民族精神的,象征光明和质朴的灯文化与教人谦和、坚韧的茶文化;二是依托学校社团活动,形成了教师团体"工作学习化、学习工作化"的培训文化;三是结合组室布置而日益形成的团结、奉献、奋斗的办公室文化。

(课题负责人:高红卫)

3. 小学体验式生命教育支持策略研究

(2014年5月—2017年5月)

一、研究背景

多年来,上海中小学在实施生命教育方面,通过不断尝试和探索,积累了一定的经验。但在生命教育的内容、层次、形式等方面缺乏整体规划和系统构架;学校现有课程教材中的生命教育内容比较单一,对学生身心发展的针对性、指导性尚不明确;对学生生存能力的培养,缺乏有效的操作性指导;对校内外丰富的生命教育资源缺乏系统有机的整合。因此,必须加快学校教育的改革,从生理、心理和伦理等方面对学生进行全面、系统、科学的生命教育,引导学生善待生命,帮助学生完善人格、健康成长。

《上海市中小学生命教育指导纲要(试行)》要求生命教育既要对学生进行科学知识的传授,又要引导学生贴近生活、体验生活,在生活实践中融知、情、意、行为一体,使学生丰富人生经历,获得生命体验,拥有健康人生。本课题就是要研究如何在小学以体验的方式促进学生的生命成长,探索出有效实施体验式生命教育的支持策略。

二、研究意义

1. 本研究将有利于促进学生的身心发展

当今世界信息科技的飞速发展,为广大学生获取信息、开阔视野提供了宽广的平台,但随之而来的消极因素也在一定程度上影响了他们的道德观念和行为方式,导致部分学生道德观念模糊,道德自律能力下降。因此,加强对小学生生命教育的研究,特别是对有效的生命教育模式的探索,将有利于学校开展更加有效的生命教育。

2. 本研究将在实践层面深化学校生命教育的开展形式与策略

对生命教育实施策略开展研究,将有利于深化学校生命教育的效果。特别是对小学生命教育的具体实施策略进行探索,必将在实践层面提高小学生命教育的质量,积累更多的生命教育实践经验。

3. 本研究将为同类学校提供可供借鉴的资源

自 2005 年《上海市中小学生生命教育指导纲要(试行)》颁布以来,生命教育越来越受到各中小学的重视。本研究将结合我校的传统文化教育特色,系统地从校本课程开发、教师培训、生命教育实施策略等方面开展综合研究,可以为同类学校提供借鉴参考。

三、核心概念界定

生命教育,就是关于生命常识及体验生命活动的教育。其目的在于教育学生注重对生命的认识和感悟,提升生命质量,挖掘生命潜力,从而使生命能够得到更好的发展。

体验式生命教育指本课题以小学生为对象,以学生个体体验为核心,包括本体性体验、情感体验、生活体验。我们认为:对小学生而言,体验式生命教育要坚持自主性、接纳性、参与性、引导性、平等对话等原则。

四、研究目标

旨在通过课题研究进一步加强教师的生命教育意识和能力,构建适合小学生的体验式生命教育目标体系,探索和形成若干体验式生命教育的支持策略及评价方式,有效促进学生在人际、休闲、兴趣、自我诸方面良好发展。

五、研究内容

在主课题之下建立子课题,从学校教育教学工作的各个层面开展主题性研究,形成分层分工合作、整体推进的研究态势。

1. 体验式生命教育目标体系研究。
2. 校内外人文化环境支持策略研究。
3. 校本体验式课程开发及教学策略研究。
4. 教师生命教育素养改进策略研究。
5. 体验式生命教育评价方式研究。

六、研究过程

课题研究实施三年来,课题组成员本着学习、研究的心态,在各自负责的项目中不断摸索、交流研讨、团结协作,使课题的研究得以顺利完成。

(一)突破口——开展调查研究找准行动靶心

1. 对学生认知的调查

课题组首先在广泛查阅相关文献、座谈讨论的基础上,编制了《小学生体验式生命教育现状调查问卷》并形成了相关报告。

调查发现,目前我校学生体验式生命教育的现状及主要问题有:① 生命认知和曲折问题突出,部分学生对生命特征存在不正确的认识;② 学生享受生命的能力整体态势良好,但学生个体问题不容忽视;③ 小学生对生命价值和生活趣味的追求缺乏自觉性,疏于发现生命之美,生活满意度不高;④ 体验式生命教育内容单一,形式单一。

2. 对教师教法的调查

课题组通过对教师的访谈发现,大多数教师比较关注课堂教学质量、学生的学业状况,而对学生生命教育培养的意识还相对比较薄弱,对开展生命教育的教学方法也比较单一。为此,本课题研究进一步加强教师的生命教育意识和能力。

(二) 支撑点——学习理论知识夯实行动基点

1. 邀请专家零距离指导

区教育发展研究中心王威尔主任是本课题的主要指导专家。课题组多次邀请王老师为我们课题研究出谋划策。行动研究前,就调查梳理的一些问题以及如何开展行动研究邀请王主任来给课题组成员做了面对面的交流、指导。行动研究过程中,就遇到的一些困难和瓶颈王主任也给予了指导与点拨,帮助课题组梳理了解决的方法和策略。

2. 理论学习及时紧跟

搜集与课题相关的网络学习资料,就生命教育的理论精髓组织深入学习;集中学习相关杂志如《新课程》《现代教学》《上海教育》等,精选相关内容,学习交流,丰富理论,提供支撑。

七、研究成果

(一) 体验式生命教育目标体系研究

1. 制定目标体系

(1) 珍爱生命

能够体会身为人类的意义和价值,珍爱自己,保护自己的生命,了解生命的来之不易,体验生命成长过程中的曲折和乐趣,培养生命情感,感悟人生。

(2) 发展兴趣建立近期规划

从个人的自我认知层面,对个人的兴趣爱好学会做出理性的选择,规划好自己的时间以及未来职业选择的最佳方向,彩绘亮丽的人生。

(3) 自我实现

通过帮助别人体验自身的生命价值,感受自身的发展变化,发扬创造生命的光辉,达到自我实现。

以上三个层次的目标层层递进、相互联系、相互渗透,最终实现生命教育的终极目标。

2. 遵循三大原则

围绕体验式生命教育三个层次的教育目标,在推动生命教育实施的过程中遵循人性化、个性化、创造性原则。

(1) 人性化原则

充分尊重学生的人格,尊重学生的兴趣和需要,关注学生生命的完整性,看到学生是有思想、有感情的活生生的人,相信学生具有积极的能动性和创造性。

(2) 个性化原则

创设适合个体独特生命的独特化教育。具体体现为:教育要尊重并适应个体的差异;体现学生在教育过程中的自主选择性,增强教育的差异性;根据生命个体的独特性,实施特色化的教育。

(3) 创造性原则

通过课堂教学和课外教学途径,在开展体验式生命教育的过程中,帮助学生发展创造性思维,培养创造精神,提高其创造能力。

3. 明确教育主题

"各年级教育教学主题"主要是整体规划小学生生命教育的内容序列,形成学校、家庭与社会优势互补、资源共享的生命教育实施体系。

表1 外冈小学2014—2017年一至五年级体验式生命教育主题

年级	主题	目标
一	认识自己,融入集体	● 初步了解自己,能发现自己的优点,知道自己的不足。 ● 喜欢自己,肯定自己的独特性,提升自己的信心。 ● 乐于与同学交往,学会和各种性格的伙伴相处。
二	亲近自然,和谐相处	● 认识自然界的生命现象,喜爱充满生机的世界。 ● 提高环保意识,美化环境,改变不良的生活习惯。 ● 亲近大自然,珍惜资源,对自然中的一切生命负责。
三	拥抱亲情,感恩父母	● 深入体会父母之爱,感受亲情的无私与伟大。 ● 理解、关心、孝敬父母,以实际行动报答父母养育之恩。 ● 感受在健康、有益的家庭闲暇生活中与家人一起的快乐。

续表

年级	主 题	目 标
四	爱护自己,与人为善	● 学会劳逸结合,合理安排使用网络时间。 ● 学习必要的自我保护技能。 ● 初步掌握突发灾害时的各种自救能力。 ● 懂得同情、关心弱者,学习与他人合作。
五	呵护心灵,快乐成长	● 学会珍惜与尊重生命,提升对生命意义的感悟。 ● 了解身体的生长情形,珍视生命,学会对生命负责。 ● 懂得用阳光的心态去呵护自己的心灵,快乐地成长。

(二) 校内外人文化环境支持策略研究

1. 外部环境——打造生命摇篮

(1) 合理布局拓宽活动空间

学校既创设安全的成长空间又开拓实用的活动空间,如五彩墙上的快乐攀岩、教室前的弄堂游戏、篮球场上的兴趣篮球以及操场边的健身器材、西南角的高尔夫球场、教学楼上的公共安全体验教室……这些活动场所时常能看到学生们活跃的身影,听到欢乐的喝彩声,使校园充满生命的气息……

(2) 特色场所润泽生命色彩

为了让学校的每一个空间都成为学生体验活动的场所,让学生体验到全方位的教育与熏陶,学校开辟了多个特色体验场所。"茶艺"和"灯彩"是我校的两大特色项目。学校设立"茶香阁"专用教室以及"灯醉轩"长廊,开辟了"小龙人茶园",种植着各种品种的茶树,学生在赏茶、品茶的体验活动中学习茶道;设有电子阅读长廊以及"书韵斋";各楼道制作了极具特色的励志名言与地震等灾害的预防与应对措施宣传板面;承载着浓郁民族精神的紫藤长廊中有各种礼仪知识的相关介绍;精心布置慧雅书架与绿色植物的"温馨教室";在体验活动中遇到问题或烦恼了还可以去"心理聊天室"倾诉一下。各具特色的活动场所无声地润泽了每一个小生命。

2. 心理建设——感悟生命价值

拥有健康的心态是促进小学生生命成长,体验生命价值的根本。

(1) 加强学习,优化心理品质

为了保证学生能经常性地接受心理健康教育,学校规定每周三的午会课为心理健康教育课,各班还利用主题班队会邀请专家、家长等进行团体心理辅导,一方面让学生了解一定的心理学常识,知晓自己的心理发展特点,另一方面学会正确看待由于自己心理发展的特点所引起的相关问题,引导和教育学生认识自我,培养自信、自省、自控、自我调节的能力,实现优化心理品质的目的。

(2) 搭建平台,加强心灵对话

为了加强师生心灵对话,学校搭建了许多平台。学校设有"童心园"心理咨询室,配有团体辅导室、心理测量室、沙盘室等,按标准配备齐全的硬件设施。团员青年教师组建了心理聊天室,定期向学生开放,解答学生的心灵困惑;阳光广播站设立了"心灵相约"专栏,宣传心理知识,倾吐同学们的心声;班级建立了"心理信箱"或"心灵港湾",学生可以用留言的方式写下自己的感受、意见、不满和想法,班主任也可以对学生打开心扉,让学生了解班主任的所思,真正与孩子交心,成为孩子的好朋友。

(3) 关注家庭,改善心理环境

学生良好心理素质的养成,也离不开文明、和睦、愉快的家庭。学校利用家长学校向家长传授心理健康教育知识,引导家长关注孩子的心理成长;利用"家长开放周"活动,让家长参与听课,了解孩子的学习情况及课间与同学的交往情况,以便有的放矢地进行教育,使孩子时刻感到父母的关爱,保证每一个学生身心健康地发展。

(三) 校本体验式课程开发及教学策略研究

学校致力于打造体验式生命教育课程体系,引导学生在体验活动中完善自我,感悟生命,为此我们充分整合、挖掘课程资源,通过学科课程引发体验、德育课程引领体验、活动课程自主体验,引领每一个孩子在宽松、和谐的环境中亲历成长的过程,体验成长的风景。

1. 学科课程——引发体验

(1) 创设体验情境,启发感悟体验

体验是由感受、理解、联想、情感、领悟等诸多心理要素构成的。在体验式教学中,教师需要挖掘并创设贴近学生生活的体验情境,学生主体根据已有的经验和认识去感受、理解事物,因发现事物与自我的关联而生成情感反应,并由此产生丰富的联想和深刻的领悟。如,五年级语文《生命的药方》一课,老师告诉学生得了艾滋病会发生什么情况,并创设体验情境让学生轮流通过角色替换的方式,模拟一旦遇到有人得了艾滋病的应对方式,体验一下突然成为病人的感觉,有助于学生体验遭遇生活方式突变时的复杂心情,学会在非常情况下对情绪的控制。

(2) 创新教学方法，引导参与体验

体验式教学方法包括讨论、辩论、游戏、音像播放、实物演示、小品表演、活动模拟等。很多学科有着丰富的生命教育素材，直接阐述了生命观、生存观、生活观。教学中，我们可以通过各种方式有机渗透生命教育，在学习的过程中引导学生去亲身经历，亲自体验，用自己的心灵去感悟。如一位老师在指导作文课《护蛋》时，让学生在一天时间中保护好鸡蛋并做好相关记录。学生在体验活动中充分感受到了作为家长的艰辛和不易，此项任务不但提高了写作能力，而且充分感悟到了关爱、感恩等情感。此外，运用学习任务单也可以为学生提供自主探究、合作交流、感悟体验的机会。学生在生动的学习过程中积累经验、感悟方法，获得成功的体验，使课堂焕发出生命活力。几年来，各学科老师积极尝试设计学习任务单，交流研讨，形成了浓厚的研究氛围，并撰写出了一篇篇高质量的案例和小论文，获得了许多奖项。

(3) 创设和谐氛围，享受快乐体验

体验式学习，需要创设适宜学生成长的宽松、民主、和谐的教学氛围，而良好的教学氛围缺少不了教师的成功表现，即热爱孩子、相信孩子、尊重孩子。在体验式教学中，教师需要精神饱满、富有激情，能运用生动的语言、形象的肢体、丰富的表情辅之以诚挚的情感；要有童心、童趣、童智；要善于激发、赏识和鼓励；要置身学生之中，增强亲和力，和学生一起唱、一起跳、一起游戏、一起交流、一起体验。如音乐课上张老师执教《小红帽》时，在教学方法的选择上将讲故事、游戏的形式贯穿始终，融入激励性评价，让学生在乐中体验，乐中学，乐中唱，整堂课学生在欢快的游戏中学习了新知。

(4) 评价交流体验，师生互动发展

适时的评价起到事半功倍的效果。学生在学习体验活动中不可能一帆风顺，一定是有喜有忧。教师应及时地予以实事求是的评价或肯定。当学生的回答出乎意料或错误时，不要马上否定，可以组织学生展开讨论，了解学生内心真实的想法。体验，既是一种活动，也是一个过程，教师的评价更重要的是对认识过程的评价。客观科学的评价，能使学生确切了解自己的体验。

2. 德育课程——引领体验

在德育课程中我们主要借助体验式主题班会，让学生多体验、亲感悟，通过主动参与特定的活动和游戏，在与同学的互动中，让学生亲身体验。以学生为主体，让学生在活动中体验，在体验中成长，在体验中发展自信心、胆识、情绪管理、自立能力、发现及解决问题能力等，塑造健康人格，培养学生的综合素质。

间接体验式——又称角色体验,采用模拟的社会和生活,为学生设计多个角色进行间接体验。情境创设是间接体验式课堂的主要方式。教师有目的地为学生创设恰当的情境,引导学生积极参与学校、家庭和社区的活动,在活动体验中提高道德水平。如高年级设计了"培养班队合作精神"的主题班会,让学生充分理解到竞争社会里人与人之间不仅仅存在"竞争",还有比"竞争"更为重要的合作,让每位学生置身于体验场中,进行真实的行动体验,从而形成情感的共鸣,获得直接认知。

直接体验式——回归生活,走向生活化。活动是生命成长的基础,只有加强实践体验活动,才能丰富学生的生活,才能让每一个成长的生命具有生活气息和时代气息,才能产生互动互促的教育效果。我校制定了《外冈小学社会实践课程化实施方案》,将社会实践作为开展生命教育的主要途径之一,倡导实践活动多样化,开展了"走进家乡名人——钱大昕"活动、上海工艺美术研究所活动、"外小志愿者"活动、"小龙人茶馆"活动、外冈游击队纪念馆活动、"我爱我嘉——感受家乡新变化"社会实践活动等,同时在各个传统节日里,以主题班会、诗歌朗诵会、座谈讨论会等多种形式开展了一系列丰富多彩的主题活动。如"传承民族文化,弘扬民族精神"活动、"探究重阳文化,传承民族精神"活动、"同在蓝天下,关爱共成长"等系列主题活动,将校外德育实践活动、校内主题教育活动、校园文化建设、艺术月活动等进行适时、有效的整合。

此外,还开设特色讲座课程,通过健康教育、预防艾滋病教育、毒品预防教育、环境教育、心理健康教育、青春期教育、安全教育和法治教育等专题讲座课程来帮助学生体会到身为人类的意义和价值,珍爱自己,保护自己的生命,了解生命的来之不易,体验生命成长过程中的曲折和乐趣,培养生命情感,感悟人生。

3. 活动课程——自主体验

学校发动教师参与课程改革,探讨课程中的生命教育,积极开发校本课程、特色课程,并以此为契机,改变相应的教学模式,从而也改变专业知识与生命教育相分离的局面。为此,学校组织教师依据学生需求、个人兴趣、特长爱好和能力所及,开发校本活动课程,培育学生的科学素养和生命价值。目前,我校开设了舞蹈、茶艺、科技、灯彩、棋艺、足球、跆拳道等共计52门校本课程。其中《走进外冈》《茶礼》《茶趣》《灯彩》《创意萝卜头》《"篮"精灵》《篮球梦想家》《慧雅书童经典诵读》等校本课程已编印成册。我们还充分利用社会资源,邀请有特长的校外辅导员和学生家长来校授课。通过活动,学生能获得许多在课堂中学不到的知识和技能,激发学习兴趣,发展个性特长,促进身心健康发展。

实践证明,丰富多彩的课程,让学生多方位展示了自己的才华,感悟了生命的价值,促进了个性健康和才能的充分发展。

(四) 教师生命教育素养改进策略研究

1. 提升教师生命素养指导水平

学校确定教师"人文素养、热爱学生、辅导知能"为导向的策略指标;制定衡量教师生命素养提升、尊重学生的生命价值、教师生命教育指导水平的指标。

(1) 阅读书籍,转变教育理念

师生、生生之间有效的心灵对话是以双方拥有健康的心态为支撑点的,尤其是教师,一个善于进行有效的自我心理调节、身心健全的教师,才能应付日常工作,才能培养出身心健康、高素质的下一代。为此,每学期学校都会为教师购买教育类书籍或者组织教师赴上海书城自主购买,同时鼓励教师撰写读后感,先后撰写了《为了学习者的学而教》《失控》《有氧教育30问》《儿童站在学校中央》等多篇读后感,并进行评比,对获得一、二、三等奖的教师进行表彰,同时推荐优秀随笔发表在校刊《田园牧歌》以及国家级核心期刊《新课程》上。

(2) 爱心关注,拉近师生距离

爱是教育的前提。学校通过问卷调查,向全校同学征集自己心中的老师形象,并把调查结果向全校师生公布,在此基础上,开展了"我心中的老师"讨论活动,并总结归纳出好老师必备的十大要素,分发到老师手中,希望全校老师努力向这个目标看齐。经过一段时间的实施后,学校又组织学生开展了"我们的温馨老师""我们的温馨课堂"等评比活动,这些活动的开展,不但拉近了师生的距离,让师生之间相互了解、相互理解,也让老师们学会了爱和示爱,更营造了温馨的课堂教学环境,促使教学质量有效提升。

(3) 尊重学生,发挥个性才能

课题组努力树立全面的生命教育观,不把分数作为教学的唯一追求,作为衡量学生和老师水平的唯一尺度,尊重每一个学生,使全体学生的潜能得到充分发挥,素质获得全面提高,个性得到充分而自由的发展。为此,学校每月一个主题,开展了"我是课堂礼仪星""我是课堂小主人""我的作业最漂亮"等系列"学习星"评比活动。这些活动,不但激发了孩子们积极向上、精益求精的进取心,而且帮助他们提高了对学习的兴趣。

2. 开展优良班级文化创建

优良班级文化创建旨在为学生营造一个有利其身心发展的诚信、友爱、积极、健康、充满活力的活动环境,促进其健康快乐地成长。

(1) 主题文化,彰显班级特色

让每一位学生都参与进来,共同建设自己的家,这一过程对学生来说是个极好的学习、体验、实践的机会,对老师来说又会成为一个极好的教育机会。因此,学校开展了"我的教室我做主"教室环境设计比赛活动。各班除了布置绿化角、生物角、爱心角等常规角落外,还要确立一个主题文化,这个主题可以是近阶段班风努力的方向,如"我们共同的家",培养集体观念,增强班级凝聚力;"诚信,让我们更美丽",培养学生诚实守信的品德;也可以结合重要的节庆纪念日,营造不同的班级主题文化,如"清明时节寻根去""感谢父母""探究端午文化,传承民族精神"等。此外,班主任情语、家长寄语、温馨用语等语言文化的布置,也让教室成为了老师和学生、家长和学生、学生和学生之间交流心灵的阵地。

(2) "成长树"上,折射生命光彩

各班教室的空白墙壁上都"种"上了一棵棵预示学生生命成长的"成长树",在老师的指导下,各班学生根据自己的喜好,种下了一棵棵有生命的苹果树、桔树、葡萄树……老师根据学生各方面的表现(纪律、作业、卫生、发言、特长等),发给他们"笑脸",每得到十个"笑脸",就可以到老师那儿兑换一个"果实",挂在自己的"成长树"上,孩子们都希望自己的小树结满果实,快快长大。在每个"果实"上,孩子们还写上了自己的快乐心语,写下了自己的奋斗目标,写下了自己对未来的美好希望……"种"下成长树一段时间以后,我们真切地感受到了"成长树"对孩子们的巨大影响。每一位学生都有属于自己的与众不同的"成长树",每个有进步、有发展的学生都有属于自己的"果实",都拥有那份属于自己的成长的喜悦。到"成长树"上面去挂"果实",又使学生永远对自己充满了期望,促使他们不断矫正自己的行为,为自己确定新的目标,激励自己不断努力。

构建体现生命色彩的教室环境文化,让每个班级都烙上了鲜活的、个性化的特征,折射出师生们共同的价值追求。

3. 多渠道构建和谐的人际环境

学生的健康成长,不仅需要一个温暖、舒适的外环境,更需要一个温馨和谐的内环境。这种内环境是由健康的心态与和谐的人际关系决定的。教师除了让学生经常地接受心理健康教育之外,还要注重班内特殊小群体的心理建设,引导和教育他们认识自我,培养自信、自省、自控、自我调节的能力,优化心理品质。

(1) 对随班就读生的个别化教育

我校的特教团队尝试基于评估结果制定随班就读学生的个别化教育计划。上半年,特教团队根据华东师范大学编制的"6+2评估量表",共同探讨研究,尝试对三年级两位随班生进行个别化教育评估。学校配备了资源教室,将资源教室划分了五个功能区域,分别是健身活动区、益智游戏区、认知学习区、沟通交流区及教师办公区,为各功能区有针对性地添置设施设备,适当对资源教室进行美化布置,营造温馨、舒适的学习和活动环境。目前特教组长兼任资源教师,保障资源教室工作的正常进行,定期开放资源教室为实施基于评估的个别化教育计划提供保障;定期开展资源教室快乐活动,提高随班生能力。

(2) 对学困生进行跟踪辅导

每位教师每个班级每学期至少确定一名学困生,并对该生进行不间断的跟踪辅导,列计划、定目标,制定《学困生跟踪记录表》。学困生主要是因为没有奋斗目标才对学习产生厌倦,在对每位学困生全面了解的基础上,给他们制定了阶段性学习目标和长期性学习目标,让他们为达到自己的目标而努力,如果有一点点成功,老师给予肯定,分享成功的喜悦,激发他们学习的动力。一位老师在跟踪辅导一名学困生一学期之后,这样写道:"针对学困生,我们要多方入手,形成合力,注重引导和激励,使生命主体全面、和谐、主动、健康地发展,使我们的教育真正走进学生的心灵,尊重学困生,不冷眼相待,不讽刺挖苦,用'爱'信任他们,动之以情,晓之以理,持之以恒。教师的信任,往往能激励他们克服缺点的勇气,促使他们发生根本性的改变。"

(3) 对行为偏差生的关爱

小学生由于生理、心理还未发展成熟,自我的控制能力较弱,容易出现一些不良的行为。教师应该关注他们的情绪生活和情感体验,关注他们的道德生活和人格养成。了解行为偏差生的心理——行为偏差生在性格上有自己的特点,我们要从他们的实际出发,因材施教,引导他们健康成长。面对行为偏差生,要善于观察、分析学生的心理状态,掌握他们心理上的特殊问题,采取正确的教育方法,有针对性地进行辅导,才能收到良好的教育效果。

关注学生的最近发展区,良好的自我意识是学生成长进步的心理基础。当一个孩子被认为是"差生"的时候,他就以"差生"的角色来认识自己。改变行为偏差生消极的自我意识,是教育转化他们的有效方法。为了培养其学习信心与活动兴趣,我们从孩子们的现有水平出发,关注孩子的"最近发展区",为他们设计适合的活动,充分发挥因材施教的原则,一步一步为其打好基础,层层递进。

保护行为偏差生的自尊心。行为偏差生与普通学生一样,都具有强烈的自尊心,当其受到某种指责时,为了保护自己往往产生叛逆心理:有的存在对立情绪,不听管教;有的产生自卑心理,消极沉闷;有的采取疏远集体,回避教育;甚至有的故意违纪,离校逃学;等等。而叛逆心理产生的根本原因是缺少爱的温暖而使心灵封闭。因此,在行为偏差生的教育中,我们要倾注爱心、耐心、信心,尊重他们的人格,以民主、平等的方式对待他们,用爱心融化行为偏差生的不良行为,在师生间建起一座心连心的桥梁,努力点亮行为偏差生的生命之光!

4. 建设提高教师心理辅导能力的校本培训课程

(1) 组织心理教育理论学习

学校利用嘉定区精神卫生中心地域资源,邀请医院心理主治医生来校为教师作心理危机干预、转介培训等,努力提高教师心理辅导的能力;同时建立了心理小组,每学期组织教师进行一至两次心理教育理论学习,主要内容包括:普及心理健康基本知识,树立心理健康意识,了解简单的心理调节方法,认识心理异常现象,初步掌握心理保健常识,学会学习、学会交流,适应升学、生活、社会等。具体内容有:帮助学生适应小学的学习环境和学习要求,培养正确的学习观念,改善学习方法,体验学习成功的乐趣;把握升学选择的方向;帮助学生了解自己,逐步学会调节和控制自己的情绪,抵制自己的冲动行为;帮助学生加强自我认识,客观地评价自己,积极与同学、老师和家长进行有效的沟通;帮助学生逐步适应生活和学习的各种变化,培养对挫折的耐受能力。

(2) 注重对教师的心理疏导

只有心理健康的教师才能教育出心理健康的学生,因此,加强师资队伍心理建设就成为了搞好心理健康教育工作的关键。为了促进教师身心健康,还通过谈心活动使教师调节情绪,调适身心。谈心谈话采取双向互动、一对一、面对面的方式进行,每月一次。既有学校领导与心理小组成员谈心谈话,了解近期教师心理状态,又有心理小组成员和教师谈心谈话,帮助教师调节情绪,调适身心。谈心谈话内容主要是:沟通交流思想,结合平时掌握的情况,谈工作、谈生活、谈学习,听取教师的意见和建议,帮助谈心对象调节情绪,适时提醒帮助;除此之外,还会谈其他需要沟通交流的情况,努力做到应谈尽谈。

(五) 体验式生命教育评价方式研究

对体验式生命教育的效果开展形成性评价和终结性评价研究；重视学习过程中学生的情感、态度、价值观的变化和发展，探索有效的"体验式"动态评价方式与策略，注重对学生学习、成长过程的记录。

1. **课程评价，激发生命活力**

(1) 学科评价

学习评价不单单针对教学内容，老师还会结合所学内容适时对学生的学习兴趣、学习习惯等方面进行评价。

如一位语文老师在执教《妈妈，我们要活下去》一课时，课上引导学生品味文中小男子汉的责任心和勇敢坚强的同时，为了培养学生学会倾听，与同学合作交流的好习惯，还在小组合作中设计了一张评价量表：

表2 评价量表

评 价 项 目	自 评	互 评
善于表达自己的想法	☆☆☆☆	☆☆☆☆
能倾听组内同学的发言	☆☆☆☆	☆☆☆☆
能虚心接受别人的评价	☆☆☆☆	☆☆☆☆

课上，学生在小组合作中自由探索，彼此交流，相互启发对生命的思考，同时又懂得如何和同学相处，受潜移默化的影响，从而促进体验式生命教育目标的实现。

(2) 活动评价

学生在参与实践活动后，对活动的合作能力、参与的积极性、活动的成果等方面进行的评价。

游园卡——它是游园活动中的一张评价表，鼓励学生积极参加各类实践活动项目，从活动兴趣和活动成果两方面进行评价。学生手持游园卡积极参加自己喜欢的游戏活动，充分体验活动的快乐。

成长足迹记录手册——该手册让学生在自主选择兴趣活动之后，将每次活动情况、活动的进步以及取得的成绩记录下来。一学期下来，学生们在各自喜欢的社团中积极参与，收获了快乐，培养了兴趣爱好。

2. 多元评价,提高生命价值

(1) 多维度评价

为促进学生综合素质的全面提升,需要多个角度、多把尺子评价学生,评价内容涉及:兴趣、习惯、学业成果等方面;评价范围为:课上、课外、作业、活动;评价形式为:自评、互评、师评、家长评。各学科老师设计了日常学习评价表,三大评价内容包含十多个评价指标,使学生和家长能看到各种各样丰富的、立体的、综合的评价与分析,还能看到来自同学、老师、家长、学生本人的个性化分析与建议。

另外,学校设计了"七彩卡",各学科老师随时可以给各方面表现优异的学生颁发"七彩卡"。"七彩卡"可以颁发给"认真思考"的学生,可以颁发给"遵守纪律"的学生,也可以颁发给"热爱劳动"的学生等,任课老师只要发现学生身上的闪光点就可以给予其"七彩卡",表示对该学生的赞美,使学生获得快乐体验,激励学生不断成长进步!

(2) 多种评价方式

评价是一种引导,为此,各学科针对学生学习的全过程,研究详尽的评价指标,根据学生发展的需要确定不同的评价方式,使教师的评价视角和意识贯穿在学生整个学习过程之中,促使学生对自己的学习过程积极投入,学会反思和总结自己的学习,学会对自己负责。

语文学科的"星级评价"量表(主要通过学生得星数的多少划分等级为"优秀""良好""合格""须努力")如下:

表3 "星级评价"量表

评价方面	具 体 内 容	摘星数量
学习习惯	不交头接耳,不做小动作。	☆☆☆☆
	积极思考,踊跃举手发言。	☆☆☆☆
	合作交流,积极参与讨论。	☆☆☆☆
	今天我一共摘到了_____颗星,星级评价为_____。	

数学学科的"表现性评价"量表(即主要根据表现性任务设计的评价量表,不仅关注学生的学业成果,也关注学生的学习兴趣和学习习惯、思维水平及解决问题能力等方面的表现)如下:

表4 "表现性评价"量表

学生姓名（　　）	评 价 标 准			学生表现（等第）
	A	B	C	
学习兴趣	积极主动地了解任务要求,并尝试用学过的方法解决问题。	被动地等待任务布置,能够尝试用学过的方法解决问题。	游离于任务活动以外。	

自然学科的"激励性评价"量表(在课堂教学中以种太阳的形式融入激励性的评价)如下:

表5 "激励性评价"量表

评价内容	观察点	等第标准		评价主体	评价方式
		待努力	合格		
操作习惯	实验前后,材料的摆放。	未进行实验时,不摆弄材料;实验后,材料收拾好。	实验前,不摆弄材料;实验后,将实验材料按类别收拾好。	教师学生	课堂观察
		按实验要求操作。	按实验要求规范操作。		

形式多样的评价方式较易促成一个以评促学的良性循环,有效地提升了学习气氛,课堂更显活力,教学也更丰实有料,教师教中有评,学生学习犹如品茗,神清气爽。

八、研究成效

经过本课题的研究,学校收获颇多,在学校发展、师生成长方面均有很大的突破。

学校方面:学校在传承"为五彩生命奠基"的基础上,逐渐提炼出契合我校转型发展的新办学理念——"让生命个性舒展"有氧教育理念,同时又以"体验式生命教育"为载体,积极探索适合学生发展的活动体验课程体系,进一步发展学校特色,打造品牌课程,提升办学质量,让每一个孩子健康快乐成长。

在课题研究的这三年中,学校开发了13门特色生命课程,编制了形成性评价和终结性评价量表,学校获8项市级荣誉。

教师方面：一是教师"重教轻育"的观念得到转变。如今，我们的教师除了关注课堂教学质量、学生的学业状况之外，还有意识地注重对学生生命教育的培养，同时对开展生命教育的教学方法、手段也变得灵活多样。教师与学生之间的关系也更近了。二是教师专业水平得到了提升。教师在自主开发活动课程的过程中不断学习、实践、研究，专业能力有了一个质的飞跃。一大批优秀的青年教师涌现出来，给学校教育教学工作带来生机和活力，同时也给学校文化带来了新鲜的内容和形式。以2016下半学年为例，我校教师个人和团体在各类活动、各种比赛中获28项荣誉。

　　学生方面：学生是本研究的最终受益者，其个性得到全面发展。在知识技能上，学生的知识面大大拓宽，视野开阔了；在学习方式上，学生主动搜集信息、学习知识的积极性提高了；在能力发展上，学生处理信息的能力增强了，语言表达能力提高了，动手能力和社会交往能力发展了；在情感态度上，学生的学习兴趣浓厚，自主探究、团结协作的意识增强，同学关系融洽，科技意识、环保意识、生命意识等逐步树立，学生的综合素质明显提高。家长们也对学生取得的多元发展表示了充分的认可和肯定。以2016年为例，我校学生在参与各类活动中荣获17项荣誉。

（课题主持人：高红卫）

4. 小学体验式生命教育深度研究

（2017年5月—2020年12月）

一、研究背景

　　生命教育（Education for life）由美国的华特士（J. Donald Walters）于1968年首次提出。同年，他在美国加州创办了第一所生命教育学校——阿南达智慧生活学校，开始倡导并践行生命教育思想，其生命教育的主要内容涉及品格教育，目的是为了促进学生在身、心、灵以及精神各层面的逐步进步。英国生命教育的开展主旨在于防治药物滥用。而在澳大利亚，生命教育主要是为了有效解决青少年的吸毒、暴力、艾滋病等问题。新西兰生命教育的重点是延续对人类身体的认识。20世纪90年代，国内教育研究领域开始关注生命教育。叶澜教授在《让课堂焕发出生命活力》一文中提出，突破"特殊认识活动"的传统框架,必须以更高的层次——生命的层次,用动态生成的观念,重新全面地认识课堂教学,构建新的课堂教学观。刘济良的《生命教育论》构建了生命教育的理论。2005年上海实施了《上海市中小学生生命教育指导纲要(试行)》,强调对青少年进行生命起源教育、性别教育、青春期教育、心理健康教育和生存教育。

概览国内外生命教育的有关研究,不难发现,生命教育的研究内容丰富、角度多样、范围全面。生命教育在国内引起了重视并且已经实施多年,有一定的实践。但从总体上来看,对于如何有效地在小学开展生命教育的研究仍然有限。体验式生命教育作为一种富有生命性的教育方式,其充满个性和创造性的体验过程正是进行生命教育不可或缺的,在小学生命教育中具有举足轻重的作用。

我校在第一轮小学体验式生命教育的研究中,积累了一定的经验,取得了一些成果。目前已经完成了对小学体验式生命教育的目标体系、校内外人文环境、教师生命素养改进的研究,而校本体验式微型课程的开发及实施、培养学生社会适应性能力以及体验式生命教育评价方式的研究在"小学体验式生命教育支持策略研究"的研究过程中发现还有可待深入研究的意义。

上海中小学生命教育已经实施多年,通过不断尝试和探索,积累了一定的经验,目前生命教育的研究内容丰富、角度多样、范围全面。但从总体上来看,对于如何有效地在小学开展生命教育的研究仍然有限。体验式生命教育作为一种富有生命性的教育方式,其充满个性和创造性的体验过程正是进行生命教育不可或缺的,在小学生命教育中具有举足轻重的作用。因此,在小学中开展体验式生命教育的研究应该会为小学生命教育开辟一条有效的途径。

二、研究意义

1. 结合学生学科核心素养培养进行深化研究

学科核心素养主要指学科的思维品质和关键能力。注重学生学科核心素养培养的教学模式不仅仅是传授知识、培养技能,而是要帮助学生养成良好的学习习惯,启发学生独立思考,帮助学生积累经验。体验式生命教育的深度研究将核心素养结合在学科教学、评价方式的实践研究层面,从而促进学生全面发展,关注学习过程,提高创新能力和思维品质。

2. 结合区幸福课程校本化深化研究体验式生命教育微型课程开发

幸福课程以生活体验方式,向学生传授获得幸福和自信所需要的自我认识能力、健康生活能力、有效学习能力、社会交往能力、团体合作能力、社会履职能力等。而在有效贯彻落实《上海市中小学生生命教育指导纲要(试行)》的过程中,需要不断探索实践,将生命教育落到实处。因此,结合区幸福课程的理念和目标,为使学生的体验式生命教育微型课程更能贴近学生生活实际,培养健康人格、全面发展的人才,进行了体验式生命教育校本微型课程的开发与实施,促使小学体验式生命教育内容更完整,实践活动更丰富,帮助学生认识幸福、体验幸福和创造幸福,使体验式生命教育更有效。

结合区幸福课程的校本化体验式生命教育微型课程属于生命教育课程体系,能灵活运用于课内外教育教学和实践活动中;能有效地利用校内丰富的生命教育资源;能对学生起到切实有效的教育与影响。这不仅打破了传统的教学组织形式,而且改变了教师与学生的课堂地位,还使校本化课程体系更丰富、更灵活,使教学成为一种由教材、教师与学生、教学情境、教学环境构成的生态系统。

3. 为同类学校提供可供借鉴的资源

自 2005 年《上海市中小学生生命教育指导纲要(试行)》颁布以来,生命教育越来越受到各中小学的重视。本研究将结合我校的传统文化教育特色,系统地从校本课程开发、教师培训、生命教育深度研究实施等方面开展综合研究,可以为同类学校提供借鉴参考。

三、核心概念及界定

生命教育,就是关于生命常识及体验生命活动的教育。其目的在于教育学生注重对生命的认识和感悟,提升生命质量,挖掘生命潜力,从而使生命能够得到更好的发展。

体验式生命教育,本课题以小学生为对象,以学生个体体验为核心,包括本体性体验、情感体验、生活体验。我们认为:对小学生而言,体验式生命教育要坚持自主性、接纳性、参与性、引导性、平等对话等原则。

深度研究,本课题在"小学体验式生命教育支持策略研究"的基础上,结合学生学科核心素养,体验式生命教育与学科教学间的整合,基于区幸福课程的校本化实施微型课程以及体验式生命教育评价方式进行深度研究。

四、课题研究方案

（一）研究目标

课题研究通过进一步加强教师实施体验式生命教育的能力，构建适合小学生的体验式生命教育校本微型课程，探索和形成生命教育与学科教学整合策略及评价方式，培养学生社会适应能力，从而有效促进学生在人际关系、生存技能、自我认知良好发展。

（二）研究内容

在主课题之下建立子课题，从学校教育教学工作的各个层面开展主题性研究，形成分层分工合作，整体推进的研究态势。

1. 体验式生命教育校本微型课程的开发。
2. 体验式生命教育校本微型课程的实施。
3. 体验式生命教育与学科教学的整合。
4. 教师指导体验式生命教育案例的研究。
5. 基于"培养学生学科核心素养"理念，探索体验式生命教育评价方式。

体验式生命教育是一项涉及到学校、家庭和社区的系统工程，需要积极探索符合学生身心发展需要的新思路、新方法，找到适合学生生命成长的有效策略。

（三）研究方法

本课题以行动研究的方式开展实践研究。

1. 文献研究法

从文献资料中获得对体验论、体验式教学与学校生命教育的契合点，奠定其理论基础。

2. 调查法

编制师生调查问卷，旨在了解学生的生命意识现状，了解在体验式生命教育校本微型课程开发实施过程中的困惑等。

3. 案例研究法

针对不同情况，尝试使用不同的教学策略，调整教学策略。

4. 经验总结法

通过研究对本校开展体验式生命教育的优秀案例进行总结，并及时推广，最终形成本课题的研究报告。

(四) 研究步骤

本课题研究分为三个阶段。

1. 第一阶段：研究准备阶段(2017 年 5 月——2017 年 12 月)

组建研究团队，制定研究方案，形成调查报告。

2. 第二阶段：研究实施阶段(2018 年 1 月——2020 年 3 月)

(1) 教师培训：2018 年 1 月——2018 年 6 月

组织学习相关的理论著作，培训体验式生命教育校本微型课程开发组的老师。

(2) 第一次实践：2018 年 7 月——2018 年 8 月

① 确定体验式生命教育校本微型课程目标与内容。

② 开展教学研究。

③ 采用活动反思、案例评比等活动。

(3) 第一次调整：2018 年 9 月——2018 年 11 月

根据对试验阶段的反思、评价进行调整。

(4) 第二次实践：2018 年 12 月——2019 年 2 月

将课程目标、课程内容、教学策略应用到教学中，以活动专题的形式开展实践研究，形成阶段性研究报告。

(5) 第二次调整：2019 年 3 月——2019 年 5 月

针对第二次实践阶段中发现的问题和取得的成果，进行再调整。

(6) 第三次实践：2019 年 6 月——2020 年 3 月

开展第三次教学实践研究，形成阶段性教学论文和教学案例。

3. 第三阶段：研究总结阶段(2020 年 4 月——2020 年 12 月)

整理、汇总各类研究资料，撰写结题报告。

五、研究过程

课题研究实施三年多来，课题组成员本着继续学习、研究的心态，在各自负责的项目中不断摸索、交流研讨、团结协作，使课题研究得以顺利完成。

(一) 突破口——开展调查研究找准行动靶心

1. 对学生认知的调查

课题组首先在广泛查阅相关文献、座谈讨论的基础上，编制了《小学体验式生命教育校本微型课程调查问卷》。调查发现：经过"小学体验式生命教育支持策略研究"的三年研究，学生对于"体验式"生命的认知和情意行为有较明显的提高，教师生命素养指导水平得到了提升和发展；但还存在以下问题：① 体验式生命教育校本微型课程的资源不够充足；② 体验式生命教育校本微型课程内容单一；③ 小学生在自我评价和自我认识等方面缺少正确的认知观念。

2. 对教师教法的调查

课题组通过对教师的访谈发现，教师对体验式生命教育的认识也有很大的提升，但体验式生命教育校本微型课程实施中很多时候受学生家庭环境以及家长教育理念的影响，无法有效全面地实施；受学业压力的影响，校本微型课程实施的部分时间被占用。

(二) 支撑点——学习理论知识夯实行动基点

1. 邀请专家零距离指导

嘉定区教育发展研究中心王威尔主任是本课题的主要指导专家。课题组多次邀请王老师为我们课题研究出谋划策。行动研究前，就调查梳理的一些问题以及如何开展行动研究邀请王主任来给课题组成员做了面对面的交流、指导。行动研究的过程中，就遇到的一些困难和瓶颈，王主任也给予了指导与点拨，帮助课题组梳理了解决的方法和策略。

2. 理论学习及时跟进

搜集与课题相关的网络学习资料，就生命教育的理论精髓组织深入学习；集中学习相关杂志如《新课程》《现代教学》《上海教育》等，精选相关内容，学习交流，丰富理论，提供支撑。

六、研究成果

(一) 体验式生命教育校本微型课程的开发

1. 制定体验式生命教育微型课程的目标体系

完善学校生命教育体系，在上一轮体验式生命教育支持策略的研究过程中，已初步制定我校生命教育体系，本课题研究将继续完善生命教育体系，开发校本体验式生命教育校本微型课程。结合区幸福课程理念和目标，帮助学生认识幸福、体验幸福和创造幸福，培养健康人格、全面发展的人才。提升自我价值，提高学生的人际交往和生存技能,提升学生在自我概念、自我体验、自我评价等方面的认识,使体验式生命教育更有效。以上三个层次目标之间是层层递进、相互联系、相互渗透的。

2. 体验式生命教育校本微型课程内容选择的依据

体验式生命教育校本微型课程内容的选择必然受到社会需求、学生发展等因素的影响,因此其内容的选择其实是一个价值判断的过程。我校体验式生命教育校本微型课程内容选择的依据为:第一,学生的需要、兴趣和身心发展水平。体验式生命教育校本微型课程的开发与实施就是要提高学生的人际交往和生存技能,提升学生在自我概念、自我体验、自我评价等方面的认识。因此,体验式生命教育校本微型课程内容的选择是关注学生的各种研究,尤其是学生的需要、兴趣、身心发展特点。在前期的《小学体验式生命教育校本微型课程调查问卷》中,我们发现小学生在有关生命的认识、生命的意义、珍爱生命、生命与自然等方面有了比较大的提高。但小学生在自我评价和自我认识等方面缺少正确的认知观念,教师对学生的生命教育内容太少,缺少与实际相结合的经验,生命教育的渗入不够深,学生在遇到突发情况的时候会忘记教师教的理论知识。为此,在体验式生命教育校本微型课程中需要增添这些方面的内容。第二,学校体验式生命教育方面积淀的经验和基础。我校开展过"基于'为五彩生命奠基'的教师人文素养培养的实践研究""小学体验式生命教育支持策略研究",在连续两个课题共 6 年的研究中,打下了扎实的教育教学基础。学校原来的生命教育课程、生命教育资源、生命教育实践活动,都可以为体验式生命教育校本微型课程的开发实施提供相应的经验。第三,《上海市中小学生生命教育指导纲要(试行)》(下简称《纲要》)的要求。体验式生命教育校本微型课程的开发实施也是为了更好地落实《纲要》精神,帮助和引导学生在体验式生命教育校本微型课程的学习实践中,培养学生社会适应能力,从而有效促进学生在人际、生存技能、自我认知的良好发展。

3. 体验式生命教育校本微型课程内容的确定

根据体验式生命教育校本微型课程内容选择的依据,课题组综合意见后决定结合教师的专业知识技能和发展水平,以学生的需要和身心发展水平为依据,从学科教学、专题教育、主题活动、实践体验、区域协作五个方面,制定各年级体验式生命教育校本微型课程内容(又称为五彩课程),从而帮助学生正确认识自我,客观进行自我评价,促进小学生人际交往和生存能力。

(二) 体验式生命教育校本微型课程的实施

小学体验式生命教育校本微型课程内含丰富主题,采用单一课程实施方式无法满足生命的多样需求。此外,体验式生命教育重在实践体验。只有让学生积极地动手、动脑、动眼、动口,多用器官去认识、感悟、理解,体验式生命教育才能对学生身心成长有足够的震撼和影响。因此,体验式生命教育在实施过程充分利用快乐半日活动、班团队活动、课外实践体验活动、少先队活动、家长微课等多种载体,让学生感悟生命的价值。

1. 精彩活动,助力快乐成长——快乐半日活动

在体验式生命教育校本微型课程的开发与实施过程中,学校快乐半日活动结合"有氧教育——让生命个性舒展"的办学理念,不断增强课内外教育活力,不断丰富"第二课堂"的内容与形式,让学生在自我成长和发展过程中体验快乐、享受幸福,让学生的个性得到充分、自由、自主的发展。

(1) 自主拓展,不一样的快乐

在全面了解学生需求、结合教师特长的基础上,在快乐半日活动中共开设了32个班级兴趣课和24个校级兴趣课来丰富学生学习经历,提升学生学习品质和核心素养。56个丰富而有特色的活动,为学生提供了多样的选择,充分尊重了学生的兴趣,挖掘了学生的潜能,有效促进了学生的健康快乐成长。其中,最具特色的是茶艺课程,2000年起我校茶艺老师尝试在校本课程中进行茶文化课题探究,成立了茶艺社团,师生受博大精深的茶文化的熏陶,诞生了一批又一批的茶艺教师和小茶人,编写了供师生使用的校本系列教材《茶趣》《茶礼》《茶探》《茶器》,形成了以"探茶艺、学做事、学做人"为特色的社团文化和校本课程,茶室就是学生的温馨家园。

(2) 体育活动,奔跑中的快乐

学校牢固树立"健康第一"的思想,积极开展阳光体育活动,我们积极探索学生感兴趣、富有活力和特色的小游戏,形成校本课程《有氧小游戏》,组织学生开展各类喜闻乐见的活动。学校还自编田径操、篮球操、跆拳道操进行全校范围内教学,创出学校特色,让学生在奔跑中体验自我的成长、感受运动的快乐,今年我校还成为了全国校园足球特色学校。

(3) 探究活动,勤思考的快乐

拓展型课程的开发工作,是一种教育资源的发现与整合工作,这一工作离不开对校内校外教育资源的敏锐洞察和有效整合,我们根据本校师生和教育资源的实际,结合外冈地区的社会资源,统筹开发了多种多样的探究型主题活动。通过各种活动的实施,使学生的兴趣爱好和潜能得到进一步开发和发展,满足学生不断发展的需要,培养

勇于探索、积极创新、自觉钻研、进取向上的精神,感受勤思考的快乐。

2. 丰富课程体系,还原学生真实的成长——主题教育活动

在体验式生命教育微型课程实施的过程中,结合区幸福课程校本化,充分发挥班团队活动的重要作用,力求体现班团队课程的多样性、趣味性和适应性,从而有效促进学生在人际、生存技能、自我诸方面的良好发展。

(1) 结合主题教育活动,完善生命教育体系

结合国旗下讲话、红领巾广播、午会课开展生命、民族精神等专题教育,帮助学生加深对生命的尊重和热爱,建立正确客观的自我评价,提高人际交往能力,增强安全防范能力和自救能力,为学生的终身幸福奠定基础。

(2) 落实"氧"成教育,提升自我价值

以"五彩课程"为载体,实现学校德育内容的具体化、系统化,组建校级课程研发核心团队,深化校本幸福课程,形成校本优质课程群,增强课程与生活的联系,推进课程间的融合,为学生生命健康成长养成提供"氧"料,提高了学生道德水平、学习习惯、生活能力和适应能力。"学科融合"培养学生良好行为习惯和生命教育知识的学习,"专题教育"增强学生安全防范能力和自救能力,"主题活动"养成学生良好品质,"实践体验"发展学生的主体能力,促进自我价值的实现。"区域协作"提升学生思想道德素质,共同促进学生的幸福健康成长。

3. 强化区域协作,感悟生命——课外实践体验活动

学校充分发挥安亭消防中队、外冈市场监督管理所、外冈游击队纪念馆、社区居委等共建单位的优势,有效利用资源,采用请进来、走出去的形式,在他们的支持帮助下,开展形式多样的体验活动。分年级、分阶段地深入开展实践体验活动,不断丰富课程内涵,形成区域特色。如3·15红盾维权活动、"缅怀先烈,做新时代好队员"清明扫墓活动;参观外冈游击队纪念馆、安亭消防站、嘉定图书馆和孔庙,以此深化民族精神教育和生命教育。积极开展社区志愿者活动(红领巾护校队、红盾小卫士、啄木鸟行动)、望新敬老院慰问老人以及校园实践、升旗仪式等活动,提升学生思想道德素质,提高社会适应能力。

此外,学校每学期组织学生参加研学旅行、夏令营等活动,让学生接触大自然,提高生存技能,增强人际交往能力。

4. 思想引领,体验幸福——少先队活动

学校利用少先队阵地广泛宣传,全校32个中队、一千多名队员开展"好队员在行

动""嘉定少年儿童学习十九大精神"等一系列活动,激发队员们对祖国和家乡的热爱,引导队员们尊重生命,提高生命质量,实现生命价值,并对全体队员进行思想道德教育、人生观启迪、责任感的培养。2020年4月,队员们利用网络、电话等形式采访身边的英雄,并以此为切入点,融入自然、社会、人文等方面的思考,使体验式生命教育立体而有效,有利于促进学生生命个体更好地成长。

我校还将体验式生命教育与雏鹰争章活动有效整合,根据少年儿童的心理特点,走进队员的生活,关注队员的道德成长需求,紧紧抓住每个队员人生阶段的成长转折点,借助仪式教育对全体队员进行思想道德教育、人生观启迪、责任感的培养,将雏鹰争章作为少先队仪式教育的评价手段之一,为队员提供一种人生成长经历。在实施仪式教育时,充分关注队员的年龄特点和身心特征,注重仪式教育的准备过程、活动课程和评价过程,关注队员的需求,引导队员全程、全员、全面参与到仪式教育中来。

5. 家校共育成长——家长微课

整合地域资源,借助家长优势,促进家校共育成长。作为上海"十三五"家庭教育指导实验基地校,学校从自身的传统和优势出发,积极谋求学校家庭教育指导创新发展的增长点,特色理念日趋凸显,并不断融入到我校家庭教育指导中,开展更有特色性的家长微课。优化班级德育效能,提升班级文化的内涵,让学生能更加健康、快乐、活泼地生活、成长。

(1) 打造一支专注、专心、专业的家庭教育指导团队

团队由全体班主任组成,并从中挑选优秀班主任为家庭教育指导骨干,共同参与家庭教育指导校本课程的研发和完善,我校家庭教育指导确立了"有氧家校育成长"的合作理念,让每一个家庭都能绽放生命活力。

(2) 打造"有氧家长学堂"系列家庭教育指导校本课程

采用请进来、走出去的形式,分年级、分阶段地深入开展实践体验活动,不断丰富家校课程内涵。各级家长委员会积极投入到德育课程的策划与实施过程中来。学校还指导家长在家庭教育中培养孩子良好的学习、生活习惯;与外冈镇邻里中心我家书房开展"律动外冈悦享生活"活动;开展"助力进博绿动外冈"垃圾分类亲子活动等。结合《嘉定区"学生幸福课程"实施指导纲要》,以符合儿童认知水平的德育内容为抓手,以体验式生命教育"知晓—践行—体验—实践"为手段,以学生能理解的、易于接受的、丰富多彩的活动为载体,精准聚焦于"家校协同"下的幸福校本化实施,通过用脚"探"

路幸福，用心"探"寻幸福，用手"探"造幸福方法，落实幸福研学旅行"探"课程，把家长请进来，共同设计研学旅行，把学生带出去，让学生在轻松愉悦的体验中将思想转化为行动，全面提高学生的素质，促进学生的整体生命成长。

(3) 有效落实家长幸福微课

学校结合家长的专长或工作特点，以班级为单位，让他们走进学校，走进班级，开设"技艺类""艺术类""健身类""阅读类""安全类"等家长幸福微课。每一次家长幸福微课都颇具亮点，让学生们受益匪浅。每一次课后，学生们都意犹未尽："我太喜欢这只千纸鹤了，我要带回家把它放在书架上每天欣赏！""回家我也要和爸爸妈妈一起打五步拳，全家一起强身健体！""家长幸福微课"活动的顺利开展，离不开每位家长的鼎力支持，班主任老师也付出了很多的时间和精力。家长们和老师们的付出给外小学子体验生活带来了无限乐趣。同时，在这样一堂堂有趣的幸福微课中，孩子能够形成良好的品德，实践能力能够得到提升，能更加健康、快乐、活泼地成长。

(三) 体验式生命教育与学科教学的整合

制定基于学科核心素养的各学科体验式生命教育的目标

目前，各学科制定了基于学科核心素养的各学科体验式生命教育的目标：即基于各学科培养学生核心素养的理念。在制定目标时，既要关注学科本体知识、学科核心素养等内容，也要关注人际关系(包含合作、助人、友爱)、生存技能(包含社会适应能力、自救自护)、自我认知(包含自我概念、自我体验、自我评价)等体验式生命教育的要素。

体验式生命教育的理念本身体现了对于生命的全面尊重，能促进学生自身性格的发展，健全学生的人格。对于学生来说，在以"知识"习得为主要目的的课堂学习的过程中，缺少对自我的认知，缺少课堂体验，我们的研究旨在帮助他们进行转变，为他们构建一个良好的体验式生命课堂。

(1) 找准目标学科，开展深入研究

语文学科是基础教育课程体系中极为重要的一门学科，它兼具工具性和人文性，既要培养学生听说读写的语文能力，掌握一定的语文知识，还要培养学生爱国主义精神、社会主义思想道德品质等。从2019年开始，语文学科全面更换统编教材，为了加强青年教师对新教材的研究，为了更好地落实体验式生命教育的教学目标，课题组研究决定，在语文学科展开体验式生命教育的深度研究，开发体验活动课，有效落实语文学科生命教育目标。

(2) 提炼体验教法,形成教学案例

明确了研究方向后,我校组建了语文学科研究小组,多次集中研讨,总结梳理了一套落实体验式生命教育的体验方法。

游戏式体验(主要侧重人际):体验是一种具有内发性、亲历性和独特性的体会和经历,而游戏是有效调动学生情绪、激发学生思维的一种手段。教师结合阅读文本创设游戏情境,把生活中常见的伙伴之间的相处通过游戏情境加以展现,引导学生在游戏中进行体验,让学生在体验中细细体味,从而提升学生的价值观。

角色式体验(主要侧重生存技能):角色式体验是指假定某一模拟环境,学生扮演特定的角色,通过表演使所有学生参与到模拟环境当中,通过观察、参与、体验、反思等过程,使学生在实践中得以体验。在语文阅读教学中,角色式体验有助于强化学生的参与意识,提高学生的学习热情,调动课堂气氛,激发学生的创新意识,也有助于唤醒学生的内省程度。

合作式体验(主要侧重人际或生存技能):合作式体验是在以"小组"为单位开展的合作性学习过程中获得的感受。有效的合作学习,既培养了学生的合作精神,又激励了学生的学习兴趣。小组之间的配合,能实现小组内各个成员共同发展的目标。

感悟式体验(主要侧重自我方面):体验是阅读教学的实践基础,感悟是在体验上的升华。教学中,教师着重引导学生深入阅读文本,走进人物心灵深处,感受人物的美好心灵,使学生在潜移默化中感受到美好情感的陶冶,从而提升学生的价值观。

想象式体验(主要侧重自我方面):体验是阅读教学的实践基础,想象是体验的中介,可以充分整合和激活学生的灵感与创造,带动多角度、有创意的阅读,是阅读教学联系语文要素的有效中介。教学中,教师可先创设情境,激发学生阅读和探究的欲望,接着让学生展开想象,获得体验的升华,最后大家交流表达,形成多种思想的碰撞,促进学生的创新思维的发展。

(3) 设计活动课堂,增强学生体验

为了让研究更扎实,增强学生的体验,除了进行教学案例研究,我校语文学科研究小组还设计了体验活动课,利用班会课、探究课、拓展课进行延伸教育。每节体验活动课的体验活动单也精心设计,活动内容丰富多彩,页面设计十分精致,让学生在愉快的气氛中学习。综上所述,体验式生命教育与语文学科教学的深度融合,既符合课改的发展方向,又是提高我校学生生存技能和生命质量的重要途径。我们教师既要把握好学科核心素养的内涵,明晰学科教学的目标,又要结合体验式生命教育的内容,清楚各学科各学段的生命教育目标,同时在自己平时的教育教学中不断实践,为焕发学生有活力的生命而不断奋进,探索更有效的整合模式。

(四)教师指导体验式生命教育案例的研究

体验式生命教育的深度研究旨在加强教师实施体验式生命教育的能力,构建适合小学生的体验式生命教育校本微型课程,探索和形成生命教育与学科教学整合策略及评价方式,培养学生社会适应能力,从而有效促进学生在人际关系、生存技能、自我认知的良好发展。在案例研究中,我们紧紧围绕体验式生命教育的内涵——人际关系、生存技能、自我认知分别在教学、德育两块开展实践研究。

1. 继续开展校本培训,提高案例撰写能力

在"小学体验式生命教育支持策略研究"中,教师已具备了体验式生命教育的意识和基本能力,但撰写体验式生命教育案例的水平仍需提高。因此,课题组邀请了嘉定区教育发展中心主任王威尔老师给教师作"体验式生命教育案例研究"讲座,在有氧科研沙龙中开展案例研究分析,结合教研组活动探讨案例研究中的困惑与策略;此外还通过对外网络窗口,开辟好书推荐、好文共阅栏目,结合"小学体验式生命教育深度研究"的课题,每月向老师推送一批好书、好文,供教师自主选择学习,多方建设多元校本培训课程,不断提升教师撰写体验式生命教育案例的专业水平。

2. 体验式生命教育优秀案例的标准

根据《上海市中小学生生命教育指导纲要(试行)》的要求以及本课题生命教育内涵确定体验式生命教育优秀案例的标准,从三个方面进行案例研究。

第一,体验式生命教育校本微型课程的开发与实施。有效实施体验式生命教育微型课程,如快乐半日活动、主题教育活动、课外实践体验活动、幸福课程。

第二,体验式生命教育与学科教学整合。"有氧教学,活力课堂"的教学模式,使课堂焕发学生的生命活力;基于各学科培养学生核心素养的理念,渗透体验式生命教育。

第三,基于"培养学生学科核心素养"理念,探索体验式生命教育评价方式。在体验式生命教育中,运用多元评价方式,提升学生的人际关系、生存技能、自我认知。

3. 加强案例推广,彰显课题研究价值

每学年要求每位教师撰写体验式生命教育案例,包括在课堂教学中渗透体验式生命教育的案例,"有氧教学,活力课堂"教学模式的探索,幸福课程、快乐活动日等方面开展体验式生命教育中的相关研究,形成一个个典型案例。比如:在《让生命之花在语文课堂上绽放》语文教学案例中,老师在《这条小鱼在乎》这一课中,设计了以下

活动:

(课文内容)他忽然看见一个小男孩,走得很慢,而且不停地在每一个水洼旁弯下腰去——他在捡起水洼里的小鱼,并且很用力把它们扔回大海。师:说说让你感受最深的一个词语。

生1:"不停"说明鱼很多,成千上百条,如果慢了,小鱼就会被晒死。

生2:"走得很慢"一个水洼一个水洼走过来,不漏掉一个水洼,一条小鱼。

生3:"用力"才能把鱼放回大海,不然又会被海水冲上来。

活动中,老师充分发挥学生的自主性、主动性和创造性,尊重学生的个人感受和独特见解,努力寻求学生的独特认识、感受、方法和体验,使学习过程成为一个富有个性化的过程,激发学生热爱生命、珍惜生命的情感。

目前《田园牧歌》案例集已编了两本,每位教师人手一册,在备课组内进行学习讨论,尝试将不同学科的方法用到自己所教学科。如《田园牧歌》——语文学科案例集中,语文老师在案例中所使用的游戏式体验、合作式体验,还可以用于数学教学以及数学回家作业的游戏式口头作业。

根据我校龙头课题"小学体验式生命教育的深度研究"设计子课题,如校级课题"小学数学高年级'体验式'开放性作业的实践与研究""小学心理活动课中运用'体验式'游戏建立良性朋友圈的实践研究"等,实现教研科研一体化推进。"有氧教学——让生命个性舒展"教学模式的研究,由教导处组织以学科组活动为平台,吸引更多教师参与其中,实现全校教师的卷入式研究。

(五)基于"培养学生学科核心素养"理念,探索体验式生命教育评价方式

我校在注重培养学生学科核心素养的过程中继续探索体验式生命教育评价方式,关注学生的发展、学习的过程,开展对体验式生命教育效果的过程性评价和终结性评价研究,重视学习过程中学生的情感、态度、价值观的变化和发展,科学合理地运用评价指引学生实现核心素养的提升。

1. 丰富评价内容,激发生命活力

(1) 学科评价

学习评价内容不单单针对教学内容,更多的要将学科知识向学科核心素养进行扩充,重视学科知识的实践、语言能力的提升、思维的发展等方面。教师在日常评价中还会结合所学内容适时对学生的学习兴趣、学习习惯等方面进行评价。评价表中学习习惯又划分为"听说习惯、合作习惯、操作习惯",其评价标准分别对应了数学科学课的逻

辑思维、实践操作、核心素养,每一种评价内容都有三个等第"A、B、C",这样学生评价不仅清晰明了而且富有针对性、层次性,有益于学生正确客观地认识自我,以便及时改正,提升自我价值。

(2)活动评价

学生在参与实践活动后,对活动的合作能力、参与的积极性、活动的成果、知识的运用等方面进行了评价。

我校区级重点课题"小学数学低年级表现性任务设计及评价的实践与研究"获得嘉定区教育成果二等奖,目前课题研究成果正尝试推广到我校其他年级、学科。如一位自然老师在执教《身边的材料》一课时,结合一年级学生年龄特点,设计了一个游戏类表现性任务,让学生在玩中体验玩具的制作材料,同时培养了学生动手操作、团结协作、语言表达、自主探索的能力,凸显学生的主体地位,让课堂焕发生命的活力,设立了一张表现性任务评价表:

表6 表现性任务评价表

评价项目	评 价 指 标	自 评	互 评
学习兴趣	能积极参与任务,主动交流,对学习感兴趣。		
学习习惯	能认真倾听,正确操作,友好合作。		
学习成果	知道常见的五种材料,并对物品进行正确分类。		
伙伴完成任务时最棒的地方:			

课上,学生在小组合作中自由探索,彼此交流,相互启发,同时又懂得如何和同学相处,提高人际交往能力,并借助评价量表引导学生客观地进行自我评价,从而促进体验式生命教育目标的实现。

2. 多维度激励评价,提升自我价值

为促进学生综合素质的全面提升,需要多个角度、多把尺子评价学生,评价内容涉及兴趣、习惯、学业成果等方面;评价范围为课上、课外、作业、活动;评价形式为自评、互评、师评、家长评。各学科教师设计了日常学习评价表,三大评价内容主要以学科核心素养为主,使学生和家长能看到各种各样丰富的、立体的、综合的评价与分析,还能看到来自同学、老师、家长、学生本人的个性化分析与建议。

3. 完善系统评价,助推生命健康成长

(1) 过程性评价

过程性评价是在教育、教学活动的计划实施过程中,教师既要关注学生学习的结果,也要重视学习的过程;既要关注学生学习的水平,也要重视学生在学习活动中所表现出来的情感与态度,帮助学生认识自我、客观评价、建立信心而进行的评价。

以我校数学组的评价为例。数学组高年级设计了学生日常学习和练习情况的评价表。日常学习评价主要从听说习惯和练习习惯两个方面进行师评、自评和家长评等综合评价;练习情况评价主要从态度、习惯、方法三个方面进行学生自评,以练习习惯为主要评价标准进行互评和师评。

此外,高年级课堂表现评价结合我校对"支架式"学习任务单在课堂教学中运用的特色研究,设计学习任务单,进行课堂表现评价;低年级课堂表现评价根据低年级学生的年龄特点主要从学习兴趣和学习习惯两个方面进行评价,根据评价标准设计小组成员课堂表现评价表,采用口头评价和星级评价相结合的方式进行评价。

对学生进行过程性评价,将分散的过程性评价点联系起来,关注学生在整个学期活动中的变化和发展,采取多主体评价,涉及自我评价、小组评价、教师评价等。自我评价具有自我诊断以实现自我调节的作用,小组评价具有客观诊断和认定自我评价的作用,教师评价具有校正自我评价与小组评价的作用。

(2) 终结性评价

在教学活动结束后为判断学生学习的效果需要进行终结性评价。一个单元,一个模块,或一个学期的教学结束后对最终结果所进行的评价,都可以说是终结性评价。

当前,我们一、二年级期末采用口头考查,中高年级采用书面考试(考查)的方式来检验学生的学业成果。一年级以活泼有趣的学科活动项目为考查方法,全面考查学生对各学科知识的掌握程度,既有分项评价,又有总的评价,一目了然,科学评价学生一个学期来的各方面能力水平,刻录下学生生命成长的印记。

在快乐的一年级期末口头考查后,学生凭自己的评价表上的总等第获得"学习之星"称号,领取一份精美的奖品,获得成功的喜悦。其他年级的期末考试(考查)后,我们评出"学习小标兵""进步小明星""慧雅小书童",给予学生丰收的果实,丰富学生的生命历程。

4."晓评价",促进学生核心素养的提升

"晓评价"是晓信智能家校互动平台——在以"晓黑板"APP作为家校互动平台的基础上,再次引入的智能评价系统。通过"晓评价"系统,让学生知晓生命、知晓过程、知晓成长。它更加注重过程性的评价、记录和数据分析,且能够及时生成个性化的报告,让教师的工作更轻松、便捷,最终以可视化图表的方式,供教师随时查看和统计。从四个方位、不同角色,促进评价,促进生命成长,即校长可以洞察全局,教师精准评价,家长精准感知,促进学生主动学习。

我校除了有各学科设计的评价量表外,还借助信息技术,简化评价步骤,从学生的上课纪律、行为习惯、生活作息等各方面进行监督,对学生进行综合评价,使学生养成良好的学习习惯。

结合我校"美德少年""健康少年""艺术少年""创新少年"活动,"晓评价"除了关注学生学习方法的表现,还关注学生遵守纪律、劳动、礼仪等方面,注重学生各学科核心素养的培养与提升。

"晓评价"通过奖励学生相应卡片的方式进行评价(也称为卡片式评价)。各学科教师根据评价标准对学生发放相应卡片,家长回家扫码评价,通过一段时间的积累,家长、教师、校长得到系统提供的综合评价报告。教师发卡操作简单,学生体验快乐,提高学习的主动性,家长能感知学生的每次进步,学校得到该学生综合的评价报告。这种卡片式评价,学生、教师、家长操作都很方便。

教师通过教师端数据报告可以看到全班学生进步情况分布,点击某位学生可查看该学生详细得分情况;班主任还可以通过"班级报告"查看班级学生各个指标的总得分以及平均分,下拉"班级报告"可查看班级内各个指标的总得分与进步情况。家长通过家长端数据报告可查看学生的得分情况,向下滑动,显示学生具体指标的本周期得分和上周期得分;家长还可以通过学期报告查看该学生各个学科得分情况与班级情况对比,并查收学期评语。学校通过学校端数据报告可以查看本校所有学科"晓评价"卡片发放数量,还可以看到同年级各班级的综合得分情况。

"晓评价"长期实行,能对学生产生有效的监督、奖惩,会使学生养成习惯,自觉遵守。目前,我校大多数学生因为"晓评价"的使用,上课举手次数增加,文明礼仪等各方面都有所提高,这些都会促使学生认真学习,并且"晓评价"系统会依据积分发送相应的奖品,使学生对积分的累计更加期待,督促学生努力达成评价标准,进一步促进了综合素养的提升。

综上所述,学生的生命成长过程就是一个静待花开的过程,要让学生充分体会生命成长的快乐,丰富他们的各种体验,从而使他们全面发展,具有必备品格和关键能力。

七、研究成效

经过本课题的研究,学校收获颇多,在学校发展、师生成长方面均有很大的突破。

学校方面:学校在传承"为五彩生命奠基"的基础上,逐渐提炼出契合我校转型发展的新办学理念——"让生命个性舒展"有氧教育理念;同时又以"体验式生命教育"为载体,积极探索适合学生发展的活动体验课程体系,进一步发展学校特色,打造品牌课程,提升办学质量,让每一个孩子健康快乐成长。在课题研究的这三年多中,学校获得市级荣誉18项,区级荣誉34项。

教师方面:生命教育的实施,使学校教师对生命教育的价值和意义有了新的认识,尤其对农村小学开展生命教育提升农村学生生活质量的作用有了切身体会,提高了在学科教学中主动渗透融合生命教育的意识和能力,形成了在实践中发展教师专业能力的校本教研新模式。同时,教师专业水平也得到了提升,教师在自主开发活动课程的过程中不断学习、实践、研究,专业能力有了一个质的飞跃,给学校教育教学工作带来生机和活力,一大批优秀的青年教师涌现出来,在各类活动比赛中屡屡获奖。以2018上半学年为例,我校教师个人、团体在各类活动、各种比赛中共获22项荣誉。

学生方面:学生在生命的认知和情意行为方面有较明显的提高,其个性和综合素养得到全面发展。学校确立了以激发学生生活与学习中的积极性、主动性为宗旨,珍爱生命、发展兴趣、实现自我为主要目标,认识自我、培养兴趣、发展特长为具体内容,以丰富的有氧课程、灵活的教学开展生命教育,让学生在活动中参与体验、获得感悟,赋能学生成长,提升生命的价值与活力,让每一个"有氧教育"环境下的孩子尽情享受学习和生活的欢乐。以2018年为例,我校学生在各类活动中共荣获48项荣誉。

(课题负责人:高红卫)

5. 新时代小学"新生命教育"的实践研究

（2020年12月—2024年3月）

一、研究缘起

自2006年来，我校一直在探索、实践学生的生命教育。历经5项区重点课题，在理念的形成、维度的构建、多轮的探索中，拓宽了生命教育的实践路径，明确了生命教育研究的意义和价值。学生的身心健康发展，敬畏生命、家国情怀的培养，显得尤为重要。在日新月异的智能化社会，如何有效引导"00后""新一代人"参与社会发展？作为学校，需要为学生未来的成长和生活奠定坚实的基础，让知识和技能为学生的一生保驾护航。本课题主要有三点研究价值。

一是本研究将有利于促进新时代学生的身心发展。加强对新时代小学生生命教育的研究，特别是对有效的"新生命教育"模式的探索，将有利于学校开展更加有效的生命教育，有利于促进新时代学生的身心发展。

二是本研究将在实践层面深化学校"新生命教育"的开展形式与策略。本研究将继续鼓励教师大胆创新，改进教育教学方法，积极探索符合时代要求、学科特点和学生成长规律的教育教学模式。尤其侧重对"新生命教育"实施策略开展研究，这将有利于深化学校生命教育的效果，在实践层面深化小学生命教育的质量，积累更多的生命教育实践经验。

三是本研究将为同类学校提供可供借鉴的资源。本研究将结合我校的传统文化教育特色，系统地从校本课程开发、"新生命教育"实施策略等方面开展综合研究，有利于促进学生生命个体更好地成长，可以为同类学校提供借鉴参考。

课题主要解决以下几个问题：如何形成"新生命教育"目标体系？如何将"新生命教育"与学科教学相融合？如何系统地开发、实施"新生命教育"校本课程？如何评价开展"新生命教育"的成效？

二、研究目标

通过课题研究，构建适合小学生的"新生命教育"目标体系，进一步开展"新生命教育"微型课程开发及其策略的研究,探索和形成若干"新生命教育"的相关策略及评价方式,有效促进新时代的学生在社会适应性诸方面良好发展。

三、研究内容

1. "新生命教育"目标体系研究

主要为基于小学生实际的三个阶层的教育目标体系:一是发展兴趣,建立长远人生规划,有效促进新一代人对美好生活的需求及愿景;二是有效引导学生参与社会发展,提升家国情怀;三是提升学生幸福力,促进学生自我价值实现最大化。

2. 新时代"新生命教育"微型课程开发及其策略研究

主要制定新时代各年级"新生命教育"的校本课程纲要;规划发展各年级"新生命教育"教学主题,设计配合主题教学的"新生命教育"教学活动单;探索实施小学生"生存体验"活动模式;开展教学设计的流程再造,进行"新生命教育"融入学科教学研究等。

3. "新一代"学生社会适应性能力培育策略研究

主要以实现学生"敬畏生命、建立人生规划、合作共进、自我实现"为导向的策略指标;培养学生积极、多元的思维品质;加强学生社会适应性;增益人际交往能力的教育;探索协助学生适时调整自我实现的研究等。

4. "新生命教育"评价方式研究

准确把握评价的两个重要指标:一是从学生受益的层面,二是学校推行的顺利与否。评价的原则坚持形成性评价和终结性评价二者有机构成,重视学习过程中学生的情感、态度、价值观的变化和发展,评价过程动态化、给予多次评价机会。

四、方法与步骤

本课题以行动研究的方式开展实践研究。

1. 文献研究法

从文献资料中获得对"新生命教育"的支撑点,奠定其理论基础。

2. 调查研究法

编制师生调查问卷,在此基础上,确定不同年级"新生命教育"的目标,形成生命教育目标体系；开发设计校本课程，制定相应的教学策略。

3. 案例研究法

针对不同情况，尝试使用不同的教学策略，调整教学策略。

4. 经验总结法

通过研究对本校开展"新生命教育"的成功案例进行总结，并及时推广，最终形成本课题的研究报告。

五、研究进程

（一）坚持问题导向，开展新时代小学生"新生命教育"现状调查研究

为了更好地构建适合新时代小学生"新生命教育"目标体系和研究内容，促进新时代学生的全面发展，课题组对学校 1186 名学生进行了调查研究。问卷共发放 1186 份，收回 1186 份，回收率为 100%。通过电脑系统数据自动生成以及人工统计，采用图表、定量、定性等方法进行了分析。

问卷内容主要侧重于学生身心健康发展、自我认知、劳动观、家国情怀、职业规划认知等内容。这些侧重点关系学生对生命认知、生命关系、生命价值观的正确认知，从而促进学生生命的成长突破。

调查发现：经过"构建小学生'生命成长教育工程'的实践研究""基于'为五彩生命奠基'的教师人文素养培养的实践研究""小学体验式生命教育支持策略研究""小学体验式生命教育深度研究"四个课题历时 15 年的研究，我校学生对生命认知有所提升。但是，学生对生命关系和生命价值观的认知还存在以下问题：面对突发情况，学生心理承受能力较差，意志力不强；学生兴趣爱好不清晰，发展兴趣时未立足长远规划；学生劳动意识缺乏，劳动参与不足，动机不强；学生家国情怀认知不足，社会责任感不强等。

根据调查结果，我校将以人的"新生命"需求为立足点，把学生的"新生命"成长视为实施学校教育的原点，采取以下几个措施进行改进：关注学生心理健康，提升学生幸福感；发展学生兴趣爱好，提升学生职业规划能力；加强学生劳动教育，提升学生劳动意识；拓展家国情怀培育途径，提升学生社会责任感。

（二）注重目标引领，构建新时代"新生命教育"目标体系

小学"新生命教育"主要以《上海市中小学生生命教育指导纲要（试行）》和《上海市

中小学学科教学中实施生命教育的指导意见》为依据，围绕《外冈小学新时代小学"新生命教育"课程纲要》实施。学校以"新生命教育"为导向，注重发展学生兴趣，帮助学生初步建立人生规划，厚植学生家国情怀，助力学生自我实现，提升学生幸福力，从而构建具有生命成长特色的教育体系。

1. 确定了"新生命教育"目标

"新生命教育"目标：基于"有氧教育——让生命个性舒展"的教育理念，以课堂教学为主阵地，以"有氧课程"为抓手，通过多种教育形式对小学生进行生命与健康、生命与安全、生命与成长、生命与价值的教育，进一步提升学生的家国情怀和幸福力，树立积极的人生观，培养"明德、智慧、健康、尚美、勤劳"的新时代"有氧"少年，促进新时代学生生命成长。

2. 制定了"新生命教育"遵循原则

学校充分发挥基础型课程、拓展型课程和研究型课程的功能，挖掘并丰富生命教育的内涵，教师在教学中按照各学科所蕴含的生命教育内容，创造性地在课堂教学环节中加以落实。同时，针对小学生身心发展的规律，注重学科之间的有机融合，探索符合学生年龄特点的教育教学方法，促进小学生身心健康发展。

3. 形成了"新生命教育"目标体系

发展兴趣：培养学生兴趣爱好，明确制定个人近期目标和长远人生规划，有效促进新一代人对美好生活的需求及愿景。培养生命情感，提升生活感受，培育社会责任感，有效引导学生参与社会发展，提升家国情怀。体验自身的生命价值，感受自身的发展变化，促进学生实现自我价值最大化，提升学生幸福力。"新生命教育"目标体系，三个层次目标之间层层递进，相互联系，相互渗透，最终实现"新生命教育"的终极目标。

(三) 建设"有氧"课程，探索新时代"新生命教育"微型课程开发及其策略研究

学校努力探索新时代"新生命教育"微型课程开发及其策略研究，现阶段主要制定了各年级"新生命教育"主题，设计配合主题教学的"新生命教育"活动单，探索实施小学生"生存体验"活动模式。

1. 明晰教育导向——规划各年级"新生命教育"教学主题

学校根据《上海市中小学生生命教育指导纲要（试行）》的要求与我校"新生命教育"的初步研究经验和基础，结合教师的专业知识技能与学生的需要、兴趣和身心发展水平，针对小学生身心发展的特点，从"健康""艺术""劳动""美德""智慧"五个方面规划了各年级"新生命教育"教学主题，以"1+4"的模式开展，"1"为本年级重点开展的一

项教育教学主题,"4"为其余四项教学主题辅助开展。教师在教学中按照各学科所包含的生命教育内容,创造性地在课堂教学和实践活动中加以落实。

表7 2021—2024年外冈小学各年级"新生命教育"教学主题

年级	教学主题	具 体 要 求
一年级	自觉健体 阳光快乐	1. 喜欢运动,积极阳光,培养兴趣爱好。 2. 正确运动,避免受伤,增强安全意识。 3. 制定计划,自觉健体,养成锻炼习惯。
二年级	艺术技能 自信风采	1. 掌握正确艺术技能,学会自我保护。 2. 合理制定练习计划,培养兴趣爱好。 3. 积极参与艺术活动,展现自信风采。
三年级	热爱生活 劳动光荣	1. 热爱劳动实践,体验劳动快乐。 2. 学会劳动技能,牢记劳动安全。 3. 尊重他人劳动,珍惜劳动成果。
四年级	文明礼仪 传承美德	1. 讲文明讲礼貌,继承优良传统。 2. 懂尊重懂关心,养成道德风尚。 3. 爱学校爱国家,树立社会责任。
五年级	自主学习 突破自我	1. 合理支配时间,争取每天小进步。 2. 全面平衡学科,学习压力善适应。 3. 主动寻求帮助,心理健康向阳光。

2. 助力"有氧教学"——聚焦"新生命教育"与学科融合

一是融入学科教学,形成各学科"新生命教育"目标。为了将"新生命教育"融入学科中,学校召集集团首席教师、工作室领衔人、骨干教师、教研组长,商讨制定了基于学科核心素养的各学科"新生命教育"的目标。在制定目标时,既关注学科本体知识、学科核心素养等内容,同时关注发展兴趣、家国情怀、自我实现这三个"新生命教育"要素。二是丰富教学活动,设计"新生命"教学活动单。学校在各学科生命教育目标确定之后,老师们依据目标认真实践,努力探索"新生命教育"与学科间的融合点,通过教学流程再造、项目化学习、主题式活动设计符合学生实际的教学活动单,在各学科教学中适时开展"新生命教育"。

3. 拓宽教育路径——探索实践新时代"新生命教育"下的小学生"生存体验"活动模式

"新生命教育"的生存体验注重让学生在学习与实践中增强生存意识,掌握一定的生存技能,从而促进学生自我思考,实现自我价值。生存教育围绕"体能、技能、智能、心理、习惯"五个要素来进行综合性实践活动,主要通过"模拟演练式""现场实践式""职业体验式"三种活动模式进行,从情感上使学生拥有健康的心理,从行为上使学生养成良好的习惯,从生活上使学生习得一定的技能,从而能适应自然与社会,进一步提升社会责任感。具体如下:

第一,模拟演练式,采用模拟的社会和生活情境,开展防震、消防、防侵害等演练活动,使学生在实践演练中提高生存意识,掌握生存技能。如:为了使学生了解消防基础知识,提高安全防范意识,增强自我保护能力,掌握对突发火灾的应变、逃生技能,确保生命安全,每学期组织学生开展消防演练活动。学生通过模拟灾难发生时的反应能力,正确掌握迅速逃生、自救、互救的基本知识和方法。

第二,现场实践式是指通过实地指导加操作的方式帮助学生掌握生存能力,感悟生命价值。如:学校结合区域资源组织学生到外冈游击队纪念馆参观了解中医泰斗吕炳奎和外冈游击队抗日救国的英勇事迹。现场还邀请了嘉定区中医院徐医生给学生们介绍生活中常见的几味中药以及如何通过多感官方式认识中药。徐医生亲授调配预防感冒的中药香囊的方法,让学生亲手配制防感冒香囊。整个实践活动,既培养了学生的生活技能,又帮助他们感受中医药的博大精深,让他们切实感悟到生命的价值。

第三,职业体验式是指以实践体验、模仿游戏等形式开展职业教育,萌发学生对职业的认知,帮助学习树立职业意识,提升人际交往技能。学校充分挖掘网络资源优势,通过网络平台共享职业生涯教学相关资源,以"VR游戏"让学生身临其境体验各种不同职业,初步形成职业生涯规划。此外,学校还会针对不同年级开展职业探索活动:定期组织学生到企业参观;组织学生参与职业模拟活动;组织学生去嘉定区垃圾分类科普馆学做垃圾分类科普员;组织部分学生志愿服务进社区;开展"社区职业体验——

我是小小清洁工"志愿活动等,让学生产生更多的职业兴趣,能够真切感受到各行各业的岗位职责,从而在心里萌生职业规划的种子,为学生职业意识的形成奠定基础。

(四) 聚焦生命教育——探索"新一代"学生社会适应性能力培育策略

新时代学生"新生命教育"的社会适应性以实现学生"发展兴趣,家国情怀,自我实现"为导向的策略指标,培养学生独立自主、控制情绪、意志品质、社交能力等思维品质,借助综合性、实践性、开放性很强的"有氧课程",以劳动课程、美育课程、健康课程为主渠道,探索协助学生适时调整自我实现的研究,从而提升"新一代"学生社会适应性。

1. 劳动课程

参与一项劳动,学会一个本领。社会适应性能力包含独立处理生活事务的能力,但同时也要承担符合年龄的社会责任,而增强学生独立自主的能力就能有效促使学生快速适应新的环境。因此,学校开设劳动课程,注重校内和校外劳动相结合,劳动实践和争章评价相结合,构建学校、家庭、社会"三位一体"的劳动教育大环境,从"自我服务""校园劳动""家务劳动""公益服务"四个方面培养学生的劳动教育观念,让学生在劳动实践中感受劳动的乐趣,在劳动体验中养成劳动习惯。一是进行课程整合。与幸福课程整合,利用区域资源,三到五年级每学期在嘉北郊野公园的农田里开设农耕课程;与特色课程整合,在小龙人茶园开展茶园的定期劳作、茶树养护、采茶、炒茶、泡茶等劳动教育,提升学生的劳动意识以及爱校护校的责任感。二是注重家务劳动。学校制定《外冈小学1—5年级家务劳动任务清单》,让学生利用节假日、寒暑假时间开展劳动实践活动,引导学生每天自觉做力所能及的家务,树立"自己的事情自己做,家里的事情帮着做"的自主劳动意识,形成良好的劳动习惯。三是开展技能大比拼。开展"劳动最光荣"——分年级劳动技能大比拼活动:一年级"小书包,大学问";二年级"巧手系鞋带";三年级"系好红领巾";四年级"叠衣小能手";五年级"家务大比拼",帮助学生激发劳动兴趣,掌握劳动技能,同时在动手动脑中培养创新意识和实践能力。

2. 美育课程

培养一种兴趣,调节一份心情。为此,学校加强学生的兴趣培养,帮助他们建立一个稳定的、积极的心理,进一步提升自信力。

第一,在争章活动中激发兴趣。在《幸福争章手记》中,"艺术章"制定了争章目标:美歌、美舞、美画、美创造。争章要求学生学会艺术技能,展现自信风采。其中包括:能完整演唱三首少儿歌曲,在中小队参加一次表演;会跳一个集体舞蹈或表演一个节目；学会一种艺术技巧(演奏少先队鼓号、书法、绘画、泥塑、草编、竹编、剪纸、乐器或其他民间艺术)。通过争章活动，培养学生的兴趣爱好。

第二，在项目化学习中调控情绪。学校在"茶韵飘香"课程中开展项目化学习，让学生在实践中学习和运用茶文化，从而提高小学生情绪调控能力，使其身心协调发展，以良好的情绪面对学习与生活。"以项目化'茶π'趣味活动为载体提高小学生情绪调控能力的实践研究"被立项为区级青年课题，本课题主要在项目化"茶π"趣味活动中，培养学生的合作力、专注力，学会尊重他人，从而形成良好的情绪情感的表达以及调节和控制的能力，帮助他们更好地学习和生活。

3. 体育课程

坚持一项运动，养成一种品质。体育锻炼能磨炼一个人的意志，从而能更快适应环境变化，重拾信心。学校特别注重体育学科在社会适应性方面的重要作用，积极引导学生对某项运动的持久性以培养学生坚持不懈的精神。

第一，开展多样活动，焕发生命活力。为引导学生养成天天锻炼的好习惯，每天上午两节课后学校组织全体学生开展阳光跑活动。学生在老师铿锵有力的号令下，迈着坚定的步伐，喊出响亮的口号，以饱满的精神状态进行锻炼。此外，学校还开展丰富多彩的体育活动：校园足球对抗赛、校园运动会、阳光体育大联赛等活动，帮助学生养成良好的体育素养，焕发"新"的生命力。

第二，设计分级作业，激发锻炼热情。学校遵循学生意志形成的规律，采取家庭锻炼分级分层的措施，促进学生良好意志品质的形成。学校根据不同年龄的学生身心发展水平，在布置和设计体育家庭作业时按照不同的年级，针对其运动能力科学地设计、布置适当的体育家庭作业，作业每个年级都分为A、B、C三类选择，学生根据实际选取一类运动，以每天打卡的形式完成，从而激发学生锻炼的激情，促使学生养成良好的锻炼习惯。

(五) 完善教育评价——开展"新生命教育"评价方式的研究

学校深入开展"新生命教育"评价方式的研究，开展对新时代"新生命教育"的形成性评价和终结性评价研究，准确把握评价的两个重要指标：一是从学生受益的层面，二是学校推行的顺利与否；重视学习过程中学生的情感、态度、价值观的变化和发展，探索研究有效的评价方式与策略，助力学生生命成长。

1. 建立综合评价体系，激发生命活力

学校不断完善过程评价，健全综合评价，力求形成一套过程性评价和综合素质评价相结合的体系,设计了一套具有科学性、针对性、可操作性的教育质量评价体系——"有氧幸福章",形成了《有氧幸福争章手记》,以"智慧章""艺术章""勤勉章""美德章""健康章"争章活动的有效开展,全面记录学生的争章足迹,让争章从学校走进家庭,并延伸到社区,让争章无时不在、无处不在,实现评价内容、评价指标、评价时间、评价形式、评价管理校本化,构建具有学校特色的"有氧"幸福章综合素质评价方法,激发学生发展内驱力,促进"新生命"成长。

形式和不同对象的多元评价:让每一个奖章见证学生的成长,通过自评、伙伴互评、小队评价、教师评价、家长评价、社区评价等,全面评价学生,关注学生的点滴进步;让每一个活动成为幸福的舞台,让队员对争章活动有体会、有收获、有期待。

物质和精神融合的多阶评价:开展奖章兑换、集体颁章、多重融合的颁章活动,如毕业典礼上的最高荣誉——校长表扬。实现阶梯式激励评价,让越来越多的学生感受到了争章的成就感,体会争章的乐趣,感受争章带来的幸福力,并从中得到锻炼和收获。特别是"福卡"的诞生,成为玩转"幸福圈"的通行证,打卡各个活动,解锁各枚奖章,集齐积极特质福卡,不仅吸引了学生的目光、家长的目光、社区工作者的目光,更是学生快乐成长的幸福证明。

2. 聚焦学习过程评价,增强生命体验

学校关注学生学习、发展、成长的过程,重视学习过程中学生的情感、态度、价值观的变化和发展,开展对"新生命教育"效果的形成性评价和终结性评价研究。

学习活动评价——《有氧摘星评价表》。有氧摘星评价是学生在完成相关学习活动之后对自己与他人表现的一次评价,主要从学科目标、生命目标、兴趣指数三个维度进行评价。它是将学科知识与生活实际、生命成长相结合而设计的一种评价形式,有助于最大限度地激活"新生命教育"的效果。如一位语文老师执教《我们家的男子汉》时,结合实际创设生活情境,不仅让学生了解帮助居民解决生活小问题是一种男子汉精神的体现,也激发学生浓厚的学习兴趣,同时借助评价量表对学生行为起到潜移默化的作用,从而促进"新生命教育"目标的实现。

信息技术特色评价——"班级优化大师"。"班级优化大师"是希沃(seewo)专为教师打造、针对学生课堂行为优化的游戏化课堂管理工具,结合我校"有氧教育"理念,从"课堂行规""学业水平""合作交流""文明礼仪"维度设计评价指标,对学生进行全方位的评价,重在抓住学生每节课的闪光点,帮助学生建立明确的行为目标导向,让学生的学习变得更有信心。

校本特色评价活动——有氧少年欢乐摘星活动。有氧少年欢乐摘星活动以活泼有趣的学科活动项目为考查方法，全面考查一年级学生对各学科知识的掌握程度。语文学科考查内容分为：汉字小达人、百宝箱寻宝、小小播音员、慧雅小书童、我是演说家；数学学科考查内容分为：速算小专家、小小银行家、时间管理者、测量小能手、故事小达人；英语学科考查内容分为：听听选选、认读图片、情境朗读、日常会话。每个学科考查内容均为四星级，如果各部分考查内容都优秀，总评为十九颗星以上的学生该门学科得到优秀等第，科学地评价学生一学期来各方面能力水平，记录下学生生命成长的印记。在各科考查后，学生凭自己评价表上的总等第获得"学习之星"称号，领取一份精美的奖品，获得成功的喜悦。

六、研究成效

自本课题立项以来，我们开展了扎实有效的研究，取得了一些阶段性成果：形成了《新时代小学生"新生命教育"现状调查报告》；制定了《外冈小学各学科"新生命教育"目标体系》；编写了《新时代小学生"新生命教育"教学案例》；编制了《幸福争章手记》；编写了《研途遇见幸福》《研途探秘幸福》《研途创造幸福》三本活动成果集；相关文章陆续发表在《新课程研究》《新教育论坛》上。

学校方面：自"新生命教育"实施以来，学校先后获得"上海市文明校园"称号；市愉快教育所颁发的"抗疫情，提质量"行动特别奖；市中小学师生公共安全知识在线学习及竞答活动优秀指导奖；区档案微视频征集展播活动优秀奖；区教育系统庆祝中国共产党建党100周年歌唱比赛三等奖；区鼓号大赛二等奖；"同根同源贺新年"文化交流活动最佳组织奖；科普知识竞赛最佳组织奖；区青少年曲艺大赛三等奖；区第七届中小学生艺术展演器乐专场三等奖；区青少年宪法及民法典法律知识新媒体竞答比赛优秀组织奖等。

教师方面：教师生命教育意识和专业水平得到了一定的提升，给学校教育教学工作带来生机和活力。2021年1月到2022年12月，在核心期刊、市区级论文汇编发表文章21篇，相关子课题立项3项，嘉定区首届教学成果评比一、二等奖等，共计获奖64人次。

学生方面：随着学校"新生命教育"的实施与开展，学生对生命认知、生存与生活的价值等方面有了初步的认识。

（课题负责人：徐艳贤）

后 记

我们在写这本书的时候就是一种"有氧状态"。我们致力于建一所"个性舒展"的"有氧学校",希望这所有着百年历史的小学能够孕育出"个性舒展"的教师和学生,期待他们在这片土地上都发展各自的生命价值。

教育的本质是生命教育。历经17年,"教育,让个性舒展"已经成为外冈小学的灵魂。它是学校管理、课堂教学等各个方面的精神支柱,也是学校蓬勃发展的不竭动力。

"个性舒展"的学校管理,就是让教师找到成长点,收获成就感。学校着力打造"有氧新苗—活力新秀—魅力匠师"三级梯队教师专业成长链,满足教师发展的有效需求,激活教师内生动力,形成正向合力,从而推动生命教育更好地发展。

"个性舒展"的教师,就是教师用自己的生命去温暖、启迪、润泽学生的生命。教师是生命价值的唤醒者,每一位教师都能成全儿童最美的模样。我们没有职业倦怠,有的是对职业的热爱,在与儿童打交道的过程中,赋予他们成长的动力与未来的期望。

课堂是个性舒展的地方,是实现生命价值,丰富生命意义以及激发生命活力最重要的阵地。知行致远,每一节课都要有引导儿童自由发展的方向,我们的课堂才会充满价值。个性舒展的课堂是引导儿童积极投入生活,欣赏生命之美,感悟生命之道,努力成为实现生命最高价值的舞台。

一所学校最富灵魂的部分在其办学理念,而最丰满的部分在其开设的课程。课程化是学校开展生命教育的抓手。学校立足办学理念和育人目标,将生命教育纳入学校课程体系,发挥特色资源优势,以多种课程形态服务孩子个性化的学习需求,让孩子在学习中体验生命的美好,在课程中获得生命的价值。

生命教育的本质是价值引导,生命教育评价的核心是价值判断。学校特别重视学习过程中儿童的情感、态度、价值观的变化和发展,努力探索有效的动态评价方式与策略,注重对儿童学习、成长过程的记录,让儿童能够个性舒展、自主发展,用自我获得感来界定学校教育的成效,便是评价的追求。

本书系"新时代小学'新生命教育'的实践研究"(立项编号:JA2122)课题研究

成果。

当然,我们的探索是永无止境的。在未来的探索路上,依旧是仰望星空,脚踏实地,永记初心。

在《教育,让个性舒展:"有氧教育"的模样与姿态》成书之际,衷心感谢上海市教育科学研究院杨四耕老师的悉心指导,感谢我校教师在生命教育的道路上记录的一篇篇心得体会。

这份成果不一定完美,却见证了我们成长的点滴。请读者多批评指正!

上海市嘉定区外冈小学校长　徐艳贤
2024 年 2 月

"品质课程"阅读书目

学校整体课程规划
学校整体课程规划的七个关键
教学诠释学

📖 特色学校聚焦丛书

让个性自然发荣滋长:"引发教育"的理论寻源与实践探索
面向每一个生命的教育
让每一个生命澄澈明亮:"小水滴"课程的旨趣与创意
新劳动教育:时代意蕴与实践创新
自信教育与个性生长
好学校的精神特质
教育,让个性舒展:"有氧教育"的模样与姿态

📖 跨学科课程丛书

像博士一样探究:PHD课程的创意与探索

📖 核心素养导向的课堂教学丛书

深度教学的内在维度:数学反思性学习的六个策略
具身学习的18种实践范式
课堂是照亮彼此的地方
以学习为中心的课堂范型
简练语文:教学主张与实践智慧
课堂核心素养

📖 特色课程建设丛书

幼儿园特色课程的框架与实施
课程是鲜活的:"大视野课程"的旨趣与活性
指向核心素养培育的学校课程图谱
让儿童生活在美的世界里:幼儿园全景美育的课程探索
核心素养与学习需求:学校课程建设导引
儿童自然探索课程

📖 课堂教学新样态丛书

课堂,与美最近的距离:基于学科核心素养的课堂教学变革
协同教学:意蕴与智慧
决胜课堂28招
一百个孩子,一百个世界:基于差异的教学变革

课堂如诗:"雅美课堂"的姿态
在教室里眺望世界:基于 BYOD 的教学方式变革
课堂教学的资源设计与方式变革
境脉教学的实践范式与创意设计
任务驱动与学科实践
课堂教学的智慧属性与意义增值:"灵动课堂"的六个关键词

学校课程变革新取向丛书

平衡性变革:学校课程建设新取向
解构性变革:学校课程发展的突破口
赋权性变革:提升学科领导力
整合性变革:特色学科的内在生长
内生性变革:学科课程的生成机理
审美性变革:学校课程的诗意境界
协商性变革:基于集体审议的课程变革
扎根性变革:学校课程发展的文化路径
参与性变革:指向学习素养的课程开发

课程育人新坐标丛书

学校课程的统整之道
教室里的课程
儿童立场的课程探索
童味园课程:这里有最难忘的童年
具身课程:语文学科课程新样态
让每一个孩子体验创新的激情:"智慧树课程"的探索与实践
境脉学习:英语课程实施新取向
美学取向的课程探究
学科实践:语文素养的致获
全景化劳动:面向儿童的劳动课程
在结构与解构之间:数学学科课程设计
特需课程:个性化学科课程设计

学校整体课程探索丛书

学校整体课程的文化逻辑
学校整体课程的深度实施
学校整体课程的系统设计

课程治理新范式丛书

以学生为中心的教育治理
实践型学科课程设计与实施